臺灣歷史與文化 研究輯刊

十九編

第 13 冊

陳肇興及其陶村詩稿之研究（上）

林翠鳳 著

花木蘭文化事業有限公司

國家圖書館出版品預行編目資料

陳肇興及其陶村詩稿之研究（上）／林翠鳳 著 -- 初版 -- 新
北市：花木蘭文化事業有限公司，2021〔民110〕
序 4+ 目 4+166 面；19×26 公分
（臺灣歷史與文化研究輯刊十九編；第 13 冊）
ISBN 978-986-518-461-2（精裝）
1.（清）陳肇興 2.臺灣詩 3.詩評 4.臺灣傳記
733.08   110000678

ISBN-978-986-518-461-2

9 789865 184612

臺灣歷史與文化研究輯刊
十九編　第十三冊　　　　　　　　ISBN：978-986-518-461-2

陳肇興及其陶村詩稿之研究（上）

作　　者　林翠鳳
總 編 輯　杜潔祥
副總編輯　楊嘉樂
編　　輯　許郁翎、張雅淋　美術編輯　陳逸婷
出　　版　花木蘭文化事業有限公司
發 行 人　高小娟
聯絡地址　235　新北市中和區中安街七二號十三樓
　　　　　電話：02-2923-1455／傳真：02-2923-1452
網　　址　http://www.huamulan.tw 信箱 service@huamulans.com
印　　刷　普羅文化出版廣告事業
初　　版　2021 年 3 月
全書字數　272749 字
定　　價　十九編 23 冊（精裝）台幣 60,000 元

陳肇興及其陶村詩稿之研究(上)

林翠鳳 著

作者簡介

林翠鳳，女，臺灣彰化人。國立中山大學中文研究所博士，國立臺中科技大學應用中文系教授。曾任國立臺中科技大學應用中文系主任。主要研究方向：臺灣文學、民俗信仰等。著作：《陳肇興及其陶村詩稿之研究》《黃金川集》《施梅樵及其漢詩之研究》等專書。主編《關帝信仰與現代社會研究論文集》《宗教皈依科儀彙編》《臺灣旅遊文學論文集》等十餘種。擔任《媽祖文化志》《田中鎮志》《大里市史》等史志編纂。已發表期刊論文百餘篇。

提　　要

　　本論文在緒論與結論之外，分別從陳肇興研究、戴潮春事件期間陳肇興之際遇、陶村詩稿研究、陶村詩稿之詩歌與淵源研究此四大面向，討論陳肇興及其《陶村詩稿》的形式與內涵。本論文所得主要結論有四大項：

　　一、陳肇興是清代彰化本土詩人的代表

　　陳肇興的出現，為移民子弟躋身士族的榜樣，標誌了清代中葉彰化本土詩人的完全崛起，透過《陶村詩稿》的詩歌作品，展現出具體的文學成果。

　　陳肇興也印證了彰化地區已由草莽拓墾的移民社會 轉變成為接受漢文化的「儒漢化」社會。陳肇興的作品中散發著濃厚的忠君衛民，愛國保鄉的思想，正是在清朝文教系統下，所培育出來的傳統士人。

　　二、《陶村詩稿》透顯詩人之文學造詣

　　《陶村詩稿》中生動而真實地呈現陳肇興的身心經驗，將詩人之文學造詣具體透顯。文學之所以動人，端賴於其感情之真摯。陳肇興將其關懷投注於民生社會，從詩歌題材的選擇上、議論的角度上、情懷的抒發上，在在都彰顯了其在地的深厚情感，而這正是陶村作品深富感動力的最基礎因素。

　　詩人發揮了蓬勃多姿的作品風貌，既揮灑誇張壯闊的豪邁，也描繪清樸雅麗的秀美；既體現社會現實，也書寫個人遊歷。詩人苦難的生活歷練，深刻了文學雋永的質素，大大增加了深沈凝練的內力。詩人以其活潑充沛的才情，在詩學創作的天地裡綻放異彩。

　　三、文獻價值足補史志之闕略

　　《陶村詩稿》可取戴潮春事件作為前後期的分界點。前期側重於個人生活經歷與體驗的紀錄，並以中臺灣為主的社會民生，寄予高度觀察與關懷。其中對農村的生活與內容，有許多深切而可親的描繪，而有「農民詩人」的美稱。

　　後期，則為陳肇興親身參與抵抗戴潮春事件的全程記錄。對於在牛牯嶺、南、北投一帶區域的戰況與見聞，有詳細而深入的觀察與省思。而這一部份卻恰是史志文獻所闕略。《陶村詩稿》足以增補史志之闕略，陳肇興因此贏得「戴案詩史」的美譽，可見其在史學與文學並駕齊驅的雙重價值。

　　四、繼承杜甫詩淵源深厚

　　杜甫是對陳肇興與《陶村詩稿》影響最為明顯深刻的人物 陳肇興《陶村詩稿》之淵源於杜甫，是明確可觀的。

　　杜甫與陳肇興同樣親身遭逢家國喪亂；同樣赤誠愛國，堅持儒道；同樣秉筆寫實，酣暢沈鬱。杜甫以詩紀史，安史之亂荼毒黎民之深苦，唯其能體貼伸張；陳肇興親身戎馬，秉筆側記，戴潮春事變已然飛化成詩，而大補史志之不足。兩人雙雙以「詩史」稱譽詩壇，隔海相互輝映，允為佳話。杜甫佳句天成，蒸騰眾口，陳肇興則拾牙不慧，綴錦成詩，足見其感應之深與用力之勤。

　　陳肇興《陶村詩稿》是臺灣本土子弟最動人的在地關懷，是歷史上彌足珍貴的一頁，更是臺灣古典文學界流芳千秋的史詩巨構。

原　序

　　臺灣，古籍所載的蓬萊仙島，西人眼中的福爾摩沙；而中臺灣是我成長的土地，是我摯愛的家鄉。

　　自受學知事以來，一直期勉自己能夠對自我淵源多一些認識。雖然在中文的領域中浸潤多年，然而在幾十年教育學程中，並未有相關的課程。直到近年臺灣研究顯盛，方才鼓起勇氣獨立摸索。本來即知臺灣學浩瀚，待親身投入，才更加領受其淵深廣博的內涵。

　　放眼臺灣，需從腳跟看起。筆者是土生土長的彰化人，彰化的好山好水令人眷戀，彰化的古往今來引人關懷。我期望藉由個人的一點點嘗試，發揚臺灣古典文學界前輩的成果。經過一番摸索，選擇了彰化本土詩人陳肇興及其《陶村詩稿》為研究對象。從原本的陌生無知，到後來的滿心讚佩，我相信陳肇興《陶村詩稿》是清代彰化文學發展史上最光輝燦爛的一頁。也藉由閱讀研究，讓筆者更深刻地感知故鄉，並期望能因此彰顯陳肇興《陶村詩稿》的優越，讓更多的臺灣子弟認識這不可多得的前清儒士及其史詩佳構。

　　對一般人而言，「陳肇興」是一個陌生的名字，《陶村詩稿》也是一本毫無所悉的的天書。但事實上，他享有「戴案詩史」的美譽，寫作了清代彰化第一本的詩人別集；他逐年記錄了個人青年時期的經歷，同時見證了戴潮春事件的始末；他平時秉筆文書，勤於教育，待世亂時變，則奔走聯莊，金戈馬上；他景仰詩聖杜甫，以儒士自詡，追摩其詩藝，是傳統教化下的典型，是杜甫詩學在臺灣的實踐；他寫作誠篤，一秉寫實風格，反映社會百姓風情，同時富於奔放的想像力，善於生動表達……不論在志節與文學上，陳肇興及其《陶村詩稿》都具有深刻可觀的內涵，絕非習於酬唱試帖的泛泛之輩。

《陶村詩稿》中陳肇興曾經遊歷過的區域，其實也是筆者生長活動的主要地區，研究歷程中總令人倍感親切，例如：陳肇興故居所在的八卦山區域，有筆者許多自幼以來的美好回憶；沙仔崙、鼻仔頭一帶是父親及叔伯們幼年時往來熟悉的環境；每次回老家時總愛流連沿途的美麗山景，其實便是牛牯嶺；大紅毛社世芳宮就在外婆家附近；義士陳耀山所在的許厝寮與外婆的娘家埤斗恰是相鄰；才喬遷不久的新居竟就在四張犁，這是當初沒有預料到的事，且與戴潮春的故居相距亦僅百多公尺，而文昌廟就在新宅後方不遠處……種種的巧合，不僅帶來研究過程中的驚喜，對自我家鄉的情感也不禁向前延伸，分外平添了許多在地的愛憐！

對臺灣的瞭解，深感愈是研讀愈是不足。對於陳肇興及其《陶村詩稿》的研究，筆者所作雖然是臺灣學界目前首見較全面性的探討，但粗淺的心得也只能算是拋磚引玉。雖有滿腔的熱誠，但囿於才疏學淺，所論未盡圓滿，仍有許多議題等待進一步的材料與研究。加以編輯倉促，難臻理想境界，疏漏謬誤勢所難免，尚祈學者專家不吝指教，提攜鼓勵。

在莽撞探索的過程中，有幸能得到各方人士的幫助，才能逐步化解迷誤，向前邁進，更讓我深刻地感受到臺灣人真誠質樸的可愛。尤其特別感謝臺灣省文獻會研究員林文龍先生、東海大學教授吳福助老師、前內政部民政司專門委員鄭喜夫先生、半線文教基金會創辦人劉峰松先生等，因為他們的熱誠與愛護，在資料蒐集、觀念指導、文字修正等的多予協助，才能促使本文順利寫作，令我獲益良多，內心十分感激！

最後，謹將此書獻給我最親愛的父母！不論何時，他們永遠是我最大的支持。我愛你們！

歲在千禧前夕 1999 年 8 月

林翠鳳　序於臺中四張犁新宅

新　序

　　《陳肇興及其《陶村詩稿》之研究》是我的副教授升等論文，1999 年 8 月完稿後付梓，我也在同月喬遷新居到臺中市四張犁。入厝一個多月後的 9 月 21 日清晨 1 時 40 幾分，才剛剛就寢的我被劇烈的搖晃驚醒，整個房屋竟然上下搖動，我趕緊叫醒在二樓熟睡的父母披上外套，下樓衝出門外。在驚魂未定中又左右劇烈搖動，我緊緊牽住父母的手往空曠處去。母親溫暖的手，給我在寒夜中帶來了無比堅定的勇氣。災難發生時，最重要的就是保護家人的安全。

　　很快的，人聲喧雜，大家議論紛紛。想拿杯水給父母壓驚時，才發現慌亂中忘了帶鑰匙，而大門已經自動扣上。原想到對街的便利商店購買，一轉眼竟全店擠爆了搶購的人潮。我們不知道還會不會有強烈餘震，一時之間不敢貿然進屋。大半夜過去了，還是進屋吧！用盡了各種辦法，加上父親的臨門強力一推，終於打開了門，在忐忑不安中度過一夜驚魂。同樣在 9 月，《陳肇興及其《陶村詩稿》之研究》正式出版了。

　　921 的記憶猶新，我們都慶幸在強震中能一家平安，也竊幸新宅是受過強烈嚴格檢驗而依然毫髮無損的好宅。震後臺灣大家都忙於全力救災重建，尤其是受傷最重的中臺灣。所幸眾志成城，而能逐步的安頓與恢復。而令人振奮的，是過年前傳來好消息，2000 年 1 月我升等副教授審定通過了。

　　時光飛逝，21 年過去了。這期間最大的體會是：人生無常，要把握當下的時光，以有用之身做有意義的事。研究陳肇興主題拉近了我與在地的連結，遷居新宅後共享了我與父母家人間的美麗時光。而今，母親已經轉身飄然而去，令我格外懷念！時間不會停留，而歷史文化會延續，愛與善良會永存。

感謝花木蘭文化事業有限公司邀請重新出版,讓研究成果和生命經歷有機會和大家分享交流。

林翠鳳 2021 年 1 月於臺中四張犁

文獻圖集

林翠鳳攝影

彰化威惠宮開漳聖王廟　陳肇興祿位
（2020 年 10 月 21 日）

彰化威惠宮開漳聖王廟
（2020 年 10 月 21 日）

陳肇興於四張犁文昌廟所題之對聯
（2020 年 10 月 20 日）

臺中市四張犁文昌廟
（2020 年 10 月 20 日）

邱位南於四張犁文昌廟所題之對聯　　　　邱位南母親之墓
（2020 年 10 月 20 日）　　　　　（林文龍先生提供）

林宗衡於四張犁文昌廟所題之對聯
（2020 年 10 月 20 日）

呂贋年於四張犁文昌廟所題贈之匾額
（2020 年 10 月 20 日）

安奉林媽娘娘的世芳宮
（2020 年 10 月 11 日）

世芳宮旁八堡一圳大社排水門
（2020 年 10 月 11 日）

二水鄉林先生廟
（2020 年 10 月 11 日）

二水鄉林先生廟林先生祿位
（2020 年 10 月 11 日）

— 圖 3 —

方錐型與圓錐型之壩籠
（2010 年 9 月 8 日）

二水鄉鼻仔頭八堡二圳取水口
（2020 年 10 月 11 日）

集集之役的見證——集集大樟樹
（2020 年 10 月 12 日）

戴軍斬俘二百餘溪水為赤，至今奉祀
眾靈的集集大眾爺廟
（2020 年 10 月 12 日）

四張犁合福祠
（2020 年 10 月 20 日）

合福祠奉祀查封公、查封婆（戴潮春
夫婦）（2020 年 10 月 20 日）

合福祠戴潮春石位
（2020 年 10 月 20 日）

竹山鎮紫南宮之永濟義渡碑
（2020 年 6 月 10 日）

目

次

表目錄

第一章　緒　論

　　陳肇興是清朝咸豐、同治年間崛起的臺灣本土詩人，他的生命隨著臺灣土地一起成長，他的心思有著迥異於游宦詩人的在地關懷；他所留傳下來的唯一一部作品——《陶村詩稿》則記錄了咸豐二年至同治二年（1852～1863）之間詩人的生活經驗。這是目前可見，清代彰化地區最早的一部詩人別集，其意義尤其非凡。

　　文學是作家生命經驗的顯影，也是時代社會的縮影。《陶村詩稿》記錄了自咸豐二年（1852）起十二年間，臺灣社會多方面的側面觀察；也彰顯了誠篤耕讀的陳肇興，從弱冠以至壯年，試圖努力崛起於社會，卻又遭逢時亂的心路歷程。因為本性的悲憫、在地的憐惜，其發之於詩，從而產生了難能可貴的作品。尤其同治元年至二年（1862～1863）間，陳肇興親自遭逢臺灣三大民變之一的戴潮春事件，更寓史於詩，記錄了這次民變的見聞，他是臺灣發展過程中的一頁「詩史」。就臺灣文學而言，陳肇興無疑的是一位重要的本土詩人；就臺灣歷史而言，陳肇興也同樣是一位難得的見證者。

第一節　研究動機

　　本論文之以陳肇興《陶村詩稿》為研究對象，初始動機可概括為三則：

一、在地的關懷與尊崇

　　筆者是土生土長的彰化子弟，及至求學、工作率皆在以彰化、臺中為主的中臺灣。我熱愛臺灣，更以身為彰化人為榮！我期待自己能對家鄉有更深入的了解，並藉以對臺灣有更廣泛的認識。

　　彰化歷史悠久，民風淳樸，自古以來，才人傑士輩出。俯仰今昔，常發思古之幽情，願效先賢之宏志。彰化先民之可歌可泣，不可勝數；彰化佳作之可圈可點，歷歷可見。以在地人追索在地的古今文史風情，實踐在地的貼心關懷，這是義務，也是責任。

二、古典臺灣文學的探索

　　近十多年來，臺灣文學的研究與欣賞，迅速蓬勃發展。舉凡現代文學、日治時期文學、民間文學、原住民文學……都已蔚為大觀。然而古典語文部份的臺灣作品研究，則似乎尚屬弱勢。但此一部份，卻應該是整體臺灣文學發展過程中極為重要的環節，它與臺灣早期由荒原而開化的拓墾歷程，是互為表裏的最佳見證。自晚明以來歷經清代、日治至民國，透過古典語文，臺灣先賢建構了臺灣獨有風格的文學表現，創造出有別於內地的卓然特立的臺灣文化。古典臺灣文學是臺灣文學中的瑰寶，有待一一挖掘，早日綻放其燦爛的光彩。

三、專門研究闕如

　　在符合「彰化」與「古典臺灣文學」兩項期待中，清代陳肇興《陶村詩稿》無疑地吸引了我的好奇與注意。史志載籍中每每言及清代詩文作家，多能列舉之。包括連橫《臺灣通史》、《臺灣詩乘》、《臺灣省通志稿》，以至楊雲萍《臺灣歷史上的人物》、龔顯宗《臺灣文學家列傳》……等，俱得見其錄記，足以見得陳肇興《陶村詩稿》的重要性。然而待轉訪專門研究，則令人頗感意外。因為包括歷年各公私立大學博碩士論文、專書論述皆付諸闕如。甚至近四十年來臺灣地區各期刊論文，經筆者一一查索，也僅僅只獲得施懿琳〈咸同時期臺灣社會面相的顯影——以陳肇興《陶村詩稿》為分析對象〉大作一篇，及其在《彰化縣文學發展史》中析論的短文一篇，其餘皆渺茫難獲。可見彰化首位本土詩人陳肇興及其作品《陶村詩稿》的專門研究，仍有無限空間，正是論文研討的最佳對象。

第二節　研究方法

　　論文寫作須以科學方法為之，筆者以此自勉，嘗試秉持下列原則，從事本文之論述。茲列述如下：

一、以陳肇興《陶村詩稿》為研究對象

本論文取陳肇興《陶村詩稿》為研究對象，以之為討論中心，並通貫繫連所有資料，期望對陳肇興之生平作為廣泛瞭解，也對《陶村詩稿》能較為深入地體會。

所賴以為根據的版本，則採用臺灣省政府文獻委員會於民國八十三年五月三十一日出版臺灣歷史文獻叢刊中，與章甫《半崧集簡編》合刊之陳肇興《陶村詩稿》一書，此即民國四十七年臺灣銀行經濟研究室所編臺灣文獻叢刊第 144 種之影本。

二、以清代彰化為時空經緯

本論文以有清治臺二百餘年為主要時間區段，空間則以陳肇興所在之清代大彰化為中心，旁及活動範圍所達諸處。

清代彰化縣所在區域，據周璽《彰化縣志‧封域志》記載：

> 雍正元年，乃分諸羅中間百餘里之地，南截虎尾，北抵大甲，設彰化縣治。

意即以虎尾溪為南界，大甲溪為北界，在此兩道河川的天然屏障中，即為彰化縣治轄區。由此可知：清代彰化縣相當於今日彰化縣、臺中市、南投縣全部，及雲林縣北側部分。以時間為經，以空間為緯，清代彰化縣便是本文探索的歷史座標。

三、以歷史觀察與文學賞析為立論主軸

閱讀文學作品若不能以其真確的時空作為發生的背景，往往不能明瞭文字的真義，更不能體會到作者內在的情感與思想。在臺灣光復之後實施的國民義務教育體系中，對臺灣文史的系統傳介與閱讀多有不足，直至近年方才有所調整。致使長期以來臺灣子弟不詳臺灣文史，更遑論深刻體會不同時期的臺灣文學內涵與意義。

以陳肇興《陶村詩稿》為例，其相關時代約可上推至一百八十多年前的清代道光年間，人們對於當時臺灣，尤其是彰化地區，社會背景的了解，想必相當有限。特別是在《陶村詩稿》中佔有首要地位的戴潮春事件，雖然號稱為臺灣三大民變之一，但就筆者所知，除非是對臺灣史具有強烈興趣者，否則似乎大多不甚熟知，甚至未曾聽聞。若再言「陳肇興」其人其事如何？

便更加毫無所悉了。在種種的不詳、不知中，又如何能夠體會具有「詩史」之譽的陳肇興《陶村詩稿》的精義？缺少了史學的真，又如何能完善體會文學的美？

秉持著「文、史、哲不分家」的理念，為彌補閱讀臺灣文學時歷史認知的不足，本論文嘗試以歷史觀察與文學賞析作為立論主軸，雙軌並進，從人、事、物各方面的釐清，努力拼綴「陳肇興」的形象輪廓，揭開對絕大多數人而言，仍是披蓋著神秘面紗的彰化詩人陳肇興。另外也從政經、文化、習尚、住民……等多方面的了解，概括「清代彰化」此一特定時空下的社會風貌。進而透過對陳肇興作品的解讀與連繫，明確反映《陶村詩稿》寫作的大時代環境，作為深刻體認作者思想及其詩歌精神與意涵的有力基礎，以期深入認識早期臺灣本土詩人的文學造詣。

四、以文獻解讀與田野調查為主要方法

文獻是前人生活智慧的累積記載。透過解讀文獻的工夫，才能明白歷史的軌跡與內容，為未知的過去建立清楚的圖象，使先人的思想與精神重新啟發後輩的智識。文獻解讀之必要是論文寫作的基礎。臺灣省政府文獻委員會所匯編的「臺灣文獻史料叢刊」，彙錄清代臺灣各類文獻三〇九種，是研究清代臺灣不可或缺的絕佳資料。本論文亦以此為主要文獻依據，再旁搜多方典籍載錄，點滴爬梳，力求明證。

文獻有徵，卻常恐不足。如果文獻解讀是平面式的方法，那麼，田野調查便是立體式的補充之道。透過親身走訪，實地考查，不僅書面資料印證、活化了，更往往有意想不到的、書面以外的收穫，非親訪不足以領受。在陳肇興曾經留下足跡的地方，筆者亦盡可能地親臨其境，親自設身處地感受一百多年前陳肇興的心情；在文獻載籍所曾經提及的相關區域，筆者亦興致勃勃地多方參訪。在實地走訪的過程中，深入體驗自己與故鄉土地之間，緊密濃厚的既存感情。

藉著文獻解讀與田野調查的交叉進行，期待能為陳肇興及其《陶村詩稿》建立具體而厚實的閱讀根基。

第二章　陳肇興生平研究

　　認識作家生平是深入體會作品內在精神的第一步。彰化詩人陳肇興本人之生平事蹟，一般所知有限，其身後流傳下來的作品，也僅僅只有《陶村詩稿》一書，本章即試圖以此最直接可靠的資料為根基，進一步收羅其他可能的材料，就其相關人事多方面尋究，希望在有限的資料中，能建構對詩人生平的概約瞭解，並深入形塑陳肇興的具體形象。

第一節　人生大事

一、生卒年

　　陳肇興，字伯康，號陶村。生年各本俱未明載。然庚申年所作〈元旦〉一詩曾言：「卅年欣乍到，一第愧初成」，庚申即咸豐十年（1860），逆推可知陳肇興之生年當為道光十一年（1831）。

　　就目前所能得到最為明確的記載，當屬介逸〈維英中舉略錄〉中所載咸豐九年（1859）己未恩科考試中舉名錄中所云：「第八十五名陳肇興，年二十八歲彰化縣學生。」〔註1〕以咸豐九年（1859）己未逆推，則陳肇興之生年恰是道光十一年（1831），可證明上述之推論無誤。〔註2〕

　　此外，陳肇興生於道光十一年（1831）的論點，求證於《陶村詩稿》諸

───────────────

〔註1〕介逸〈維英中舉略錄〉，《臺北文物》3：2，1953、8，第104頁。
〔註2〕只是，介逸〈維英中舉略錄〉一文之原始資料從何而來？該文並未註說，令人稍覺遺憾。

詩，亦皆符合。〈齒痛〉詩中曾曰：「君年未四十，齒牙驚搖動。我少君十年，情亦同洶洶。」此詩繫於甲寅年，即咸豐四年（1854），以此推算，陳肇興之生年當在道光五年（1825）之後。則前論道光十一年陳肇興生，當合此處。

又若證諸於壬戌（同治元年，1862）〈除夕〉之三：「中年身世易悲哀」的以三十二歲稱中年，及癸亥（同治二年，1863）〈種菜〉詩：「壯歲功名稱馬革」的以三十三歲稱壯年，則陳肇興之生年當亦相合。

至於卒年，亦無文獻明文記載。唯吳德功〈陶村詩稿序〉中曾言〔註3〕：「德功弱冠時，公掌教白沙書院，頻蒙教誨。」查吳德功生於道光三十年（1849）五月六日，其弱冠二十歲時，即同治八年（1869），陳肇興時年三十九歲，甚為活躍。

《陶村詩稿》於光緒四年（1878）出版。清代臺灣出版詩文集並非易事，往往憑藉作者之名望或產業，或糾金，或獨力，斥資費時刊校，方得完成。陳肇興在完成詩歌作品集多年之後，終於在壯年之時出版面世。《陶村詩稿》原刊本中錄有陳懋烈〈題詞〉三首，並題署該書乃由「門人林宗衡、楊春華、楊馨蘭、許尚賢」等四人「共同校刊」。在詩集出版的重要時刻，依常理而言，應當多會有作者自我的序言或題寫的文字。只是，《陶村詩稿》中卻毫無可尋，令人不禁納悶：光緒四年（1878）時，陳肇興是否仍然健在？

雖然文獻闕如，無從得知陳肇興確實卒年。但至少可知在光緒二年（1876）四十六歲時，他應該依然歡喜健在，實甚幸矣。

二、科舉

陳肇興於咸豐三年（1853）南下赤崁，參加童子試，順利考取秀才，時年二十二。這是經過多年的努力，終究獲得的成果，他的歡欣愉快、自我期許，都在〈補博士弟子紀事〉中展露無遺：

> 歲歲風簷裏，文章因數奇。空存天下志，纔作秀才時。賣賦憐身賤，縅書慰母慈。鯉庭遺訓在，回首一淒其。（之一）

> 紅榜填名後，青雲得路初。幾人誇拾芥，今我幸知書。駟馬高題柱，豺狼逼倚閭。前途傳警報，仔細慎回車。（之二）

> 釋菜瞻先聖，衣冠一色新。拖青欣有伴，曳白詎無人。泮水芹初秀，

〔註3〕見連橫《臺灣詩薈雜文鈔·文鈔》，臺灣文獻叢刊第224種，第2頁。臺北：臺灣銀行經濟研究室，1962、8。

官橋柳已勻。從茲舒驥足，萬里騁風塵。（之三）

金榜題名的喜悅，使陳肇興對過去滿懷感念，也同時對未來充滿了抱負。在功名的這條路上，他似乎已充滿信心地昂首闊步向前邁進。

咸豐九年（1859）陳肇興遠赴福建參加己未恩科併補行戊午正科鄉試，如願地一舉得第，順利考取舉人。在這人生重要的時刻，陳肇興特別寫下〈第一樓觀榜〉記述當時金榜題名的心情：

> 買棹初從福地遊，桂花香滿越山秋。文章遠溯千餘歲（原註：是科三題是世之相後也千有餘歲），姓氏高懸第一樓。同榜人誇從古少（原註：是科中式二百二十五名），題名我愛得朋稱（原註：額中十四人，半生平故交）。鯉庭回首黃泉隔，欲寫泥金暗淚流。

當年應考者多達三千多人〔註4〕，中式正榜者二百二十五名，副榜三十四名。陳肇興榮獲第八十五名。值得一提的是，當年同時考取舉人的臺灣學子，高達十四人，這是歷來所少見。而其中許多是陳肇興的好友。茲製作「咸豐九年鄉試臺灣中式舉人名錄」，以觀此一臺灣科舉史上的盛事。

表1　咸豐九年鄉試臺灣中式舉人名錄

姓名	年齡	學籍	名次
1. 李望洋	24 歲	淡水廳學附學生	72 名
2. 李文元	63 歲	臺灣府學附學生	76 名
3. 吳尚霑	32 歲	臺灣縣學附學生	80 名
4. 陳肇興	28 歲	彰化縣學生	83 名
5. 陳有容	30 歲	臺灣縣學生	88 名
6. 簡化成	31 歲	彰化縣學生	103 名
7. 李春波	25 歲	臺灣府學生	112 名
8. 韋國琛	26 歲	嘉義縣學生	145 名
9. 余春錦	28 歲	臺灣府學附學生（粵籍）	148 名
10. 蔡德芳	34 歲	彰化縣學生	170 名
11. 黃煥奎	26 歲	彰化縣學附學生	175 名
12. 陳培松	21 歲	臺灣縣學生	191 名
13. 陳維英	49 歲	臺灣府候補訓導	198 名
14. 陳謙光	22 歲	臺灣府學附學生（粵籍）	200 名

*資料來源：介逸〈維英中舉略錄〉，《臺北文物》3卷2期

〔註4〕見介逸〈維英中舉略錄〉，《臺北文物》3：2，1953、8，第101至105頁。

這一場決定性的大考，究竟考哪些題目呢？清代鄉試照例考三場，第一場考制義，第二場考五經，第三場考對策。每日一場，共三日考完。介逸〈維英中舉略錄〉一文曾記錄當年的全部考題，甚為難得。題文雖然很長，茲仍不憚其煩，存錄如下，以見科舉及第之不易。

咸豐九年己未恩科併補行戊午正科福建鄉試試題：

第一場

甲、四書題：

1. 大學之道

2. 動之不以禮

3. 地之相去也，千有餘里，世之相後也，千有餘歲，得志行乎中國。若合符節，先聖後聖，其揆一也。

乙、詩題

賦得詩似冰壺見底清（得「詩」字，五言八韻）。

第二場　五經題

1. 履信思乎順，又以尚賢也。

2. 詩言志，歌永言。

3. 呦呦鹿鳴，食野之苹，我有嘉賓，鼓瑟吹笙，齊侯宋人陳人蔡人會于北否（莊公十有三年）。涼風至，白露降，寒蟬鳴。

第三場　策五道

甲、（經學）

問：周易爻辭，或取爻德，或取爻位，或取本卦之時，與本爻之時，或兼取應爻，或取所承所乘之爻，能疏其義歟？堯典九族禹貢三江九江諸家之說孰是？詩首二南，或謂周召采邑，或謂樂歌名，雅分大小，或謂即大小樂章之判，然歟？春秋鄭人來，平渝公穀俱作輸平，後儒訓輸為納不取敗盟之說，何故？周禮鄉遂井邑之制，最為詳悉，有禹貢王制相發明者歟？儀禮士冠禮諸篇與戴記冠昏六義不可偏廢，或謂儀禮是經，禮記是傳，古義之不墜，其在斯乎？燕禮之事，有四鄉飲酒禮之事，亦有四能舉其目歟？聘禮篇末執圭入門私覿等語，何以與鄉黨所記大略相同？孔子仕魯時無諸侯來朝，及卿大夫來聘，事君召使擯在於何時？我　朝經學昌明，諸生下惟攻讀有年矣，其以所得者著於篇。

乙、（史學）

問：司馬遷史記、班固漢書為千古史學之祖，而論遷固者互有優劣，其說孰是？史記本紀之後，繼以十表八書表，以記治亂興亡之大略，書以記制度沿革之大端，漢書改書為志，而於年表加詳，范蔚宗撰後，漢書始不立表，後之作者遂援范書為例，至歐陽修新唐書乃復班馬舊章為表四，其得失若何？修史之難，無出於志，陳壽三國志習鑿齒，漢晉春秋皆無志，而沈約宋書諸志補及魏晉之闕，姚思廉梁書陳書，李百藥北齊書，令狐德棻周書皆無志，而隋書中有五代史志可考，或謂作志之體，宜詳當代，而略前事，然歟？列傳編次具有深意，精詳如歐陽修，而五代史不為韓通立傳，何故？新舊唐書得失何在？新書成於歐宋兩人之手，論者先紀志，而病列傳，何耶？多士幸際盛世，異日必備三長之選者，盡條舉之，以覘史學焉。

丙、（聲韻學）

問：聲韻之書自古尚已，魏晉以來，有李登之聲韻，呂靜之集韻，至梁沈約撰四聲一卷，而韻譜始成，陸法言與劉臻等八人共撰為廣韻，唐郭知元又為切韻，孫緬以切韻為謬，增加刊正別為唐韻。景祐以還，列學官而通行者，則禮部韻略，他如王宗道之指元，吳棫之韻補，毛晃之增韻，陰時失之韻府群玉，黃公紹之韻會，或為韻學津梁，或滋音韻之病，孰得孰失？其明辨之韻有通有叶，如東冬江相通，支微齊佳灰相通，叶則音韻俱非，而切響通之，其義闡自何人？有切韻者，上字為切下字為韻，酌以七音，核以三十六母字，總以十六攝歸於十二，括其學詳於何書？古韻四，聲無不可通，今韻平聲三十入聲，十七部，元周德清作中原音韻，以入聲十七部分配諸韻，可歟？否歟？多士講求有素，方將儲　朝廷著作之材，其疏通而證明之。

丁、（宋儒理學）

問：孔孟之道，發明於濂洛諸子，而朱子集其成，朱子之學，主格物而莫要於敬義，語錄一書皆門人分記之語，皆精當歟？近思錄十四卷，採輯詳備，與朱子同撰者何人？為之集解者何人？朱子閩人也，前朱子而講學者，有楊龜山、游定夫、羅仲素、李延平，及門高弟有蔡季通父子及黃直卿，前賢學問具有淵源，其所深造各有得

力之處，能詳悉言之歟？後直西山換大學。衍義大旨在正本清源，
其條目若何？明邱濬因衍義未及治平之事作書補之，果能為真氏之
功臣耶？朱子與陸象山，會鵝湖論辨多不合，其所以不合者安在？
或乃有光陸早異晚同之論，果可據歟？夫漢唐訓詁之儒，所以羽翼
經傳也，宋儒性理之學，所以昌明聖道也，諸生居近聖賢，不乏明
通之士，盍打所聞以對。

戊、（因地制宜的時勢題）

問：東南各省皆濱大海，倉粟之轉運，貨舶之往來，履險如平，利
至鉅也，然海外地廣易於藏奸，匪徒出沒無定，何道以安輯之？內
洋外洋有可哨而不可守者，有可寄泊而不可久泊者，其要隘之地何
在？即如閩地與泉、福、漳皆當海口，澎湖、南澳足為外蔽，其他
島嶼星羅碁佈，形勢若何？舟師之設始於何書所載？可考證歟？市
舶司設於元代，何以至明而罷？或謂設市舶，則利權在上，罷則利
恐在下，然歟？明倭寇為患，海防乃密，其鎮戍巡哨之法，舟艦器
械之制，何者為善？戚繼光紀效新書，練兵實紀，悉本心得以成書，
非空談將略者可比，能舉其說歟？我　皇上整飭戎行，修明武備，
生長海邦者尤當諳悉情形，其劃陳之，以備採擇焉。

　　科舉中第之後的陳肇興，社會地位更為提升。例如清乾隆 26 年（1761）
啟建的彰化縣邑開漳聖王廟威惠宮，主祀開漳聖王陳元光，是漳州人的主要
信仰神祇。身為漳州人後裔的陳肇興，在咸豐九年（1859）中舉之後，隨即於
咸豐 10 年（1860）領銜倡議重修聖王廟，也得到眾人響應，使廟貌一新。今
日後殿供俸的啟建重修廟宇有功人士長生祿位中，「舉人陳肇興」即清晰在列，
足見其地位十分顯著。

第二節　親族

一、父母及家世

　　陳肇興父母早逝，《陶村詩稿》開篇第二首作品〈掃墓感作〉即清明時節
為其父掃墓而作，此詩繫於壬子，即咸豐二年（1852），陳肇興時年二十二歲，
可見在此之前，其父早已往生。而丁巳年（咸豐七年，1857）〈哭仲義弟〉詩
有言：「記得繩床共被時，十年風雨苦難支。代供甘旨持籌筭，不耐嬉遊秉性

奇。」（之一）以此「十年風雨」逆推，則為道光二十七年（1847），陳肇興十七歲，當時其父已不幸過世了。

陳肇興對於早逝的父親，一直存著無比的懷念，〈掃墓感作〉云：「記得趨庭鯉對時，一鐙豆火課孤兒」，幼年讀書時，有父親的督促和指導，可見陳氏亦當書香之家，陳父對兒子的教育是十分關切與期盼的，只是陳父過世太早，令為人子者有「子欲養而親不在」的感歎，「九原今日言猶在，五鼎他年報豈知」（〈掃墓感作〉）〔註5〕，無法讓老父親見自己的成就，是陳肇興心中最大的遺憾，故而考上秀才時，沒有得意興奮，卻是「鯉庭遺訓在，回首一淒其」（〈補博士弟子紀事〉）；甚至高中舉人時，所流下的眼淚，也是念及父親當年的諄諄教誨，如今卻無法親自報答，而不禁暗自潸然，「鯉庭回首黃泉隔，欲寫泥金暗淚流」（〈第一樓觀榜〉），可見陳肇興秉性恭孝，對亡父念茲在茲。

或許因為父親的早逝，陳肇興對母親更加孝順。得知秀才及第，便立刻感念父母：「賣賦憐身賤，織書慰母慈。鯉庭遺訓在，回首一淒其。」（〈補博士弟子紀事〉之一）嚴父早逝令人欷歔，陳肇興即飛書報喜告慰慈母，以顯親德。其後不論時局如何變遷，陳肇興總能親侍母旁，古香樓建成時，「知否三遷慈訓在，未能奮發愧前賢」（〈古香樓落成，移居即事〉）因喜母在落成，更加激勵上進。林氏姊病故時，雖內心極為悲痛，但「為慰慈闈多不哭」（〈哭林氏姊〉之四），因不忍見親老傷心，而強忍哀泣。及至舉人中試後，酌酒娛親，承歡欣喜，自見「酌酒娛康母，焚香禮太平」（〈元旦〉）。即使是戴潮春起事破彰化城，舉家避居內山期間，「艱難隨老母，嘔血事酸辛」（〈感事述懷，集杜二十首〉之三），「挈眷復忡忡……老母呼輿載」（〈感事述懷五排百韻〉），雖是一路的艱難辛苦，然「八口艱難欣有母」（〈除夕〉之四）尚可慶幸慈母健在，一家相守。諸如此者都印證了《彰化縣志稿》及楊珠浦《陳肇興先生略傳》中所稱「事親至孝」的形象特色〔註6〕。

在父嚴母慈書香傳家的環境中成長，陳肇興純善的秉性，受到了良好的薰陶，造就了他誠篤的性情。

若以《陶村詩稿》之詩作推查，陳肇興應該也是一位墾殖移民的後裔。

〔註5〕五鼎，意指富貴優沃的生活。

〔註6〕見賴昌熾等《彰化縣志稿·文化志藝文篇》，第1444頁。臺北：成文出版社，1983、3臺一版；另楊傳見《陶村詩稿》，第3頁，臺灣文獻叢刊第144種，臺北：臺灣銀行經濟研究室，1962、8。

不僅因為其作品中描寫農村生活的筆觸特別豐富有情，而且其〈暮春書懷〉之一曾寫道：「轆轆蔗車連夜響，丁東秋鼓接畦喧。幾回綠酒紅鐙下，憶到兒時忽惘然。」可見陳肇興年幼時與農耕的關係密切。雖然他本人以教讀為業，所謂「糊口只憑三寸舌」（〈書齋偶興〉之一），但興建古香樓時，仍必須「賣盡文章又賣田」（〈古香樓落成，移居即事〉之三），則陳家乃一書香耕讀之家，亦已明矣。

移民來臺的陳氏宗族自福建漳州平和浮海來臺之後，很可能一支留於彰化，一支則東遷入水沙連。〈水沙連紀遊〉詩云：

> 蹭蹬沙連道，十年來往頻。好山重識面，舊路忽迷津。崖險驢欺客，
>
> 莊深狗吠人。多情謝宗族，杯酒醉千巡。（之一）

兩脈雖然在地理上相隔甚遠，但仍不畏險途，往來密切，十分親睦，可見關係之親密。另外，陳肇興與牛牯嶺陳家似乎亦有所交情，不知是否也有宗族關係？其奉憲命往南北投聯莊一事，不知是否即借重其雙方關係而成事？姑存之待查。

至於陳肇興之後裔，至今仍遍訪不著。陳肇興時代距今不過百多年，理應不難推尋，但事實上卻無所獲。這是本文十分遺憾的一點。曾風聞其後代可能在今彰化八卦山風景區管理委員會服務，也曾聽說其子孫似乎服務於教育界，然皆無從直接證實或面見，仍有待追查。

二、兄弟姊姊及眷口

《陶村詩稿》中首次言及其家庭人口數者，當屬咸豐三年（1853）「家貧八口依姻戚」（〈王田〉之一）一語。而其後每言及家中成員，皆以「八口」稱之。包括：同治元年（1862）「八口滯空谷」（〈卜居〉）、「八口艱難欣有母」（〈除夕〉之四）；同治二年（1863）「八口悲為鶩」（〈感事述懷，五排百韻〉）。事實上在此十年之中，陳氏一家有不幸往生者，有結婚生子者，所以「八口」一言，應當僅可視為約略計算之虛詞，而非實詞。

在《陶村詩稿》中，言其家人較詳者為〈哭仲義弟〉及〈哭林氏姊〉二組詩。咸豐七年（1857）一年之間，仲義弟與林氏姊分別先後往生，實乃人間大悲，陳肇興因而發之為詩，抒發內心無比的沉痛。此「仲義弟」當指為陳家收養，排行第二的弟弟。然而雖為收養，陳肇興對仲義弟，卻在深深懷念之外，多了一分感謝。〈哭仲義弟〉之一云：

記得繩床共被時，十年風雨苦難支。代供甘旨持籌窘，不耐嬉遊秉性奇。

累重憐予登第晚，家貧誤汝讀書遲。池塘舊夢空回首，落日荒原萬古悲。

陳肇興父親早逝，仲義弟雖然「也曾潑墨學龍眠，神妙秋毫欲到巔」（〈哭仲義弟〉之二），頗具書畫才情，然以其懂事，見家境貧困，不但放棄求學，尚且操持生計，事奉老母，籌措學費，供陳肇興繼續深造，終於能夠科舉及第，於咸豐三年（1853）考上秀才。回想往日種種情義，陳肇興不禁仰天長嘆「如此聰明偏夭折，人間報應總茫然」（〈哭仲義弟〉之二）、「情兼孝弟目難瞑，說到箕裘悲更長」（〈哭仲義弟〉之四），兄弟情深，悲沉更甚！

仲義弟事母敬孝、已婚、育有一女，尚無子嗣。陳肇興謂其「生自圖形貽弱媳，死猶忍淚戀高堂」（〈哭仲義弟〉之四），「每看弱女情頻動，為念阿嬢淚又漣」（〈哭仲義弟〉之二），並且「折臂已如亡右手，傷心況未見男兒」（〈哭仲義弟〉之三）。仲義弟逝於咸豐七年（1857），當時陳肇興方才二十七歲，仲義弟自是更為年少，正值英年，卻即早逝，況家口單薄，實在令人欷歔！或許正因有著無子可嗣的遺憾，曾領養一子。同治元年（1862）〈除夕〉之二云：「圍爐尚有讓梨童」，自註曰：「時為亡弟螟蛉一子。」「螟蛉」即螟蛉兒，是清代臺灣社會的一項風俗，「蓋臺民無子者，買異姓為子，雖富家大族亦繼異姓為嗣，為螟蛉兒」〔註7〕此處所言「亡弟」，疑即育有一女而無子嗣的仲義弟。若真為如此，則陳肇興為此亡弟，在同治元年收養一子，以延其香火，或欲一了亡者生前「無後為大」的遺憾，使之能瞑目九泉，含笑而去。

另外，〈哭仲義弟〉之三有云：「愁來幾度廢吟詩，三載荊花損兩枝」並自註云：「前歲五庶弟殤。」據其所言，前歲即咸豐五年（1855），五庶弟未成年而亡〔註8〕，以咸豐五年陳肇興時年二十五歲，則五庶弟恐尚未成年。即若成年，亦是弱冠左右。既然稱此一早夭之弟為「庶出」，則可推知陳肇興當為「嫡出」才是。而同治元年（1852）有詩〈城破，喜二弟挈家眷至〉，以此二弟、五庶弟綜合觀之，則陳肇興當有嫡庶不分之二弟、三弟、四弟、五弟、及

〔註7〕陳盛韶《問俗錄》，第76頁，臺灣歷史文獻叢刊，南投：臺灣省文獻會，1997、11。

〔註8〕《儀禮‧喪服》：「年十九至十六為長殤，十五至十二為中殤，十一至八歲為下殤，不滿八歲以下為無服之殤。」《逸周書‧諡法》則云：「短折不成曰殤，未家短折曰殤。」

前之仲義弟，合之至少共五位弟弟。

〈哭林氏姊〉一詩則顯示陳肇興上有一姊，已嫁於林氏人家，其歲數當年長於陳肇興甚多，其詩云：「齊眉雅慕孟光賢，椎髻荊釵十五年」（〈哭林氏姊〉之四），至咸豐七年（1857）過世為止，林氏姊已出嫁十五年，則其當於道光二十二年（1842）結婚，陳肇興時年十二歲。咸豐三年（1853）〈王田〉之一詩中所謂：「家貧八口依姻戚」之「姻戚」，或許即是指林氏姊之夫家。陳肇興又有詩云：「曾記孩提襁負時，十年鞠育仗〔註9〕扶持」，陳肇興幼年時期，林氏姐已可以姊助母養育扶持幼弟長大。則林氏姊較陳肇興可能年長十歲左右。

對這位亦姊亦母的林氏姊，陳肇興格外有一份難言的感情，感念「提攜忍負當時語，姊弟猶思再世緣」（〈哭林氏姊〉之四），因而「為慰慈闈多不哭，哦詩頓覺淚漣漣」（〈哭林氏姊〉之四）。其內心之悲傷，或許也只能以「悲莫悲兮生別離」（《九歌·少司命》）形容了！

又，咸豐七年真是陳家禍不單行的一年，「見弟九原剛百日，歸家一別正千秋」（〈哭林氏姊〉之一），在仲義弟過世剛百日，林氏姊竟然也撒手人寰，尤可悲的是「泉路同歸憐弱女」（〈哭林氏姊〉之三），原詩自註云：「有女十歲，翌日繼殤。」在林氏姊往生的第二天，其十歲的幼女，竟也同赴黃泉，短短百日左右，連喪三親，實在是天人同悲啊！

長期以來，陳肇興家境並不富裕，仲義弟過世時，其詩尚言：「泉下若逢爺有問，為言貧賤似前時」（〈哭仲義弟〉之三）。而林氏姊待字之時，家境不裕，婚後夫婿亦非富家之子，操持勞碌，終此一生，因而詩云：

> 裙釵寂寂空千古，井臼勞勞了一生。嫁得黔婁猶不永，可知薄命是傾城。（〈哭林氏姊〉之二）

且仲義弟與林氏姊同是因病而亡，詩中言仲義弟「兼旬抱病握方床，問藥求神大小忙。」（〈哭仲義弟〉之四），仲義弟連日病重，求神問卜，病危忙亂影象，如在眼前，林氏姊亦似乎臥病甚久，「牙床輾轉恨悠悠，為感吹簫病不瘳」（〈哭林氏姊〉之一），可能長期健康不佳，故當陳肇興協同醫師前往探視時，林氏姊的起身相迎，令人感到驚喜，其詩云：

> 滿園修竹夕陽明，我帶醫來汝尚迎，意外歡逢身頓起，人間訛語鬼皆驚。……（〈哭林氏姊〉之二）

〔註9〕「仗」字，楊氏本以次各本，包括史文本，俱誤作「杖」字。茲據鄭喜夫《陶村詩稿全集》校訂，依原刊本改正為「仗」字。南投：臺灣省文獻會，1978、6。

這樣的驚喜，卻彷彿是迴光返照，夕陽之美而已。林氏姊終究是「粧奩檢點餘香在，破鏡殘衫劇可悲。」（〈哭林氏姊〉之三）駕鶴而歸，徒留親人慨嘆而已。

上述之外，陳肇興是否尚有其他兄妹？則似乎並不明確。在〈祭旗後一日，六保背約〉詩中所言：「兄弟三人據一窠」，已屬較為明晰之語。其他如〈古香樓落成，移居即事〉云：「弟兄共住東西屋」，〈山中遣悶〉云：「風雨弟兄親」（之一）、「兄狂弟又愚」（之四），各詩「弟兄」一言皆甚含混。然檢諸《陶村詩稿》，並未見其他言及兄長之詩句或作品，因而此一「兄」字究為實有其兄？抑或陳肇興即身為兄長，「兄」字乃指其自身？尚難遽下斷言。

《陶村詩稿》中言弟最多，前引諸詩中已歷歷可見，尤其戴案初起，兵荒馬亂，家人離散之際，陳肇興心急如焚，逢人便問下落：

> 有客從北來，相逢歧路旁。牽裾引之近，急問弟與娘。（〈奉憲命往南北投聯莊遇亂〉之四）

彰化城為戴軍攻陷之後，家人重聚，作〈城破，喜二弟挈家眷至〉，避難深山時，為聯莊奔走，無法與家人日日相守，曾慨嘆：

> 有弟滯牛山，多時悲契闊。老母缺晨昏，思之如饑渴。（〈自許厝寮避賊至集集內山〉）

在此急亂之時，探詢對象非長兄如父的哥哥，而攜家逃難者亦是二弟，直如兄長心繫弟娘，凡此種種，則是否皆意味著，陳肇興自己即身為長兄，方才有諸如此者不經意的情感流露？

另外，在〈寄林文翰舍人〉中陳肇興曾感嘆：「蕭索山林愁日暮，飄零弟妹感天涯」（之二），這是《陶村詩稿》中，唯一提及其弟妹的詩句，此外便無可得見，以此僅見之孤例論之，則陳肇興是否有妹，實未可確知。

三、妻兒

陳肇興娶妻邱氏，為好友邱石莊之妹，〈祭旗日示諸同志〉詩中序言：「得內兄邱石莊之助」可知。內兄即妻之兄。陳肇興與邱石莊早已是舊識，咸豐二年（1852）即有〈送邱石莊孝廉北上〉一詩之作，則陳肇興與邱位南妹或亦當早已相識。〔註10〕

〔註10〕吳德功《彰化節孝冊》載：「陳賴氏　同儒士陳肇興妻」（臺北：大通書局，1987，頁25）。或者陳肇興曾先後娶邱氏、賴氏為妻。待詳考。另參顧敏耀《陳肇興及其《陶村詩稿》》（臺中：晨星，2010，頁78）。

　　至於何時成婚？《陶村詩稿》中並未明言。其中較為可據的當屬〈哭張郁堂明經〉詩中所提：「九原回首應惆悵，婚娶粗完未著書」（之二），若就此詩所記而言，則陳肇興當是張煥文於咸豐六年去世之前不久，才剛成婚的。咸豐六年（1856）時的陳肇興年方二十五歲，則其非常可能是在二十四或二十五歲時完成婚事。

　　咸豐八年（1858）古香樓落成之時，陳肇興曾因居處不甚寬敞，而慨嘆曰：「弟兄共住東西屋，妻子還分上下床。」（之四）此處所言「妻子」，應該是兼指其妻、兒，可見咸豐八年時的陳肇興當已為人父了。至咸豐十一年（1861）年陳肇興〈憶簡榮卿孝廉同年〉詩中更語帶諧謔的說：「萬事讓君先得子，幾人因我誤憐卿。」

　　在戴潮春事件發生之前，《陶村詩稿》中對妻兒的紀錄可謂不多。但事件發生之後，詩中提及的次數與關愛顯然增多也加深了。同治元年（1862）三月十六日，陳肇興奉憲命往南、北投聯莊，遠行之前「低迴別妻子」（〈奉憲命往南北投聯莊遇亂〉），彷彿可見二人執手相看，難以分捨之情；避亂空山時，猶得「習字妻磨墨」（〈山居漫興〉之三）患難與共，夫唱婦隨，令人欣羨。故而陳肇興讚許「且喜妻賢能誓死」（〈祭旗後一日，六保背約〉），但也「無錢長替內人愁」（〈七夕示內〉），不忍妻子在戰亂中承受貧困的生活。特別是在七夕中國情人節的這一天，陳肇興寫下了〈七夕示內〉一詩，深情而含蓄地表現出對妻子的疼惜：

> 世路干戈感未休，天涯容易又新秋。一家離散悲戎馬，萬古團圞羨女牛。有巧任從兒輩乞，無錢長替內人愁。私心默向雙星祝，早掃欃槍慰白頭。

戰禍殷熾，一家離散，為亂世兒女憑添許多無奈，一句「萬古團圞羨女牛」道出了詩人心中悲愁的浪漫，以及奔波中最大的盼望。同治元年，陳肇興夫婦的種種恩愛歷歷可見。

　　陳肇興同治元年〈除夕〉曾云：「兒啼妻病怯宵寒」（之一），對妻兒身受苦難，透露著相當的不捨。其後同治二年（1863）諸詩中更多次出現了對幼兒的記敘，這是之前各卷未曾有過的。他在亂世中感嘆著「干戈兒女大」、「母老兒兼幼」（〈山中遺悶〉之一、之四），回憶著逃難時「兒啼掩口繃」（〈感事述懷，五排百韻〉）的倉皇，避居空山時「且向村翁分半畝，自將種菜教兒曹」（〈種菜〉），為人父者時而流露出對稚齡子女的關懷與護衛。

在夫妻、父子之情外，另外一提的是，卷四有八首的組詩名曰〈無題〉。此詩繫於咸豐九年（1859）〈赤嵌竹枝詞〉、〈春日重遊法華寺〉之後，〈渡海〉、〈九仙觀〉之前，當是赴福州鄉試前，逗留臺南期間所作。〈無題〉諸作文字綺情纏綿，詩中「夫妻鳥」、「鴛鴦」、「錦瑟」、「雙彩鳳」等語詞甚多，尤其「人因見慣渾如醉，情到鍾深轉是癡」（之一）、「脈脈情懷倒又顛，一回私恨一回憐」（之七）等語，更見愛憐繾綣之濃情蜜意。〈無題〉詩中又有如下纏綿之詩句：

> 無因得並夫妻鳥，夜夜雙棲連理枝。（之一）
>
> 蛾眉出繭描新黛，象篦梳雲學晚粧。（之二）
>
> 千呼尚抱琵琶出，一笑忙簪翠鈿來。（之三）
>
> 巫山雲雨記曾迷，繡被鴛鴦兩兩棲。（之四）
>
> 青樓薄倖無知己，腸斷蕭娘一紙書。（之八）

以此觀之，則作者溺戀的對象或許正是青樓女子，此女子「雪貌雲鬟二十餘，風神猶似破瓜初」（之八），與時年二十九歲，即將渡海赴試的陳肇興互相傾慕，「梔子簾前偷訂約，丁香盒底漫題詞」（之一）、「舊誓已成烏鰂墨，新詩猶寄紫鸞箋」（之七）。只可惜「石爛海枯空一遇，可憐未嫁不相逢」（之六）、「鈴閣人歸春悄悄，畫堂燕去夢于于」（之八），兩人相戀卻不得相守，空留餘恨各分飛。

這一段綺麗的邂逅，或許是陳肇興曾經親身經驗的風流回憶，然而以其不便明說，故而用語含蓄，敘述婉轉，多所保留。即使是題目，也以「無題」二字含混帶過，與陳肇興其他作品中，動輒以略帶說明性質的長句作標題相較，則似乎頗有刻意隱晦的意味。

當然，也或許這是模擬想像之作。在抵達當時全臺最稱繁華的赤嵌城後，以其想像幻化他對燈紅酒綠城市的觀察和見聞。更何況〈無題〉之前即是〈赤嵌竹枝詞〉十五首，其中便有三首描寫當地青樓娼女的作品：

> 新粧幾隊綰雙鴉，小蓋相攜伴面遮。絕似芙蓉才出水，一枝葉護一枝花。（之七）
>
> 一曲紅綃不論錢，青樓幾處鬥嬋娟。年來吃盡人間火，瘦骨輕鬆似劍仙。（之八）
>
> 水仙宮外是儂家，來往估船慣吃茶。笑指郎身似錢樹，好風吹到便

開花。（之九）

這些作品明朗而記實，顯示出陳肇興即使未有青樓豔遇，也曾見聞當時臺南歌樓酒館最盛的水仙宮一帶，娼女們的生活、形象，令他印象深刻。而以此第一人稱的方式化為詩語，亦是使記遊作品更生動的一種方式。

第三節　交遊

陳肇興是清代中葉彰化地區本土詩人的重要代表，其作《陶村詩稿》提供了後世瞭解陳肇興生平最可靠的根據，詩集中記錄了詩人自咸豐二年（1852）至同治二年（1863）十二年間詳細的身心經驗。目前一般對陳肇興生平的掌握仍屬有限，在其唯一傳世的作品中，期待能更深入地、旁敲側擊地，從不同的角度觀察這一位典型的臺灣本土詩人。

在《陶村詩稿》中可見詩文往來的師長朋友，據統計共有可知姓名者二十七位，及不詳姓名者若干位，茲製作「《陶村詩稿》所見陳肇興師長友朋一覽表」，俾便觀察。

表2　《陶村詩稿》所見陳肇興師長友朋一覽表

稱名	稱謂（註1）	出處	年代	備註
1. 賴汝明	秀才	哭賴汝明秀才	咸豐二年（1852）	
2. 張郁堂	明經	1. 米元章墨蹟歌 2. 哭張郁堂明經	咸豐二年（1852） 咸豐五年（1855）	即張煥文
3. 邱石莊	孝廉 內兄	1. 送邱石莊孝廉北上 2. 齒痛 3. 北投埔計議防亂事宜 4. 喜晤石莊兼話官軍捷信 5. 祭旗日示諸同志 6. 圍中得石莊書卻寄 7. 南投喜晤邱石莊	咸豐二年（1852） 咸豐四年（1854） 同治五年（1863） 同治元年（1862） 同治二年（1863） 同治二年（1863） 同治二年（1863）	即邱位南
4. 周恒甫		乞菊	咸豐三年（1853）	
5. 廖滄洲	茂才	1. 大墩與廖滄洲茂才夜話 2. 連日風雨 3. 再疊前韻留別滄洲	咸豐六年（1856） 咸豐六年（1856） 咸豐六年（1856）	即廖景瀛

6. 韋鏡秋	上舍	1. 與韋鏡秋上舍話舊 2. 送韋鏡秋歸赤嵌	咸豐四年（1854） 咸豐四年（1854）	
7. 董濟亭	夫子	1. 董濟亭夫子壽言 2. 哭董濟亭夫子	咸豐四年（1854） 同治二年（1863）	即董濟亭
8. 洪姓友人	友	登洪家天玉樓望火炎山諸峰	咸豐十年（1860）	疑洪玉崑
9. 簡榮卿	同年	1. 憶簡榮卿孝廉同年 2. 北投埔計議防亂事宜	咸豐十一年（1861） 同治元年（1862）	即簡化成
10. 沈南蘋		沈南蘋雙鳧蓮花畫	同治元年（1861）	
11. 林錫爵	義士	北投埔計議防亂事宜	同治元年（1861）	
12. 洪玉崑	明經	北投埔計議防亂事宜	同治元年（1861）	
13. 林文翰	舍人	北投埔計議防亂事宜 寄林文翰舍人	同治元年（1861） 同治元年（1861）	即林鳳池
14. 曾汝泉	秀才	次韻酬曾汝泉秀才 相逢行，贈曾汝泉	同治元年（1861） 同治元年（1861）	
15. 林錫三	太史	懷人詩之一	同治元年（1861）	即林天齡
16. 彭文宇	廣文	懷人詩之二	同治元年（1861）	
17. 韋玉叔	孝廉	懷人詩之三	同治元年（1861）	疑韋國琛
18. 陳子安	明經	懷人詩之四	同治元年（1861）	
19. 張策六	拔元	懷人詩之五	同治元年（1861）	即張登瀛
20. 盧輯五	上舍	懷人詩之六	同治元年（1861）	
21. 陳汝梅	拔元	懷人詩之七	同治元年（1861）	即陳捷魁
22. 廖秉鈞	生員	殉難三烈詩之一	同治二年（1863）	
23. 陳再裕	義首	殉難三烈詩之二	同治二年（1863）	
24. 陳耀山	農民	殉難三烈詩之三	同治二年（1863）	
25. 陳雪洲	族親	感事述懷五排百韻	同治二年（1863）	
26. 鹿港香鄰	友	感事述懷五排百韻	同治二年（1863）	即蔡德芳
27. 黃實卿	明經	玉潭莊與黃實卿明經夜話	同治二年（1863）	
28. 潘瑤圃	夫子	哭房師潘瑤圃	同治二年（1863）	疑潘恭贊
29. 不詳甲		賴氏莊	咸豐三年（1853）	
30. 不詳乙		諸羅道中	咸豐七年（1857）	
31. 不詳丙		茅港尾	咸豐七年（1857）	
32. 不詳丁		送人赴任和韻	咸豐十一年（1861）	
33. 不詳戊	茂才	端午飲家與三茂才舍中	同治元年（1862）	

　　由上表所列可知，陳肇興於其詩集中計有師長三位、友朋十五位可推考其與詩人之間的往來關係或經歷；然另有友朋不詳生平者九位、不詳名姓者五位，尚無從得知相關事蹟。茲就所得，分別考述之。

一、師長

　　《陶村詩稿》中以師長稱之者，僅有二人，一為董濟亭夫子，有〈董濟亭夫子壽言〉、〈哭董濟亭夫子〉二詩述之；二為房師潘瑤圃夫子，僅有〈哭房師潘瑤圃夫子〉一詩述之。董濟亭為陳肇興親炙受學之業師，長期追隨，深受其教；潘瑤圃則為其房師。明、清科舉制度中，錄取的生員（即秀才）尊稱主考官為座師，尊稱分房閱卷的同考官為房師。另有張煥文一人與陳肇興之間亦師亦友，茲以其年長德高，因同列於師長之尊而述之。陳肇興與三人之間的關係，分述如下：

（一）董濟亭

　　董濟亭即董大經，號濟亭，沙連保隘寮莊（在今南投縣名間鄉）人〔註11〕，咸豐五年（1855）乙卯科歲貢生〔註12〕。生年未詳，生日則據陳肇興〈董濟亭夫子壽言〉題目下原註，知為農曆三月二十三日，恰與媽祖聖誕同日。

　　〈董濟亭夫子壽言〉之二詩云：

> 追隨回首十年強，舊雨春風夢寐長。視我猶兒兼教養，報公有日只
> 文章。

此詩繫於咸豐四年（1854），「回首十年強」則陳肇興十多年前，已受業於宿儒董大經門下，約當道光二十四年（1844）前後，時年約十四歲左右。陳肇興早年喪父，董濟亭或因此倍加眷顧，既為其經師，授業解惑；亦為其人師，身教言教，教養如親兒。而陳肇興多年追隨董濟亭，也因此存有一份亦師亦父的孺慕之情，董大經對陳肇興早年學業與性格的養成，當具有相當程度的影響。

　　戴潮春事件發生，彰化城被攻陷時，董大經未能及時逃出，與當時許多彰邑諸生一樣，身陷危城之中，並且為戴軍所迫，受職於戴氏小王朝之賓賢

〔註11〕見林文龍《南投縣鄉土大系──文教篇》，第 12 頁。南投：南投縣政府，1995、6。

〔註12〕見劉顏寧總纂《重修臺灣省通志·文教志教育行政篇》第 137 頁。南投：臺灣省文獻會，1989、5。

館內，擔任賓賢館大學士。這段歷史在林豪《東瀛紀事》中有所記載：

> （同治元年三月）二十日，開門引賊入，……賊黨乃備鼓吹，迎戴
> 逆入城，其寡嫂羅氏死之。時滿城香煙紛繞，如履雲霧，逆首既至，
> 自稱偽大元帥，居北門外妻兄許慕舍家。以戴彩龍為偽二路副元帥，
> 鄭玉麟為偽大將軍。……設偽賓賢館以處文士，強令歲貢生董大經
> 為偽賓賢館大學士。〔註13〕

戴氏使董大經任其賓賢館大學士，無非是借重其宿儒聲譽，用以號召百姓，
籠絡文士，以為視聽。而董大經任賓賢館大學士，實不得已也，《東瀛紀事》
同文即言：

> 歲貢董大經嘗為戴逆塾師，至是（按：時為同治二年，1863）已病，
> 為賊所脅，不得已從之，以憂死。〔註14〕

　　在時局紛擾，地方政權被強行移轉的當時，董大經似乎有著「人在江湖，
身不由己」的無奈，一句「為賊所脅，不得已從之」道出了董大經當時面臨著
形勢比人強的無可選擇，絕非見風轉舵的牆頭草行為。他的受職於戴軍賓賢
館，或許還可能是忍一己一時之辱，欲以成就未來大局的權宜之計！故而門
人陳肇興以「奇謀未遂」一語為其尊師抱不平。

　　然而戴軍當時被視為逆賊，一介書生，尤其素為儒林敬重者，理當忠君
力抗，抑或誓死守節才是。董大經則不僅未離開彰化城，甚至受戴軍供俸，
擔任大學士，並為潮春塾師。他所面臨的恐怕就不只是官方的指斥，還可能
包括了廣大士人的批評及百姓的議論，所謂「豺狼滿地音書絕，狐鼠當途議
論多」（〈哭董濟亭夫子〉之二）。而種種的指責，恐怕亦十分嚴厲，致使董大
經於彰化城陷後第二年即「以憂死」。則他在這一年左右的時間裡，內心一定
承受了無比沉重的壓力，終究抑鬱而卒。

　　如果董大經真的本是有所「奇謀」，卻未能順遂，且不為見諒，則其便不
僅以憂死，更是含冤莫白，身心交瘁而亡。陳肇興於同治二年所作〈哭董濟
亭夫子〉之一即針對此一情節而發：

> 喪亂頻年禍患并，脫身無計出圍城；孔戡抗節還遭謗，龔勝憂時竟

〔註13〕見林豪《東瀛紀事》第 5 頁。臺灣文獻叢刊第 8 種，臺北：臺灣銀行經濟研
　　　　究室，1962、8。

〔註14〕見林豪《東瀛紀事》第 58 頁。臺灣文獻叢刊第 8 種，臺北：臺灣銀行經濟研
　　　　究室，1962、8。

捨生。半世剛方空自矢，一時毀譽太無情，奇謀未遂含冤死，地下
教誰訴不平。

　　陳肇興之詩語，究竟是為業師緩頰以開脫罪責，保全身後聲名？抑或揭
示師尊忍辱苦心，詆排眾議，以還死者清白？雖未能有更多資料以為釐清，
但《東瀛紀事》曾言董大經亡後：「其子諸生也，以同治年號題其神主，賊大
怒，罰貲千餘金，猶杖責二十。」〔註15〕神主牌位所題仍是大清皇朝紀年，
而非戴氏小王朝，可見董大經仍一心稟護大清系統以清朝臣子自居。若其生
前真是轉而投效戴氏小王朝，則趁此機會向戴軍輸誠示好猶恐不及，子孫又
如何會為此小事得罪當道，遭致罰金杖責之刑呢？故而陳肇興說他「死為題
名猶得禍，生知守志本無他。」（〈哭董濟亭夫子〉之二）董大經之心志，或許
至其身亡之後，方才慢慢得到了證驗。且《東瀛紀事》續言道：「時彰屬諸生
多入賓賢館，或強受偽職」，文字之間也表達了相當同情的態度。

　　《東瀛紀事》的作者林豪，字卓人，原籍泉州府同安縣金門。咸豐年間
舉人，主編《澎湖廳志》，著有《淡水廳志訂謬》、《誦清堂詩集》〔註16〕，於
同治元年七月來臺之後，受到竹塹林占梅禮聘，為其潛園西賓，並在林占梅
督辦團練，協助清軍剿辦戴潮春期間參贊機務〔註17〕。其後為記錄戴潮春事
件始末，曾往遊各地，廣徵見聞，其《東瀛紀事》〈自序〉即自言採錄資料的
方法與來源：

> 中間薄遊郡垣〔註18〕，往復者再，所過之城郭、川原昔日被兵之處，
> 舊壘遺墟，蕭條在目，慨然者久之。輒與其賢士大夫、田間野老縱
> 談當日兵燹流離之故，因即見聞所可及者隨筆箚記。近又博採旁搜，
> 實事求是，得戴逆所以倡亂者，原委犁然矣。

　　林豪之文所用以搜集材料的方法，頗似今日所謂的田野調查法。以此方
法所得到的結果，反映了豐富的民間印象與見解。若以此反觀《東瀛紀事》
中述及董大經相關事時，以「強令為大學士」、「為賊所脅不得已從之」等文

〔註15〕見林豪《東瀛紀事》第58頁。臺灣文獻叢刊第8種，臺北：臺灣銀行經濟研
　　　　究室，1962、8。
〔註16〕見《臺陽詩話——林占梅年譜》第184頁。臺灣文獻叢刊第34種，臺北：臺
　　　　灣銀行經濟研究室，1962、8。
〔註17〕見《新竹縣志初稿・人物志》，並《東瀛紀事》自序，臺灣文獻叢刊第61、8
　　　　種，臺北：臺灣銀行經濟研究室，1962、8。
〔註18〕戴案事平之後，林豪曾遊歷臺南府治。

字，記錄董大經擔任戴潮春塾師，及賓賢館大學士等為人詬病指斥諸事，林
豪之欲釐清事實，還其清白，正也代表了民間輿論由原本的嚴厲指責，已逐
漸的轉趨緩和，認識真相。那麼陳肇興〈哭董濟亭夫子〉詩中激憤不平，便不
是私心護師，以保全其名聲，而是對眾口鑠金，毀譽無情的痛心與著急了。

（二）潘瑤圃

潘瑤圃乃陳肇興於咸豐九年（1859）渡海赴福州應考時之分房閱卷師，
〈哭房師潘瑤圃夫子〉中曾回憶道：

> 憶昔妖童〔註19〕赴會初，杞人憂天曾上書。……先生得信驚且疑，
> 逢人到處詢項斯。

渡海赴試時的陳肇興，年輕志大，憤世憂時，一心期望能得伯樂賞識，曾揮
筆上書致言，潘瑤圃似頗能相知相惜，只此情誼，便令陳肇興感懷五內，追
念不已，故詩曰：

> 況我生平感恩誼，出師未遂封侯志；但識師恩同國恩，敢論有位與
> 無位。

如此感念的恩誼，使得戴潮春伏誅後方才知曉恩師惡耗的陳肇興，更加深感
沉痛。

陳肇興對潘瑤圃之生平，記載十分簡略，其詩序中言道：

> 師，錢塘人。丙午舉人，任屏南知縣。癸亥隨曾總戎東征，卒於鹿
> 津大營。

序中所言丙午乃道光二十六年（1846），其後潘瑤圃曾派任福建府南屏縣知縣。
南屏即今南平，在福州市西北方距離約二百公里。咸豐九年閩臺鄉試時，不
知是否潘瑤圃正乃以南屏知縣身分擔任分房閱卷之同考官，而就此結識陳肇
興？

咸豐同治年間，臺海兩岸不靖，華南因太平天國震動劇烈，朝廷因此急
徵調臺勇赴難；同治初興，戴潮春黨起事蔓延臺灣南北，閩浙軍勇紛紛輸臺

〔註19〕「妖童」據鄭喜夫《陶村詩稿全集》校訂，原刊本及各刊本俱作妖童。南投：
臺灣省文獻會，1978、6。然竊疑為「狡童」之誤。依《毛詩正義·鄭風·山
有扶蘇》鄭玄箋云：「狡童，有貌而無實。」又〈鄭風·狡童〉孔穎達疏云：
「雖年長而有壯狡之志，童心未改，故謂之狡童。」以此二義謂赴試時初生
之犢的陳肇興皆甚適合。若取「妖童」則妖為豔麗、怪邪之意，置之以言陳
肇興，皆頗不恰當，故疑之。《毛詩正義》箋疏見清代阮元校勘《十三經註疏·
附校勘記》上，第342頁。大化圖書公司，未示出版日期。

助陣，而潘瑤圃亦因此「捧檄偶參鸛鵝軍，請纓直到鯤鵬穴」〔註20〕，隨軍來臺共抗戴黨。據陳肇興詩序所記，乃同治二年癸亥（1863）隨曾總兵抵臺〔註21〕，戴案期間習稱之「曾鎮」有二：其一為曾玉明，時稱「大曾」。大曾於同治元年奉廷旨以「提都軍門固勇巴圖魯」之銜提兵來臺，於五月十三日由鹿港登陸。並於同治二年二月朝廷派命以署臺灣掛印總兵，並以提督遊擊蘇長安為中軍坐守鹿港，廣行捐派。其二為曾元福，時稱「小曾」，同治二年三月曾元福以「記名總兵北路協副將」之銜率領兵勇千名抵達鹿港。旋於四月進兵白沙坑，駐紮觀音山頂，後因軍士多染疾疫並聞令調動，乃於七月撤軍，回返鹿港，並紆海道至麥寮，接署水師提督。由此可知：曾元福才是曾總戎；潘瑤圃於同治二年當是隨同來臺，並於同年病死於鹿港駐營中。

關於潘瑤圃之染病身亡，且陳肇興於詩中敘述道：

> 毒霧飛鳶瘴癘侵，風濤出沒幾呻吟。文淵觸動熱軍多死，馮異移營
> 病轉深，騎鯨一去風悽惻，滿軍旌旆黯無色。

可知潘瑤圃乃因感染瘴癘熱毒，病死軍中，並且當年同時亡故的兵士人數甚多。同治二年軍員多染疾疫，並不僅僅只發生於白沙坑小曾陣營，恐怕隨著軍隊員丁的往來，而傳染到他處，鹿港為大曾駐軍大營，亦同時染疾。《治臺必告錄、請卹清單》的前面四位背景大同小異，皆於同治二年六月至八月間病故，而病卒於白沙墩與鹿港者各二位，足見疫情蔓延。

鄭喜夫在《陶村詩稿全集》中曾疑：《治臺必告錄》卷八〈請卹清單〉中之「補用同知潘恭贊」即潘瑤圃〔註22〕，〈請卹清單〉中所載潘恭贊事跡與陳肇興所述潘瑤圃經歷的確頗相類似，唯一可議者在逝世地點。〈請卹清單〉中言潘恭贊「在白沙墩軍營病死」，此與陳肇興記其師「卒於鹿津大營」不同。如果潘恭贊即潘瑤圃，那麼其病逝地點當以鹿津大營較為可能。蓋〈哭房師潘瑤圃夫子〉一詩作於同治二年歲末，為潘師辭世當年所記，最為可靠；而〈請卹清單〉乃於同治五年四月奉旨議卹，由丁曰健〈會奏妥籌善後摺。文

〔註20〕鸛鵝，軍陣名，指曾總戎陣；鯤鵬穴，指臺灣。

〔註21〕據吳德功、蔡青筠《戴案記略》及林豪《東瀛紀事‧鹿港防勦始末》載道。分見臺灣文獻叢刊第 47、206、8 種，臺北：臺灣銀行經濟研究室，1962、8。

〔註22〕見鄭喜夫《陶村詩稿全集》，第 137 頁至 138 頁。南投：臺灣省文獻會，1978、6。

武員弁兵勇陣亡死傷請卹片〉可確知〔註23〕，距離潘恭贊病逝已達三年之久，若言載記差誤，亦不無可能。

　　潘瑤圃病逝營陣之時，身為門生的陳肇興也正為殺敵輾轉山林，對其師之死訊一無所知，對此生未相迎，死未相送的遺憾，頗感無奈與傷懷，其詩曰：

> 公已天上作神仙，我尚山中拾橡栗。生未迎謁死不知，九州豺虎紛猖披。昨日故人一書至，聞訃已在黃花時。側身西望再拜哭，感恩何止歌鳴鹿。

因為戴案，潘師來臺卻客死；因為戴案，陳肇興山中拾橡，致不能迎送。念及曩昔，房師相待如賓之情誼，返回彰化的陳肇興也只能西望鹿港，遙拜哭祭而已。但今人感到可喜的是戴案終於平息，而陳肇興的親身與役，尚能不辱師訓，告慰其生前死後的憾恨，故詩云：

> 前朝殺賊深山裡，知公九原聞必喜；今日焚巢濁水濱，知公九原恨無垠。一喜一樂緣何切，只為千秋重名節；共誇桃李盛門牆，不使豺狼留窟穴。

潘瑤圃客死異地，未能立即返回故里安葬，令人歔歟！陳肇興的哭弔或許能讓孤寂的亡魂，得到些許的安慰吧！

（三）張煥文

　　張煥文，字日華，號郁堂，初名紅，字丕基。清代沙連保社寮莊（今竹山鎮社寮里）人。生於嘉慶六年辛酉（1801），卒於咸豐六年丙辰（1856），享年五十六歲。較陳肇興年長二十五歲。據《雲林縣采訪冊、沙連堡、張煥文傳》記載：「張丙辰年卒，年五十有餘，衣冠安坐，集家人於堂上，永訣而逝。」丙辰年即清咸豐六年丙辰（1856）。然而《陶村詩稿》中陳肇興弔唁之詩〈哭張郁堂明經〉，卻繫於「乙卯」年之下，即咸豐五年（1855）。依理而言，好友未亡，不可能預先一年即題詩示哀才是。兩相矛盾，甚為殊異。後喜經臺灣省文獻會研究員林文龍先生相告：謂其曾訪見張煥文神主牌位，上書卒年，確為咸豐六年（1856）。故而《雲林縣采訪冊》小傳所記為是，而〈哭張郁堂明經〉當為誤繫，宜移置卷三丙辰年下，方才正確。

〔註23〕見丁曰健《治臺必告錄・請卹清單》，第 537 頁至 538 頁。臺灣文獻叢刊第 17 種，臺北：臺灣銀行經濟研究室，1962、8。

　　《陶村詩稿》首卷即有〈米元章墨蹟歌〉一首，寫陳肇興在張郁堂家中借觀宋代書畫家米芾書法真蹟的難得經驗。詩中言此墨寶真蹟乃「下書元祐戊辰年，上書古詩三五首」，查元祐戊辰年正是北宋哲宗元祐三年戊辰（1088），距離陳肇興與張煥文咸豐二年（1852）共同欣賞的同時，已歷經了宋、元、明、清四代，共七百六十四年的時空變遷！難怪陳肇興會禁不住讚嘆得見完整真蹟的不易，並述此墨蹟流落之坎坷：

> 世間石刻重描摹，傳者十失其八九。得此尺幅墨生光，真贗從茲堪晰剖。毋乃上帝愛顛書〔註24〕，鬼物神工互相守。不然相距七百有餘載，宋家臺榭〔註25〕歸烏有！一十八葉烏絲箋，蟫餐蠹蝕亦應朽。那得綿延四代間，法物留傳等瓊玖。當時慶曆〔註26〕諸名公，紛紛姓氏跋其後（原註：帖尾有明人文徵明、董其昌題跋）。一字千金價匪高，臨摹直不數蝌蚪。一朝零落隨變衰，婉轉終歸浪子手。田園蕩盡綺羅空，攜來市上圖餬口。岳珂已死華亭沒〔註27〕，世遠年湮見者狃〔註28〕。

人稱「米顛」的米芾真蹟，世間難得，有幸親眼觀睹，實在十分幸運，更何況墨卷帖尾還有明代名家文徵明、董其昌題跋的手蹟，更增墨帖身價。陳肇興能文擅畫，能親眼捧觀細玩名家真品實物，內心之衝擊，必是十分巨大，且看其觀後神情：

> 我從君齋借一觀，心摹手搋目瞪久。歸來畫肚十迴思，勝事驚誇示朋友。自慚好古因家貧，遇古不購古應咎。長歌一曲表惆悵，寄語斯人莫塵垢。片紙文字足千秋，此是吾儒無量壽。

〔註24〕米芾（1051～1107），字元章，宋代太原人。號鹿門居士，又稱海嶽外史、襄陽漫士。性好潔，世號「水淫」。行多違世異俗，人稱「米顛」，家藏古帖，有晉人法書，故名其齋為「寶晉齋」。書法得王獻之筆意，超妙入神，與蘇軾、黃庭堅、蔡襄並稱四大家。

〔註25〕此字楊氏本以次各本俱誤為「樹」字，茲據鄭喜夫《陶村詩稿全集》校訂本改正為「榭」字。南投：臺灣省文獻會，1978、6。

〔註26〕此字原刊本及楊氏本俱做「歷」字，乃為避清乾隆皇帝愛新覺羅弘曆名諱也。臺銀本則不再避諱，直用「慶曆」字，茲從之。

〔註27〕岳珂（1183～1234），宋相州湯陰人，字肅之，號倦翁，北宋名將岳飛孫。岳珂有別業在浙江嘉興城內金陀坊，立「相臺書塾」，校刊相臺九經，以廖剛校訂重刻之善本，加以其家塾所藏名本二十三種，反覆讎校重刊，最稱精審。華亭，古地名，即今浙江省嘉興縣。

〔註28〕狃，貪也。

驚喜讚嘆之餘，直想佔有，可惜無能為力，也只好寄語友人，好自珍惜，聊表寸心而已！陳肇興在張煥文家中欣賞米芾真蹟墨寶，實在是一次印象十分深刻難忘的經驗。

　　咸豐二年（1852）欣賞米芾墨蹟時，張煥文已然五十二歲，而陳肇興則僅是二十二歲的青年，兩人年齡足足相差三十歲。但在為張煥文所作的這首〈米元章墨蹟歌〉中，所能見到陳肇興之用語，卻好似對待長輩友人一般，稱之為「君」、「斯人」，而非禮敬長者的「公」，或尊稱師長的「先生」，語氣上亦不見拘執客套。與陳肇興寄予董濟亭夫子，或潘瑤圃夫子之言語，大異其趣。而在〈哭張郁堂明經〉詩中亦同樣可見。如「不敢寢門同一哭，為渠風義匹師生」〔註29〕（之一）、「文字交深禮數寬，登堂每度索詩觀」（之三）、「君家山水武陵津，四季花開滿地春」（之四），從詩中語詞便可知陳肇興與張煥文，可謂是亦師亦友的忘年之交。陳肇興或許未曾於其門下拜師受業，但砥礪詩文書畫，受益必多；或亦以名士相惜之情待陳，不拘輩份，不執禮數。當然，張煥文為德業俱高的名儒，陳肇興以初生之犢親近與其往來，所獲獨多，莫怪其為嘆言：「為渠風義匹師生」了。

　　張煥文乃當時知名儒士，史家稱其能行孝道，於《雲林縣采訪冊·沙連保》下「孝子」一項，獨列其小傳以為流芳。據此小傳得知：張煥文自幼聰敏善讀書，其父張天球為社寮莊墾戶，曾「不惜重貲，延內地宿儒黃高輝主西席，敬禮殷勤」，煥文亦篤志力學。其後稍長，即「尋師重，遊學於鼇峰書院」。鼇峰書院位於福建，雖然煥文家境優沃，足資供應；然而更重要的是，其親長對子弟教育之注重，可謂費心盡力。而煥文後來家居課授生徒，造就後學，史傳稱其：

>　　能以砥勵廉隅〔註30〕，興起斯文為己任。後學多為其所成就，登賢
>　　書者二，列膠庠者六七子，時人士咸矜式焉。

詩中所謂「登賢書」即意指考上舉人。《周禮·地官·卿大夫》云：「鄉老及卿大夫，群吏獻賢能之書于王，王再拜受之，登于天府。」賢能之書，謂舉薦賢

〔註29〕寢門是最內之門，後來泛指內室的門。《儀禮·士喪禮》云：「君使人弔，徹帷，主人迎於寢門外，見賓不哭。」李商隱〈哭劉蕡〉詩云：「平生風義兼師友，不敢同君哭寢門。」陳肇興此二句，似脫胎於李商隱句。
　　　　又，「匹」字楊氏本以次各本俱誤作「在」，茲據原刊本改正之。據鄭喜夫《陶村詩稿全集》，南投：臺灣省文獻會，1978、6。
〔註30〕廉隅即稜角，比喻人的行為品行端正不苟。矜式意即尊重效法。

能者之名籍，後因稱人鄉試中試為登賢書，也稱舉賢書。列膠庠意指考上秀才，入縣學就讀。陳肇興往後之沙場戰友林鳳池，當年幼時即師事張煥文，是張煥文高足。林鳳池後來考上舉人，正是「登賢書者二」中之一，真可謂是「名師出高徒」啊！而陳肇興與林鳳池之相識，則或許正是透過張煥文的居中引介呢！

張煥文除了博學善教之外，其事親至孝，更是名聞遐邇，小傳中記其事蹟：「先生天性孝友，每父怒必跪謝罪；父喜，方敢起立。事繼母，善承歡。……丁父母憂，喪葬盡禮。」其孝友佳德，足堪為式，以導風化，道光十三年（1833）十二月臺灣知府周（名彥）獎送『孝德維風』匾額一方，實為一大殊榮。至咸豐四年甲寅（1854）更是錦上添花獲選恩貢生，成為有清一代現今南投地區唯一的一位正途恩貢生〔註31〕。張煥文雖然一生未入公職，但這些名實相符的榮譽，卻正是其「品學端正」的最佳註腳。

張煥文高足林鳳池以戰功顯著，收列於《雲林縣采訪冊·沙連保·兵事門》下，附錄小傳，稱其：

> 師事日華張先生（按：即張煥文），篤志嗜學，事父母，以孝聞；教
> 人嚴整有威，嘗以力學為訓。

林鳳池的行事風格，實際上受到了張煥文巨大的影響，其能有所成就，張煥文實功不可沒！而是否這樣諄諄砥礪的師表風範，也為陳肇興所感念？故而說出「九原回首應惆悵，婚娶粗完未著書」（〈哭張郁堂明經〉之二）一語，對於自己尚未能以詩文成果呈獻給這位亦師亦友的尊長，而感到無限遺憾！

二、朋友

在十五位尚可查索的朋友中，推查所得豐瘠各異，茲不拘小大，依詩集中之出現次序，分別列述。唯廖秉鈞、陳再欲、陳耀山三人，同為陳肇興六保合約舉義時之戰友，三人及其家族的不幸殉難，是詩人心中至大的傷痛。因於第三章第二節中一併詳述，以明其背景與彼此關係，本節則不再贅言。

（一）邱位南

在陳肇興諸多友朋中，邱位南是身份最特殊的一位。因為他不僅是陳肇

〔註31〕見林文龍《南投縣鄉土大系——文教篇·南投的科舉考試》第10頁。南投：
南投縣政府，1995、6。

興多年相知相扶的老友，更是陳肇興夫人邱氏的親兄長，亦即陳肇興之大舅子。這層姻親關係，是與其他友朋最大的不同。

　　邱位南，號石莊，彰化縣人，原籍福建漳州府南靖縣，與陳肇興同為漳州移民後裔，道光二十三年（1843），癸卯科由府學附生舉鄉薦，成為舉人〔註32〕。今臺中市龍井區存有其母之墓，墓碑上銘刻：

　　　　同治壬申年陽月

　　　　　皇清誥封宜人謚慈敬邱媽劉太宜人之墓

　　　　　　　男位南暨孫仝立

由邱位男具名領銜立碑，且無其他兄弟聯名，則邱位男或為邱家長子，亦或為獨子。

　　邱位男與陳肇興相交甚早，〈送邱石莊孝廉北上〉詩云：

　　　　屈指登蟾窟〔註33〕，於今已十年。蛟龍升碧海，鷹隼擊秋天。留滯

　　　　由人事，飛騰卜子賢，乘槎掛帆去，計日羨登仙。

　　此詩當即邱位南北上赴任前，陳肇興臨別賦贈之作。此詩繫於咸豐二年（1852），距離道光二十三年（1843）邱位南考上舉人，恰好是十年。對於宦海浮沉，固然頗表「留滯由人事」的同情，但仍以「蛟龍」、「鷹隼」推崇其才幹，並以之祝福未來仕途之發達。邱位南較陳肇興大約年長十歲左右，據〈齒痛〉一詩所記：「君年未四十，齒牙驚動搖。我少君十年，情亦同洶洶。」可知二人當為忘年之交。此詩繫於咸豐四年（1854），若據以推算，陳肇興時年二十四歲，則邱位南時年約當三十四歲，其生年因此當在道光元年（1821）之後數年，即道光初年出生。並且於二十歲左右便已考上舉人（1843），其為鄉里中之名士，自足可見。陳肇興一介書生，志於科考，對已舉鄉薦的邱位南，當有一份引以為模範的仰望，但二人之間的情誼似乎較此更為親切。其〈齒痛〉一詩，不僅語帶滑諧，可愛有趣，觀其告訴邱位南之語，更見活潑熱絡之可親：

　　　　造化之小兒，以我為簸弄。抑憐我與君，悲戚夙所共〔註34〕。齬伯

　　　　與齲妻，故自相伯仲，我想覓良劑，扶彼將傾棟。未免愁庸醫，耳

〔註32〕參見鄭喜夫校訂《陶村詩稿全集》第9頁。南投：臺灣省文獻會，1978、6。

〔註33〕蟾窟指月亮、月宮；登蟾窟乃用以比喻試舉中科。

〔註34〕此字楊氏本以次各本俱誤作「戚」字，茲據鄭喜夫《陶村詩稿全集》校訂，依原刊本改為「戚」字。南投：臺灣省文獻會，1978、6。

目多蔽壅。不如向君求，取之如家術〔註35〕，問塗於已經，較可見

實用。寄詩〔註36〕拾牙慧，知君素豪縱。亟遣長鬚來，藥囊一時送。

詩中寫齒痛難忍，急求醫藥的迫切心情，一句「不如向君求，取之如家術」道出二人交情深厚，取物相輸，如同巷弄鄰親，無須客套；末尾「亟遣長鬚來，藥囊一時送」，則不僅生動地寫出期待齒藥立即出現，以解除痛苦的可愛，甚至帶有半祈求半喝令的口氣，二人之不拘小節，可堪玩笑，更見一斑。

《陶村詩稿》中自咸豐二年（1852）、四年（1854）各有一詩記邱位南之後，便再無與之相往的詩作記錄，直至同治元年（1862）方才再有言及邱位南的詩作二首，其間有長達七年的時間未有提及邱位南的作品。雖然在《陶村詩稿》中，所見的間隔時間如此的長久，但並不代表二人之間的疏離，反而從卷七、卷八所收錄的共五首詩作（詳見：「《陶村詩稿》所見陳肇興師長友朋一覽表」）中，見到二人因共同參與對抗戴潮春事件，而顯現出更密切的合作與更深摯的感情。

同治元年壬戌（1862）二月二十二日陳肇興與邱位南會同其他義士，共同聚集在北投埔（在今南投縣草屯鎮碧峰里）倚南軒中商議防亂之事，陳肇興有感於眾人一心，保鄉安邦的義行，於是慷慨發歌，即席賦詩，而有〈北投埔計議防亂事宜〉之作。其後由於戰勢加遽，局勢混亂，恐怕因此各自離散，至同年十一月二十六日方才再度相遇，〈葭月二十六日喜晤石莊〉之一即言：

干戈何處不蜂屯，萬劫逃來喜尚存。徒跣我藏木屐嶺，全家君走草

鞋墩。人皆欲殺生原幸，口不言兵道更尊；意外相逢歡已極，況兼

捷信報官軍。

木屐嶺在今南投縣名間鄉木屐崙，草鞋墩即今草屯鎮。二人意外相逢，看見彼此尚能逃過殺劫，平安生存，歡欣慶幸之情，溢於言表，詩中明白指出，戰後雙方逃藏行跡的所在，尤可見出彼此對對方的關心。

戴案起事後聲勢日強，民間忠義之士也更積極參與牛牯嶺地區的協防。經陳肇興長久奔走，並得邱位南大力協助之下，終於約定六保在同治二年癸亥（1863）四月二十八日聯合舉事，陳肇興「欣喜過望」，祭旗之日，賦歌寫

〔註35〕術，里中道也，同「巷」字，江南一帶通作「弄」字。家術同「家弄」，指家鄉閭里。

〔註36〕楊氏本以次各本俱誤作「語」字，茲據鄭喜夫《陶村詩稿全集》校訂，依原刊本改為「詩」字。南投：臺灣省文獻會，1978、6。

下〈祭旗日示諸同志〉一詩，並於題後小序中，特別提到「得內兄邱石莊之助」，方能促使六保得以合約舉事，言語之間似乎滿懷感激之情。陳肇興與邱位南雖因戴案發生離鄉到此內山，然而讀書人投筆從戎，忠貞報國的理念，使陳、邱二人有志一同地為撫平局勢，竭盡一己之力，聯莊招民，協助官軍。他們的努力獲得了民眾的支持與尊敬，但也相對地引來了敵方的忌恨，甚至是殺機。蔡青筠《戴案記略》徵訪耆舊，曾記錄一段軼聞：

> 陳肇興、邱石莊，因避亂逃居南北投堡，該莊人頗尊崇之，軍事提調大都二人指揮。賊恨之入骨，數命刺客殺之，每不能遂意。一日，邱議事夕歸，傍路有大樹，忽見樹稍火光閃閃，邱疑之，以詢從者，僉云不見。命搜之，發現二怪漢，各有利刃短銃；訊所欲為，不答。縛而遍示村中人，竟無識者；知為刺客，遂活埋之於溪洲之荒坪。〔註37〕

則在此一時刻的陳肇興與邱位南，便早已不僅僅只是相交多年的知心好友，更是同步並肩的親密戰友了。若再加上序中以「內兄」相稱的親屬身份，則陳、邱二人長久以來的關係，恐怕當屬此時最為親近緊密了。

六保合約舉事，竟遭蕭姓背約反噬，致使壯志未酬，大功不成。陳肇興一家也因之四散，其與邱石莊似也因此各別東西。在陳肇興家人重聚，避居空山，安貧耕養期間，曾經收到邱位南突破戰火重圍寄來的一封書簡，〈圍中得石莊書，卻寄〉詩云：

> 摁〔註38〕金伐鼓戰方酣，何處飛來紙一函。豺虎悲君投有北，鯤鵬勸我共圖南（原註：書中約縶南投以通大路）。山川計遠言難盡，家國憂深意尚含。為告奇兵天外至（原註：時適有屯丁來援），月中捷信定連三。

其後終於在七月下旬至八月期間，陳肇興與邱位南於南投喜相逢，〈南投喜晤邱石莊〉一詩記錄此次晤面。此二詩所記歷史，俱見吳德功《戴施兩案紀略》及蔡青筠《戴案記略》。並由此二書所載，知集集被圍乃八月之事，故可推知陳肇興與邱位南這一次在南投的相逢，當為七月二十二日之後至八月期間的事。時陳肇興言其「狼奔豕突遍鄉閭，幾度思君淚滿裾」（〈南投喜晤

〔註37〕見蔡青筠《戴案紀略》第 47 頁。臺灣文獻叢刊第 206 種，臺北：臺灣銀行經濟研究室，1962、8。

〔註38〕摁，撞也，打也。

邱石莊〉），好友亂世離散，生死難料，幾度思及，涕淚滿裾，若非深情得心之好友，又那裡會如此悲愁的思念呢？只是久別重逢，既喜亦哀，詩云：「今日相逢倍惆悵，頭鬚白盡為軍儲」（〈南投喜晤邱石莊〉）。局勢紛擾，干戈倥傯，渺小的個人雖然無法抵阻綏靖，卻不能免於事外，奔走網繆，早已起身力行，尤其身為儒士，自有投筆謀智之忠，陳、邱二人同樣是「身非食肉工謀國，志不圖功少上書」（〈南投喜晤邱石莊〉），在此戰火方酣之際相遇，回首來時路，不禁悲傷失意，輕聲嘆息「頭鬚白盡為軍儲」！一介書生，生不逢時，功名之路，無端受阻，其惆悵或許在慨嘆戰火無止無休外，似乎也有著徒嘆無奈的悲情吧！而這是否也是二人共同的心聲呢？

戴案底定之後，關於邱位南事蹟可知者有限。除由前列墓碑銘刻得知其母不幸於同治壬申年陽月，即同治十一年（1872）去世之外，似乎也保持著對文教的關懷。經筆者走訪，座落於今臺中市北屯區仁美里昌平路二段四十一號之文昌廟，大門門柱正面即保存有邱位南於同治十年辛未（1871）梅月所題撰之對聯，其詞曰：

　　文以詩書定化干戈之氣
　　蔚然山水特生幹濟之才
　　　　　　社內舉人邱位南敬撰

期以山水詩書養才，欲遂文教濟世之大志，實乃文人本色。其為文昌廟之門聯，不亦宜乎？據耆老表示，於文昌廟題聯贈匾者俱為當時俊彥要人，尤以士人為重，並且常是捐資助建者。若此，則同治十年（1871）時之邱位南，當未再追進功名，仍為舉人，而其生活當不致窮困才是。俗謂：「窮秀才，富舉人」之說，或亦不差！即使不然，亦當為地方上深具名望的人物才是。

再者，「社內」一語也表示邱位南曾經是四張犁文蔚社的一員。況且龍井鄉山腳村山腳社區龍井林家堂屋正廳存有邱位南題字，而邱母亦葬於龍井，邱位南與現今臺中西北區域的淵源應該是相當深厚的。

（二）廖滄洲

廖景瀛，字滄洲。廖滄洲乃陳肇興就學白沙書院時的同窗好友，兩人並與曾維精、蔡德芳、陳捷魁並稱白沙書院五傑〔註39〕。咸豐六年（1856）夏

〔註39〕見連橫《臺灣通史‧陳肇興列傳》，第 738 頁。臺灣文獻叢刊第 128 種，臺北：臺灣銀行經濟研究室，1962、8。

六月陳肇興往遊大墩，兩人相別經年之後再度重逢，促膝夜話。對廖滄洲論詩之見頗表讚賞，曾以歡喜的語氣寫道：

> 先生不出門，兀坐思鹿港。縱論至于詩，勢若傾錢鎝。唐、宋三百家，剖析如揮縞。令我失所聞，當頭甘受棒。移鐙與之談，忍凍縮頭項。果然心花開，明珠生老蚌。（〈連日風雨〉）

廖滄洲論析唐宋諸詩的見解，令陳肇興宛若當頭棒喝一般，聞之未聞，頓有所悟。聞道而喜的心情，真是溢於言表。廖滄洲之擅詩，吳德功言之甚明，《瑞桃齋詩稿・序》記載道：

> 我彰前清咸豐年間，……其實以詩名者，有陳孝廉陶村（名肇興）著詩稿四卷、李貢生如清（名華文）、陳拔元汝梅（名捷魁）、廖貢生世賢（名士希）、廖貢生滄洲（名景瀛）。

陳、廖二人俱以詩名，而陳肇興仍能讚嘆之，不僅可見滄洲之詩論高妙，也同時顯現陶村的虛心受教，謙卑自牧。

　　陳肇興與廖滄洲相知相惜的情誼，在臨別贈詩中較為凸顯，〈再疊前韻留別滄洲〉寫道：

> 君如蘇學士，我比釋參寥。舊雨春前樹，歸心剝後蕉。乾坤雙鬢老，湖海一身遙。此去逢河叟，關門學緯蕭〔註40〕。

陳肇興稱譽滄洲好比一代文豪東坡先生，並自比為北宋詩僧釋道潛參寥子。當年蘇東坡與參寥子、秦觀等人為詩友，王安石推行變法時，蘇軾反對，參寥子亦與之同聲跟進，因而牽連受禍，被迫勒令還俗〔註41〕。相知的詩友在頓時之間成為相惜的難友，然而即使身遭災禍，甚至被迫還俗，也要堅持理想，不改其志。得志則在朝兼善天下，不得志則隱處在野。雙鬢雖老，也能逍遙湖海，獨善一身。

（三）韋鏡秋

　　字號未詳。《陶村詩稿》中所見二人之交往，僅於咸豐四年（1854）韋鏡秋造訪彰化之時，陳肇興所作二題五首詩。就詩中所言「從軍年少者，撫景念庭闈」，可見二人曾是同窗之友，而今二人皆已身為秀才，面對動盪的局勢，不禁分外感慨。

〔註40〕緯蕭，織艾蒿為簾，在河流中堵水以捕魚蟹，又稱「蟹斷」。

〔註41〕參寥子被迫還俗之後，至宋徽宗時，翰林學士曾肇力辯其無罪，終於得以重新落髮為僧。著有《參寥子集》十二卷。

〈送韋鏡秋歸赤嵌〉一詩所言「歸赤嵌」是指其籍貫？抑或其旅次？未得確知。陳肇興視韋鏡秋為知交，話舊痛飲之際，不禁將滿腔的抱負與不滿，於好友面前盡情暢論。詩中一句「諭蜀已馳司馬檄，登樓還起仲宣思。恨無寶劍貽良友，只有清樽送故知」（〈送韋鏡秋歸赤嵌〉），似乎也令人倍感相知相惜之情。

（四）簡化成

簡榮卿即簡化成，原名瑞成，字榮卿，生於道光九年（1829），較陳肇興道光十一年出生年長約二歲，原籍福建漳州府南靖縣永豐里，居今日南投縣草屯鎮上林里。〔註42〕

簡化成與陳肇興淵源頗深，二人不僅同為渡海來臺之漳州人氏後裔，並且早年同樣受業於董大經門下，簡化成撰寫之〈永濟義渡碑記〉即明言：「當與化成董業師大經論興義渡。」〔註43〕，而陳肇興有〈董濟亭夫子壽言〉、〈哭董濟亭夫子〉二題四首詩極言師生之情。由此可知：陳、簡二人雖不一定在同一時間受教於董大經，但其為同門學友，當是無疑。

簡化成二十歲遊學彰化，成為彰化縣學生員，時年道光二十八年（1848），亦約為陳肇興就讀白沙書院之時。也應當就在此時，二人成為同窗之友。陳肇興〈憶簡榮卿孝廉同年〉之一曾提及「一枕夢魂唯我共，十年科第與君同」，此詩繫於咸豐十一年（1861），逆推十年當為咸豐元年（1851）。此年前後正是陳、簡二人就讀白沙書院之時，並且從此之後，二人也有了更多相同的經歷。

咸豐九年己未（1859）臺灣士子渡海赴福州應考，陳、簡二人亦在行列之中。並同時高登紅榜，陳肇興〈第一樓觀榜〉明言自己考上第八十五名，簡化成也考上第一百零三名舉人〔註44〕，二人既是同學又是同年，真乃佳話也。在求學與赴考的過程中，二人往來親密，建立了年少純真的友情，在〈憶簡榮卿孝廉同年〉中，陳肇興回憶往日情景，娓娓道出長年往游的點滴：

> 羅山道上赤嵌東，幾度聯床雨又風。一枕夢魂唯我共，十年科第與君同。話從小別添離緒，交到中年憶少童。最是關心文字友，裁箋歲歲寄詩筒。（之一）

〔註42〕見洪敏麟《草屯鎮志》，第941頁。南投：草屯鎮公所，1986、12。

〔註43〕見劉枝萬《臺灣中部碑文集成》第55頁。臺灣文獻叢刊第151種，臺北：臺灣銀行經濟研究室，1962、8。

〔註44〕見介逸〈維英中舉略錄〉，第104頁，《臺北文物》2：2，1953、8。

買笑千金撇手輕，青樓當日久知名。青樽綠酒春修褉，鐵板銅槽夜
選聲。萬事讓君先得子，幾人因我誤憐卿。如今頷下都如戟，老大
何堪話舊情。（之二）

二人抵足勵志，年少輕狂的歲月，在一覺已十年中，倍感懷念，只是年華逐
漸老大，別是一番嘆息！

　　在考上舉人的第二年，即咸豐十年（1850），簡化成隨即參加庚申科會試，
可惜會試不第，其後仍以大挑一等揀選知縣。大挑乃清乾隆十七年定制，在
會試後揀選應考三次而不中的舉人，由禮部分省造冊，咨送吏部，派王大臣
共同揀選。選取者分二等：一等以知縣試用，二等以教職銓補，稱為舉人大
挑。反觀《陶村詩稿》卷五所收咸豐十年（1850）諸詩，則多為陳肇興遊歷四
方的記遊寫景之作，未見有關赴考的任何文字。則似乎陳肇興並未一同參加
庚申科會試。

　　至同治元年（1862）戴潮春事件起，同年二月二十二日陳肇興、簡化成、
邱位南、洪玉崑及各莊巨姓頭人，宴集於北投堡義首林錫爵家之倚南軒，共
同計議防亂事宜。當年的考場文友，現在即將並肩綢繆，發揮文人武智，保
鄉護民。諸人投筆從戎之舉，實是有志一同。

　　同治二年（1863）四月二十八日，陳肇興、邱位南糾謀義舉，約定六保
同日樹義旗，北投堡簡化成亦在率眾響應之列。陳、簡二人自此早已不僅是
文臣謀士而已，更是揮劍叱吒，金戈鐵馬的勇武戰士了。

　　同治二年（1863）十二月，戴軍勢力逐漸敗弱，清軍趁勢克復彰化。各保
義軍紛紛響應臺灣兵備道丁曰健號召，清剿戴軍餘眾。其中一支由陸路進攻斗
六，大隊清兵會同義堡各軍攻克苦苓腳（在今彰化縣溪州鄉）等三十餘莊，斬
殺無數，大獲全勝。疏通內山販運柴米大路，並進剿北投新街（在今南投縣草
屯鎮新莊里）之洪欉。簡化成正參與此戰役，並在奮戰之中，擒獲會黨先鋒簡
文確、簡文聰二人，綁送至丁曰健大營，審訊問斬。之後同治四年（1865），簡
化成即因此一戰功，受丁曰健上奏議請褒獎，於閏五月十九日奉硃批受賞：

簡化成等……均著以直隸州州同不論雙單月選用，並賞戴藍翎。簡
化成因而受領奉旨以直隸州州同選用，賞戴藍翎，加五品銜，誥受
奉政大夫。〔註45〕

〔註45〕見林文龍《南投縣鄉土大系：南投史話》第 36 及 153 頁。南投：南投縣政
府，1995、6。

簡化成乃鄉里聞人，故居豐榮堂，在今草屯鎮上林里。咸豐九年己未（1859）登科，有「文魁」功名匾一方，並建旗竿座，今仍保存。簡化成因事功得賜之執事牌，據林文龍《南投縣鄉土大系——南投史話》記載：原有六對，共二十四面。然因保存未當，今僅存十面，包括「己未科鄉進士」、「揀選縣正堂」、「禮部會試」、「即選直隸分州」、「欽加五品銜」、「奉政大夫」等字樣，至今保存在其後人某女士處。凡此種種名物，在歷經時空變遷之後，仍得存留，實屬難能可貴。

陳肇興在戴案期間，雖然也同樣竭智戮力於平定動盪，但終究未能如簡化成般建立彪炳事功，從而受勳加賞。然其高中功名時之名物，想必應當亦有之。可惜雖經筆者多方查詢，至今仍無所獲。但從簡化成現存的己未科中試舉人「文魁」功名匾額、「己未科鄉進士」執事牌中，也讓我們藉以推想陳肇興當年寒窗苦讀，終得金榜題名的無限喜悅。

簡化成建立武功、封爵、賞賜，曾一度非常風光。但簡化成終其一生始終未赴內地候選，仍留守家鄉課授生徒，蟄居以終。這一點與陳肇興於戴案之後不仕，設教里中，時雨化人的作為是類同的。〔註46〕

（五）林錫爵

林春祈，字錫爵，生於清道光 30 年丙申（1836）四月初六日丑時，卒於光緒 16 年庚寅（1890）四月初七日卯時，恆隆堂派下孫。世居北投埔（在今草屯鎮北投）〔註47〕，為當地最富有的家族，熱心地方事務。戴潮春事件發生時，林錫爵挺身率領地方義勇，輸財備武，協同官兵，一力抵禦戴軍到底，儼然為北投地區之砥柱。終能安定家邦，建立戰功。

林錫爵亦雅於文藝，曾與舉人簡化成、拔貢生陳捷魁等人，同為北投堡登瀛書院（在今草屯鎮）碧峰詩社之成員〔註48〕。

林錫爵宅號三和堂，日治末期被日本人以興築飛機場為由拆除，當年倚南軒的風采，今已毫無遺跡可循。老家所在的北投埔頂厝恆隆堂（在今草屯

〔註46〕見《南投縣鄉土大系——南投史話》第 36 頁；及《臺灣通史·文苑列傳、陳肇興》第 983 頁。臺灣文獻叢刊第 128 種，臺北：臺灣銀行經濟研究室，1962、8。

〔註47〕據林黃河：〈北投埔恆隆堂紀略〉，第 284 至 311 頁，《南投文獻》第 36 輯，1990、6。

〔註48〕見今登瀛書院大殿所示〈登瀛書院沿革〉。又碧峰社社員名錄見於林文龍：《南投縣鄉土大系——文教篇》，第 73 頁。南投：南投縣政府，1995、6。

鎮立人路 158 巷內），早已為荒煙蔓草所掩蓋，隨時有倒塌的危險。而民國八十八年（1999）九二一大地震時更不幸於剎那間完全塌毀，恆隆堂從此正式走入歷史。於今只剩裸露土角的一隅斷壁，兀自殘立。附近居民言及此屋，尚以「那是翹脊的大戶」稱之。只是人世滄桑遞變，屋宅的頹敗彷彿正靜默地表達著深深的喟嘆！

（六）洪玉崑

北投堡（在今草屯鎮）人，咸豐年間例貢生。同治元年（1861）與陳肇興曾共同於倚南軒計議防亂。詩稿中有〈登洪家天玉樓望火炎山諸峰〉一詩，所言之火炎山，便是今之九九峰，正是位於草屯。則所指之「洪家」或許也有可能便是洪玉崑家。若果如此，則早在咸豐十年（1860），洪玉崑便曾邀請陳肇興到府一遊了。

（七）林鳳池

從《陶村詩稿》中得知，林鳳池是陳肇興於戴潮春事件時合作的沙場戰友。

林鳳池，字文翰，清代沙連堡粗坑莊（在今南投縣鹿谷鄉初鄉村）人，生於嘉慶二十四年己卯（1819）二月十九日午時，卒於同治六年丁卯（1867）十一月二十日寅時卒於廣東天津會館，得年四十九歲〔註49〕。初從宿儒張煥文，力學不倦，終得考上秀才，進入彰化縣學。但因家境貧困，於是設帳授徒以維生。咸豐五年（1855），林鳳池受到業師張煥文的鼓勵，終於決定赴考；又受到凍頂山族人林三獻等慷慨解囊資助，始能成行。而林鳳池也不負眾望，一舉考上乙卯科劉懿璜榜第九十名舉人，例授內閣中書加侍讀，年三十七。福建巡撫呂全孫並為之頒贈「文魁」匾額一方，林鳳池因此光宗耀祖，衣錦還鄉。

林鳳池較陳肇興年長約十二歲，其早年業師張煥文，同樣也是陳肇興亦師亦友的尊長。陳、林二人雖不一定為同門師兄弟，但卻極可能是因為張煥文的緣故而相識。在《陶村詩稿》中，凡提及林鳳池皆與計議協防戴黨有關。同治元年（1862）陳肇興等人宴集倚南軒時，林鳳池亦在座中。當時已四十歲的林鳳池，早已是地方士紳的重要代表，對於此一鄉里大事，自必參議。故當同年

〔註49〕據林文龍《臺灣中部的人文》第 79 頁，林鳳池幼年師事社寮莊（在今竹山鎮社寮里）。臺北：常民文化公司，1998、1，一版一刷。

三月十九日，戴潮春攻陷彰化城，消息傳來，林鳳池在林圯埔（在今竹山鎮），即刻率諸生陳上治、林克安、陳貞元等人招集鄉勇義民，成立「林圯埔保全局」，欲以之為保鄉安民的指揮中心。七月中旬時，正避亂暫居於牛牯嶺的陳肇興，便曾以七律三首寄予林鳳池，邀請他參與聯莊起義，〈寄林文翰舍人〉云：

> 砲〔註50〕連宵枕上聽，可憐豺虎尚奇零。一身作客如張儉，四海為家類管寧。銜石有心悲怨羽，負山無力泣秋螟。思量欲獻平戎策，獨立檐前看將星。（之一）

這首詩，表達了戴黨氣勢日盛的局勢中，四處飄泊的陳肇興有如「張儉被迫逃亡，望門投止」，幸而「人重其名行，往往破門相容」〔註51〕；也如同「東漢末年避亂遷居遼東，聚徒講學，歷經三十七年始歸故里」的管寧〔註52〕般，四海為家。空有滿腔熱忱，卻無力挽回狂瀾，在著急、悲憤、無奈之餘，仰望長空，期待將星落凡，以收蒼生。言下之意，正是熱切地盼望林鳳池，能以其長才聯合文武，合作驅賊。陳肇興接著說：

> 同病相憐鬢欲華，戰場回首骨如麻。心羞秦帝思投海，義激韓讐已破家。蕭索山林愁日暮，飄零弟妹感天涯。艱難一樣藏身苦，忍淚吞聲避虎牙。（〈寄林文翰舍人〉之二）

「同是天涯淪落人」的慨嘆，貫穿了全詩。既是相憐，也是相惜，形勢比人強，年華自老去，顛沛流離，何時可休？多變的造化，無限的愁悲，藉著詩語，寄語志同道合的友人。而這層苦悶的陰霾，其實不也是當時黎民大眾共同的愁苦嗎？只是，這樣艱難忍耐的生活，到底該由誰來負責與承擔呢？期待英雄的出現，是百姓共同的願望，就像陳肇興對於林鳳池的熱切盼望一般：

> 蔓延賊勢正猖披〔註53〕，大廈真非一木支。民不聊生嗟已晚，天如

〔註50〕「砲」字，臺銀本、先賢本、史文本同作「□」。茲據鄭喜夫《陶村詩稿全集》校定，依原刊本改作「砲」。南投：臺灣省文獻會，1978、6。

〔註51〕張儉（115～198），東漢山陽高平人，字元節。桓帝時，曾舉劾中常侍侯覽罪惡，請求誅之，侯覽竟因此反噬張儉私結朋黨，張儉被迫逃亡，望門投止，人重其名行，往往破門相容。後投止東萊李篤家中，李篤說服外黃令毛欽，秘密護送張儉潛出關塞，至中平元年黨事稍解，方得重回鄉里。《後漢書》有其傳。

〔註52〕管寧（158～256），三國、魏、北海朱虛人，字幼安。管寧年少時與華歆同席讀書，有乘軒冕過門者，華歆廢書往觀，管寧於是割席與之分座。東漢末年避亂遷居遼東，聚徒講學，歷經三十七年始歸故里。文帝時，拜大中大夫，明帝時，拜光祿侍勳，皆辭不就。《三國志·魏》有其傳。

〔註53〕猖披，形容穿衣不結帶，散亂不整齊之貌。引伸為放縱恣肆。

此醉醒何時。投膠〔註54〕莫止黃河濁，破產難求博浪錐。自愧杜陵
空痛哭，先鞭望汝快驅馳。（之三）

在深沉的嗟嘆，激切的吶喊中，陳肇興因不忍百姓塗炭，而急欲購錐刺敵，亟
求明將以制之的迫切心情，躍然紙上。並將局勢紛雜迫促，非一己獨力所能完
成的想法，明白表達，其意欲尋求夥伴合作的態度十分明確。最後終將來信主：
「先鞭望汝快驅馳」一語，壓軸揭曉，企盼林鳳池能儘快策馬相助，聯手廓清
局面，在天不助人，人必自助而後存的理念中，熱切期盼林鳳池的早日援應。

　　陳肇興與林鳳池對於抵抗戴潮春一事，向來不遺餘力，陳肇興在寄詩與
林鳳池之後不久，同月（七月）即行冒險暗中謀刺戴軍領袖，勇氣過人，只為
盡忠救民，可惜功虧一簣，險遭隕命，有〈七月望後謀刺逆首不中〉一詩記此
一事：

賊勢延三縣，臣心盡一錐。皇天竟大醉，此地復何之。速死祈宗祝，
長饑學伯夷。撫躬今不愧，一見幸無虧。

　　當時戴潮春部眾滋事，擴張迅速，勢力範圍已由彰化向四方蔓延，下至
嘉義，上至淡水（即今之大甲，清代隸屬淡水廳）。而戴潮春攻赴斗六後，命
令部下劉守招集同黨據守。林鳳池得訊，欲以情理勸之，和平消弭干戈，遂
令所屬劉建成親赴戴營，「以大義說之」〔註55〕。然而戴黨不僅不為所動，竟
然惱羞成怒，拘縛劉建成，以繩索貫穿其鼻，頷下繫以銅鈴，強令作馬而騎，
極盡凌虐之能事，劉建成終至不堪忍受而死。

　　而二人具體可見的合作，則是到了同治二年（1863）四月二十八日，經
陳肇興、邱位南之奔波聯繫之後，聯莊事宜議定，約林鳳池暨林克安、陳上
治等人，六保合約同日樹旗以應官軍，共謀舉事。這是一次大規模的軍事行
動，只可惜功敗垂成，傷亡慘重。陳、林等人亦因而四散，幾遭覆滅之禍。

　　此後《陶村詩稿》中，即未再見提及林鳳池之詩文。然而對林鳳池所參
與之戰役事功則頗有記錄，包括〈六月十八日大戰濁水〉、〈七月二十二日攻
克集集〉、〈再克集集〉諸詩作。這些詩歌雖然未必是針對林鳳池所寫，但卻
也可從側面描繪，提供瞭解陳、林二人，在戴案期間分頭合力擊敗敵軍的經
歷，及其因局勢而可能造就的革命感情。

〔註54〕投膠，比喻與軍民共甘苦。
〔註55〕見倪贊元《雲林縣采訪冊》。臺灣文獻叢刊第37種，臺北：臺灣銀行經濟研
　　　　究室，1962、8。

　　同治二年（1863）六月十八日〔註56〕，義軍與戴黨大戰於濁水溪，據《戴案記略》記載：

> （二軍）戰於濁水溪，炮彈沖天，陳貞元引莊兵出助，未勝。幸水
> 沙連陳上治引兵，由南面包抄夾擊，賊始不支。

文中所指水沙連陳上治，為林鳳池部屬。陳上治引兵夾擊之舉，當是銜命於林鳳池之行動。此一適時來助的援兵，大大助益戰況的扭轉，陳肇興〈六月十八日大戰濁水溪〉詩云：「誰提長劍斬楊么（自註：賊帥姓楊），一旅居然破峒苗〔註57〕」，以苗蠻之稱比喻戴潮春徒眾，語氣之中充滿了對此次戰役的讚嘆與興奮。並以「寄語先聲如破竹，乘勞須趁馬蹄驕」為結語，自勉勉人，期以乘勝追擊，再創捷報。

　　果然旋即於七月二十二日大敗戴軍，光復集集，《戴案記略》詳言此役：

> 七月二十二日陳雲龍攻克集集，斬賊百餘級。時埔里社諸賊聞六保
> 之民樹麾白旗，大駭；聚集集圖大舉。陳雲龍知之，與陳捷三率義
> 民五千餘人進攻之，咸死戰不退；忽水沙連舉人林鳳池引兵來助，
> 賊大敗退縶水社。〔註58〕

此次戰役林鳳池親自督軍揮進，壯大義軍聲勢，使敵眾喪膽而敗。陳肇興〈七月二十二日攻克集集〉詩中所稱「驚呼千戶亂，殺戮一時忙」（之一）、「敵人真破膽，壯士未歸元」（之二），正點寫出當日殺戮戰場上義軍聲威震天，戴黨徒眾驚嚇慌奔的慘烈景況。

　　其後於八月戴黨再圍集集，《戴施兩案記略》云：

> 賊群以沙連南投六保歸官，與斗六不通聲息，再行擁眾數千，將集
> 集莊圍繞。番仔寮陳雲龍、牛牯嶺陳捷三、沙連林鳳池等各率義民
> 猛攻，俘斬二百餘級，溪水為赤。〔註59〕

〔註56〕此處日期，陳肇興詩及吳德功《戴施兩案記略》第42頁俱稱六月十八日，而
　　　　蔡青筠《戴案記略》第48頁則記六月十六日。茲以陳肇興親身參與戰役而成
　　　　詩；吳德功亦近於戴案之發生，故從六月十八日。參臺灣文獻叢刊第47、206
　　　　種，臺北：臺灣銀行經濟研究室，1962、8。
〔註57〕峒為舊時對我國西南地區雲貴等地少數民族聚居之地的泛稱。如苗族之稱為
　　　　苗峒，僮族之稱為黃峒。此處峒苗蓋用以喻稱戴潮春黨徒。
〔註58〕見蔡青筠《戴案紀略》第48至49頁。臺灣文獻叢刊第206種，臺北：臺灣
　　　　銀行經濟研究室，1962、8。
〔註59〕見吳德功《戴施兩案紀略》第43頁。臺灣文獻叢刊第47種，臺北：臺灣銀
　　　　行經濟研究室，1962、8。

此次出兵，林鳳池再度親身與役，對於守護鄉里平安，可見其責無旁貸的機動配合。陳、林二人在不同層面上的分力合作，再一次得到了成果。只是頻繁激烈戰鬥所帶來的血流成河，即使是如陳肇興般勝利的一方，也不免為遍野橫屍痛心。〈再克集集〉詩中看不到前述詩中勝利的喜悅和歡呼，只看到哀傷同胞相殘的痛惜，與死難不止的無奈問天：

> 戰鬥緣何事，紛紛死不休。干戈民自擾，骨肉爾奚尤。野燒連村起，
>
> 溪濤帶血流。番黎知報國，我輩況同仇。（之一）

而陳肇興如此沉痛的心情，不知鏖戰多役的林鳳池，是否也有同感？

林鳳池屢次率勇助軍，即使在同治二年（1863）十二月二十一日戴潮春伏誅之後，仍然督率鄉團助官，清除餘黨。同治三年（1864）五月二十六日，丁曰健上奏〈會攻小埔心生擒偽西王陳啞狗弄張三顯等懲辦摺〉云：

> 臣先期分札彰屬得力聯董，並有內閣中書林鳳池來郡送考，即飭令
>
> 回彰，分給札諭該地紳士隨征參將陳捷元、義首陳捷三、楊清時等，
>
> 趕緊聯莊搜捕，並調集團勇，隨軍助剿，以補兵力之不足。〔註60〕

同年十一月至十二月，丁曰健親自率軍督剿戴潮春餘黨洪瑤、洪欉等股首，除分派各勇首截堵重要隘口之外，並指揮各義軍分路抄擊，林鳳池亦在其列。事後上奏〈親赴彰化內山督軍，剿滅全股踞逆摺〉，附褒獎清單即云：

> 內閣額外中書林鳳池……，該員等率帶精勇佔縈要隘，力搗賊巢，
>
> 斬獲甚多。且各該員前曾隨同規復彰化，生擒戴逆；或又攻克山海
>
> 逆莊多處。今復戰功懋建，洵屬始終奮勉，尤為出力之員，應予併
>
> 案獎敘。……林鳳池擬請免補中書，以同知儘先選用。……王修業、
>
> 張國楷、林鳳池、劉全等四員均請賞戴藍翎。

由此可見林鳳池所戰多捷，實為官方所倚重的地方兵力。而其助軍轉戰，建立了許多功勞，從而成就了個人的勳業。同治四年（1865）二月二十九日即奉上諭：

> 內閣中書林鳳池，著免補中書，以同知儘先選用。

林鳳池一生之功名事業，至此可謂達到巔峰時刻。其身後名銜全稱，據其墓碑銘刻，為「欽加布政銜誥授奉政大夫即補廣東分府賞戴藍翎加內閣中書侍讀諡文勤」，足見其勳業。

〔註60〕見丁曰健《治臺必告錄》第468頁。臺灣文獻叢刊第17種，臺北：臺灣銀行經濟研究室，1962、8。

當然，如林鳳池一樣的殊榮，陳肇興是未曾享有的。雖然戴案期間，陳肇興也同樣多次捨身殺敵，衝鋒陷陣。然而就如其在戴潮春即將伏誅前夕所作〈玉潭莊與黃實卿明經夜話〉中所言：

先人之憂後人樂，我輩所存本如此。豈為封侯始請纓，從知殺敵即名士。

身為儒士，本該以胸懷天下，經世濟民為職志，若得封侯加爵，自是錦上添花，責任加重；若無名位相襯，亦是理所當然，無須怨艾。更何況殺敵保民，安鄉定邦即是目的，又那裡全然是為了功名利祿才出生入死呢？陳肇興致力抗敵，不重名位的態度，已是了然可見的。

（八）林錫三

林天齡，字受恆，又字錫三，福建長樂人。生於道光年間，清光緒四年（？～1878）十一月己酉卒於官。咸豐10年（1860）庚申恩科榜錄取第二甲第四名進士，官拜翰林院侍讀學士，卒諡文恭。

陳肇興於同治元年曾有〈懷人詩──林錫三太史〉一首寄贈，其詩曰：

海外天留見面緣，兩家兒女話纏綿。誰知識得荊州後，烽火驚心又一年。

詩中所言「海外」即指臺灣，陳肇興於一年前與林錫三相識，見面後即遇臺地變亂，未曾再會。人世無常之中，倍感懷念之情。

林錫三於咸豐10年（1860）考上進士之後，曾經「請假南歸，主臺灣海東書院講席者兩年。……諸生咸大喜，南北兩路彬彬多文學之士矣。同治二年假滿還朝。」〔註61〕陳肇興〈懷人詩〉詩中所言二人見面一事，應當就是指咸豐十一年（1861）林錫三抵臺主府城講席後，陳肇興與之會面暢談的經歷。

（九）韋玉叔

疑即嘉義縣學生韋國琛，以其琛者，美玉、珍寶也。名與字意義連通，極可能為同一人氏。咸豐九年（1859）與陳肇興同時考上舉人，榮登金榜。韋國琛考取第一百四十五名，時年二十六歲〔註62〕。

〔註61〕見俞樾《春在堂全書·雜文·翰林院侍讀學士林君墓表》，總第 2431～2433 頁，臺北：中國文獻出版社，1970 年 9 月初版。
〔註62〕見介逸〈維英中舉略錄〉第 104 頁，《臺北文物》3：2，1953、8。

（十）張策六

張登瀛，號策六，嘉義縣學生，咸豐十一年（1861）拔貢生。〔註63〕餘不詳。

（十一）陳汝梅〔註64〕

陳捷魁，字汝梅，茄苳腳（在今花壇鄉）人，咸豐十一年（1861）拔貢生。陳捷魁擅詩，在彰邑與陳肇興、廖滄洲等人同以詩名見著，由吳德功《瑞桃齋詩稿・序》可見。雖然目前並未見到陳捷魁所留下的任何作品，但他在詩學上的造詣，顯然令陳肇興十分推崇。陳肇興逃亡山野時寄詩懷念汝梅，言語之中便充滿了對詩友的無限想念，其詩云：

> 咫尺關山道路分，相思幾度賦停雲〔註65〕。傷心耆舊凋零後，海外
> 論詩獨有君。

《陶村詩稿》中所見二人之交往，雖僅有此詩，然相知相惜之情，溢於言表，兩人之情誼可見一斑。

陳捷魁不僅在詩藝上稱名，在武功上也同樣有精彩的表現。戴潮春事件時曾密謀各莊，斬敵甚眾，吳德功曾為之「大書特書之」，曰：

> 同治元年六月十九日。……魁年少，負磊落之才，忠直敢言，與長
> 官論事，有王景挼蝨而談、旁若無人之慨。……至是，魁以平賊自
> 任，請曾鎮（按：指曾玉明）以北聯和美線諸泉莊、南聯二十四莊
> 以及三十五莊而後立腳能定，可圖恢復。

> 魁乘賊索餉，密約二十四莊為義首，紳士富戶一齊舉事，乘其歸，
> 半途而擊之。適天降大雨，而賊衣服軍裝皆濕，俯首就戮，悉數皆
> 殲，無異風雨助昆陽之捷〔註66〕也。賊聞風破膽，各處泉莊紛紛領
> 旗反正，而鹿港之藩籬益固。是役也，為倡豎義旗之首，實為恢復
> 彰化之基，故大書特書之。〔註67〕

〔註63〕劉顏寧總纂《重修臺灣省通志》查無「張登瀛」，卷六卻載「張登鰲」一名。
　　　　二者不知是否為同一人而誤記？待考。南投：臺灣省文獻會，1989、5。

〔註64〕楊氏本以次各本俱誤作「放梅」，今據鄭喜夫《陶村詩稿全集》校訂，依原刊
　　　　本改正為「汝梅」。南投：臺灣省文獻會，1978、6。

〔註65〕晉陶潛《陶淵明集》有〈停雲〉詩四首，自序稱：「停雲，思親友也。」

〔註66〕指漢代光武破王莽之捷一役。

〔註67〕見吳德功《戴施兩案記略》，第21頁。臺灣文獻叢刊第47種，臺北：臺灣銀
　　　　行經濟研究室，1962、8。

二十四莊之役的成功不僅為他個人建立戰功，也實質地保障了大彰化的鞏固，對官軍掃賊產生重大的助益。另外在三月、八月、閏八月都可看到陳捷魁奮力聯合鄉勇保衛家鄉的英勇事蹟〔註68〕。陳捷魁的作為與陳肇興遠赴南北投連莊的意義完全相同，他們的投筆從戎或許正如陳肇興在詩中所說的：「丈夫誓許國，壯志恥為儒」當國難來臨時，也是書生報國的最好時機了！

（十二）蔡德芳

蔡德芳，字香鄰，彰化鹿港人，祖先原籍福建新化，約生於道光六年（1826）。與陳肇興同樣在白沙書院從學於廖春波，學行俱優，為白沙書院五傑之一。並同時於咸豐九年（1859）以三十四歲考取第一百七十名舉人〔註69〕，後於同治十三年（1874）考中第一百二十六名進士，曾任廣東新興知縣。

同治元年（1862）戴潮春事件時，當陳肇興離家投身南、北投之際，蔡德芳則以舉人身份任鹿港總局長，帶領鄉親謹守故居鹿港，他率「貢生蔡廷元、富戶陳慶昌及各郊商糾合施、黃、許三大姓之族長等，誓同報國，練兵守禦。凡有義民莊眾到鹿告急，皆得火藥、餉項多少週濟，將船中斗槓佈置要害。故賊未敢輕犯。」〔註70〕足見蔡德芳地位之重要。

在同治二年（1863）戴案末期，陳肇興曾經寫下〈感事述懷五排百韻〉寄予蔡香鄰及親族好友，詩中備述戰亂生活的種種遭遇和心情，也推崇諸友才學，並言及從前論學從遊的美好回憶，其詩曰：

> 敏捷詩千首，汪洋水一泓。論文談娓娓，剪燭漏丁丁。驥足原空冀，
> 鰲頭屢占鱉。騷場樹旗鼓，藝苑奏竽箏。早負風流目，常持月旦評。
> 詞華凌老輩，姓氏冠群英。鷹隼終騰上，麒麟會貢京。記同千日酒，
> 共宴五侯鯖。學士麟鸞杓〔註71〕，仙家虎兒觥。春盤登佛果，秋榼
> 〔註72〕薦霜橙。歷歷交遊在，匆匆歲月更。那堪今契闊，還問昔通
> 亨。…況爾參帷幄，當今仰國楨。運籌高管、樂，投筆得韓、彭。
> 王儉芙蓉府，條侯細柳營。眾芳雖落寞，松樹自崢嶸。

〔註68〕見吳德功《戴施兩案記略》，第25、27頁。臺灣文獻叢刊第47種，臺北：臺灣銀行經濟研究室，1962、8。

〔註69〕見介逸〈維英中舉略錄〉，第104頁，《臺北文物》2：2，1953、8。

〔註70〕見蔡青筠《戴案記略》，第6頁。臺灣文獻叢刊第206種，臺北：臺灣銀行經濟研究室，1962、8。

〔註71〕麟鸞杓，指刻為麟鸞形的酒具。

〔註72〕榼，盛酒水之器。

此詩寄予對象雖不止蔡香鄰一人，然詩題中已明白指出包含香鄰在內。詩中許多華美的形容雖不免客套之意，但平時交遊之令人懷念，也顯見欣賞之情。陳肇興並且對他能領袖群倫，率民保鄉的際遇和成就，也投以相當的稱羨與期許。

對於其親身與役的戴潮春事件，並未見到蔡德芳留下詩文的紀錄，但當吳德功完成《戴施兩案紀略》時，他曾為之作了一篇序文，敘述自己對史書義例的看法，並對戴施兩案成書之不易，給予相當的肯定。而這篇序文，也是目前所見蔡德芳最完整的一篇文章了，尤其令人感到彌足珍貴！

戴案之後，蔡德芳力求仕進，於同治十三年（1874）考取進士，任廣東新興縣知縣，「嗣經宦粵歸來，掌教白沙」〔註73〕，繼陳肇興同治八年（1869）左右掌教之後，於光緒十三、四年（1887～1888）之間任白沙書院山長〔註74〕。當年二人同窗，並為白沙書院四傑；而今各有所成，先後返掌，薪火相傳，真乃一佳話也！

三、弟子

陳肇興一生誨人不倦，桃李無數。以現今考之，惟得八人而已。雖不足以窺其全豹，然亦可彰顯其桃李芬芳之一斑，遂製成「**陳肇興弟子名錄**」，以見其詳。

表3　陳肇興弟子名錄

姓名	居地	科名	簡歷	出處
1. 林宗衡（懋卿）	四張犁	同治年間生員	力興文炳社，倡建文昌廟。	《陶村詩稿》原刊本
2. 楊春華（鴻圖）	彰化	光緒年間貢生	彰化縣儒學教諭。	
3. 楊馨蘭（惟吾）	烏日	光緒14年恩貢生	受聘任教三角仔莊呂家。	《陶村詩稿》原刊本
4. 許尚賢（允信）	不詳	不詳	不詳。	
5. 吳德功（汝能）	彰化	光緒21年歲貢生	倡建節孝祠、育嬰堂等甚負時譽。	《陶村詩稿》序

〔註73〕見蔡德芳三子蔡穀仁〈重建中部節孝祠碑記〉，載吳上花編《彰化節孝錄》，彰化縣文獻委員會，1957、6。
〔註74〕見林文龍〈彰化白沙書院興廢考〉，第26頁，《臺灣文獻》35卷3期，1984、9。

6. 呂汝玉（庚虞）	三角仔莊（神岡）	光緒年間廩生	筱雲山莊主人，揀東上堡總理。	《海東三鳳集》《神岡鄉土志》
7. 呂汝修（賡年）	三角仔莊（神岡）	光緒14年舉人	筱雲山莊主人。	
8. 呂汝成（鶴巢）	三角仔莊（神岡）	光緒年間生員	筱雲山莊主人，三角仔區區長	

　　而此八位弟子，除一人不詳外，皆取得科舉功名，亦多為地方上頗負名望之文人名士，且俱為戴潮春事件平定之後所見弟子，正是連橫於其列傳中所言：「事平歸家，……及門之士多成材」〔註75〕的個中佼佼者，可惜陳肇興於戴案之前所誨育之學子，已無從稽考。今僅就所知列敘之。

（一）林宗衡

　　林宗衡，字懋卿。林宗衡之生平於〈臺中市四張犁文昌廟簡介〉中有一段簡略的記載，其文曰：

> 文昌廟的前身即為臺中市四張犁地區文蔚、文炳二社。……而文炳社亦為嘉慶五年（西元1800年）由當地儒者所創立，由《文炳社沿革誌》〔註76〕裏提起，其事者為黃中正、林宗衡二君厥功誠有足多矣。其並於現廟地附近，開設私塾，教授漢學。爾後二社合併，並於道光五年奉清帝諭旨，於現廟地建文昌祠，現稱文昌廟。〔註77〕

這一段記載，雖然十分簡略，卻足以有力呈現四張犁地區人士林宗衡好於文藝，致力地方教育推廣的事蹟。已於民國七十四年（1985）底公告為臺閩地區第三級古蹟保存的文昌廟，其三川殿門柱內面，有林宗衡題撰之對聯一幅，其詞曰：

　　生員林序鏞敬書
　　　文章本道義為根先資器識
　　　炳烺萃彬雅之士共荷栽培
　　　　　興建首事生員林宗衡敬撰

〔註75〕見連橫《臺灣通史・陳肇興列傳》，第983頁。臺灣文獻叢刊第128種，臺北：臺灣銀行經濟研究室，1962、8。
〔註76〕《文炳社沿革誌》尋之未獲，不知是否仍傳世？
〔註77〕見〈臺中市四張犁文昌廟簡介〉內頁。臺中市四張犁文昌廟自印。

此一對聯中以「興建首事生員」題其名銜的林宗衡，正與〈簡介〉中所敘互為表裏，並由此可知同治十年（1871）文昌廟竣工之時，林宗衡當時所得功名為生員，以生員求教於舉人陳肇興，拜其門下受業，固其宜也。同在此文昌祠殿前，陳肇興與邱位南也題撰對聯。因此地文昌廟首由文蔚社倡起，故於其正面題寫「文蔚」對聯，側面則題寫「文炳」對聯。陳肇興友生諸人護持文昌廟，齊力共推地方文教。

再者，「興建首事」一言，當意味著出錢出力，不落人後。以〈簡介〉中所敘述可知：林宗衡興社建塾，授學倡化，不遺餘力，對於文昌祠的建立，居功甚多。其膺任「興建首事」之職，想必蓋以其熱誠奔走，夙倡文教所致。除此之外，創立詩社，開設私塾，興建祠廟俱為大事，所費不貲，林宗衡一人而貫三事，則其必為殷戶，乃地方上具有相當財力的士紳。而同時也因其雅好文教又富於經濟，方能費力費金，促成《陶村詩稿》於光緒四年（1878）順利付梓。林宗衡以其本身優厚的能力和資源，具體支持了對其師陳肇興心血結晶的敬重，也為地方文教再作一次有力的推廣。

（二）楊春華

楊春華，字鴻圖。也是一位嗜好文藝的讀書人，大力助刊《陶村詩稿》，曾任彰化縣儒學訓導。生平所知有限，惟吳子光《一肚皮集·識語》中曾力贊楊春華出金助刊之義行，其文曰：

> 邑上舍楊君春華聞呂子有此舉，欣然出館穀金佐之，恰符大衍之數，遂合於授梓人焉。楊君家貧，以筆硯代耕，終日除讀書外，尤痂嗜余文，謂近今得未曾有，是楊君不惟莊士，亦韻士，而豈陽山區冊之匹哉！〔註78〕

可見楊春華性好文藝，樂成編輯，雖非巨富，亦捐金不吝。先於光緒元年（1875）助印《一肚皮集》，復於光緒四年（1878）協刊《陶村詩稿》初刊問世，清代彰化文學雙璧的成就過程中，楊春華皆參與其事，其於文教的流傳，具見其功。

再者，吳子光以「上舍」稱呼楊春華，故知光緒元年時，楊春華乃一介秀才，並以教讀為業。至於晉身為貢生的年代，則有所岐異，薛紹元纂《臺灣通志·選舉·貢生》中「彰化縣歲貢生」一欄，有光緒十一年楊春華之名；《重

〔註78〕見吳子光《一肚皮集》目錄附識語。臺北：臺灣史蹟中心，1979初版。

修臺灣省通志》卷六〈文教志教育行政篇〉「臺灣縣學貢生名錄」中，楊春華列名於光緒十一年（乙酉）條下；《彰化市志》中〈彰化縣儒學教諭表〉內則謂其「籍貫同安，出身庚辰歲貢」，其餘待考。查「庚辰」當為光緒六年（1880），二者之間相差五年，如果不是《彰化市志》轉載有誤，則或許為同名異人之別。未知孰是？然而不論為何者，則至少協同校刊《陶村詩稿》於光緒四年出版時的楊春華，正是以秀才名士之姿鼎力襄助，促成名重士林的陳肇興完成作品刻傳的心願。清代刻書不易，工繁而費鉅，楊春華能於四年之間親助兩部作品的付梓完成，則吳子光雖以「家貧」稱之，想來恐不致艱難困窘，且當為稍得餘裕者才是。但出版書籍，難言利潤，以此取利，恐難大獲。因此楊春華之助刊必然非關盈收，殆以其好學之誠，嗜文之性，力成美事，廣己所好，以流芳共饗。

（三）楊馨蘭

楊馨蘭，字惟吾。生平所知亦有限，據《神岡鄉土志》記載：貢生楊馨蘭曾受三角仔莊呂家延聘至家教讀[註79]，三角仔莊呂家素敬文士，受其禮聘至家者，俱為一時俊彥，據同書所載，包括臺南進士施士洁、淡水舉人吳子光，以及彰化舉人陳肇興等，可見楊馨蘭追摹其師步履，乃文才有成之名士。此名士形象至日治時代依舊，曾今可〈臺灣的詩人〉文中曾記錄日治初期，日籍官員主導的一次文士聚會，其文載道：

> 在明治三十三年（1900；民前 12 年），即佔臺第五年，臺灣總督兒玉源太郎即於臺北之淡水館創設「臺灣揚文會」，集全島的文士於一堂，參加者計有：…
>
> 臺中縣舉人：莊士勳，歲貢：吳德功，恩貢：楊馨蘭、陳肇芳等。
>
> [註80]

日人之舉意在懷柔，姑且不論參加者是否皆出於自願，但在此同時也可看出受邀者當為地區名士無疑。陳肇興的兩位弟子名列於臺中地區代表之中，想來亦當為日人極欲攏絡的對象。

楊馨蘭於光緒四年協同校刊《陶村詩稿》，於光緒十四年（1888）晉升臺灣府學貢生，其間相隔十四年，時間不可謂不長。

[註79] 見陳炎正《神岡鄉土志‧教育》第 49 頁。豐原：臺中縣詩學研究會，1982、4。

[註80] 見曾今可〈臺灣的詩人〉，第 3，5 頁，《臺灣風物》12：3，1962、6。

（四）許尚賢

許尚賢，字允信。餘不詳。

（五）吳德功

吳德功，字汝能，號立軒，原籍福建同安，曾於赴考之便，尋訪祖墳，作〈尋同安祖墳始末記〉一文，記其慎終追遠之孝行〔註81〕。世居彰化，同治十三年（1874）補博士弟子員，光緒二十一年，膺任歲貢。生於道光三十年（1850）五月六日；卒於民國十三年（1924）五月二十五日，享年七十五歲。

記載吳德功與陳肇興師生之誼最顯著的文字，當推吳氏所作〈陶村詩稿序〉中所言：「德功弱冠時，公掌教白沙書院，頻蒙教誨又與為鄰。」可見吳德功乃陳肇興擔任白沙書院山長時的學生，其時約在同治八年（1869）況且二人住家相與為鄰，時有受教機會，既是鄰居，又是師生，二人關係匪淺。吳德功為彰化知名宿儒，世為彰化望族，又能急公好義，致力文教，《臺灣省通志稿、人物志》載其事功云：

> 臺灣省通志局設立，膺任主修《彰化縣志》，二十年已完成採訪冊，迨乙未之役，散佚無遺。日人據臺後，以門第資望，歷任彰化辦務署參事，彰化廳及臺中廳參事。民國七年，與吳汝祥等創設彰化銀行，出任董事。資性淳樸，學殖深造，名深冠一方。任事忠誠，急公好義，尤以恤孤憐寡為己任，彰化育嬰堂、彰化忠義祠、彰化節孝祠等籌建，均以勞始有成。又致力鼓吹我國文化，所著《施案紀錄》、《戴案紀錄》、《讓臺記》、《瑞桃齋詩文稿》均為研究臺灣史事之重要文獻〔註82〕。

吳德功可說是陳肇興門下相當知名顯赫的一位弟子。

（六）三角仔莊呂氏兄弟

三角仔莊（在今臺中市神岡區三角村）呂家為地方上一富而好禮的家族。築筱雲山莊藏書二萬一千餘卷，幾冠全臺。尤好親近文人雅士，常聘之講學於家，以教養子弟。又據《神岡鄉土志》〔註83〕記載：

〔註81〕見吳德功《瑞桃齋文稿‧尋同安祖墳始末記》，第73至81頁。南投：臺灣省文獻會，1992、5。

〔註82〕見《臺灣省通志稿‧人物志》，第15273頁至15274頁。南投：臺灣省文獻會，1992、12。

〔註83〕陳炎正《神岡鄉土志》，第49頁，豐原：臺中縣詩學研究會出版，1982、4。

地方士紳殷戶延師教讀，不乏其人，其較甚者：三角仔莊呂家，聘
請進士施士洁（臺南人）、舉人陳肇興（彰化人）……

得為地方士紳殷戶延攬聘教者，往往為一時之俊彥，陳肇興當為此中之佼佼
者。呂氏兄弟（呂汝玉、呂汝修、呂錫茂）作品集之《海東三鳳集》中便有明
示「伯康師改正」字樣的習作詩歌〈天容海色本澄清〉（見書影），正是陳肇興
為他們修改作品的痕跡。〔註84〕

呂氏兄弟三人皆曾為諸生。其中尤其以呂賡年於光緒十四年考上舉人，
最為輝煌。而這也是陳肇興眾多弟子中，目前所知，所得功名最高者。

呂賡年在中舉之後，即於光緒14年冬月題贈「誕敷文德」匾額，感謝四
張犁文昌廟庇佑，這也可謂是陳肇興育才有成的一方見證了。這件古匾至今
保存十分完好，前曾因格局流年不宜，暫存於庫房之中。後於民國89年（2000）
己卯農曆12月21日（國曆1月21日）擇吉安奉於拜殿正上方，更添古蹟之
風采。

只可惜，呂賡年健康日下，於考取功名的第二年，竟不幸長逝了。壯志
未酬，令人惋惜。

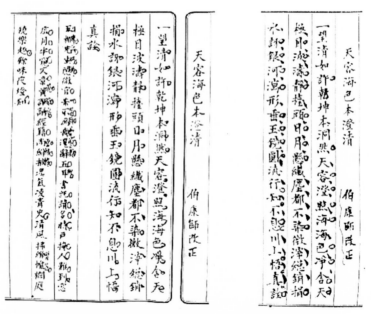

圖1　《海東三鳳集》中陳肇興批閱遺跡書影

〔註84〕見呂汝玉等《海東三鳳集》，第17、54頁。臺灣史蹟研究中心，1981、6。只
　　　是資料未足，尚不能推知陳肇興應聘至呂家任教之時間。

第四節　居地及遊蹤

一、早期之遷徙

陳肇興原籍福建漳州平和縣人，於清光緒二十年（1895）纂修之《臺灣通志稿》原稿本「清代臺灣舉人人物表」中明載其籍貫。〔註85〕

（一）考取秀才前

陳氏家族何時遷居來臺，尚未可知。然至少自陳肇興父親時即已居於彰化。〈古香樓落成，移居即事〉曾云：

> 塵中何處可忘機，先世猶存兩版扉。（之一）

> 舊盧乍返鄉鄰熟，破屋重新鼠雀愁。（之二）

建於彰化之古香樓，乃陳氏兄弟合力整建先人留存之舊屋而成，可知陳家長輩或其父早已定居彰化，陳肇興即曾居於此處。

陳肇興一家早年屢遷居地，故有「海燕十年頻易主，茅龍三歲一更衣」（〈古香樓落成，移居即事〉之一）、「昔日南村今北郭，此生卜宅總如鳩」（之二）等語，陳肇興以「海燕」、「茅龍」〔註86〕、「鳩」來比喻自己的時常搬遷移徙，居處無定。

而陳家究竟曾居住於何處？根據《陶村詩稿》記錄，陳肇興幼年時期曾經居住在現今臺中地區。《揀中感事》之四即云：「二十年前此寄居，今來猶認舊茅盧」，此詩繫於辛酉年下，亦即咸豐十一年（1861），以此逆推二十年，則為道光二十一年（1841），陳肇興時年十二歲。

於十一年後，陳家則似已遷居彰化南方郊外山區附近。咸豐二年（1852）〈曉行山中即目〉云：「曉從南塚去，山色尚模糊」，此言黎明晨起外出，或當由自家出發，行於山中。且楊珠浦《陶村詩稿・地名略註》釋曰：「南塚，彰化東南方之山名。」；另有〈待人坑〉一詩，而楊珠浦註云：「待人坑，彰化南方之山名。」〔註87〕；且有〈冬日漫興〉詩云：「野館歸來百事乖。……好去軍山探早梅」，綜觀以上諸詩，則或許當時陳肇興一家即居於彰化南塚附近，

〔註85〕見清薛紹元、王國瑞《臺灣通志稿》，第二冊第718頁。臺北：國防研究院中華學術院，1968初版。

〔註86〕相傳仙人所騎的神獸。

〔註87〕此處二則楊珠浦《地名略註》皆依鄭喜夫校訂《陶村詩稿全集》。南投：臺灣省文獻會，1978、6。

那麼其去「待人坑」並不遠。待人坑在今彰化市八卦山上培元中學附近，今日坡上仍有一大片墓地。若野館歸來赴八卦山探早梅，其實便是在居家附近而已。

居住於彰化的陳肇興，當是過著耕讀教學的生活。卷一的〈暮春書懷〉、〈初夏郊行〉、〈稻花〉、〈齋前觀穫〉，卷二的〈春田四詠〉、〈秋田四詠〉都是農家田園的寫照。〈暮春書懷〉云：

> 轆轆蔗車連夜響，丁東秧鼓接畦喧；幾回綠酒紅鐙下，憶到兒時忽惘然。（之一）

田野間忙碌的景像，使陳肇興憶起兒時熟悉的經驗，一時之間時空錯疊，頓感迷惘。可見陳家雖然不一定是務農為業的農家，但當亦是有田可耕之家。而且〈齋前觀穫〉中亦提及「天與書生知稼穡，日看野叟擁坻京。」則陳肇興絕非四體不勤的書生。

只是青年時期的書生陳肇興，以科舉仕途為更大的抱負。據《臺灣通史‧文苑列傳》所言陳肇興之生平，談及：

> 道光季年，高鴻飛以翰林知縣事，聘廖春波主講白沙書院，始以詩古文辭課士。鴻飛亦時蒞講席。……而肇興與曾惟精、蔡德芳、陳捷魁、廖景瀛等尤傑出。

查高鴻飛任彰化知縣有兩次，其一為道光二十八年二月（1848）由晉江知縣調署，旋即實授，至十月調署鳳山知縣；其二為道光三十年（1850）回任，至咸豐二年三月（1852）調署臺灣知縣〔註88〕。可知連雅堂所言「道光季年」應為道光二十八年或三十年，此時陳肇興年十八歲或二十歲，正就讀於彰化白沙書院。稍長之後，於咸豐二年（1852）便可看見他擔任書館教學的工作。〈自大墩歸五張犁書館遇雨口占〉一詩即是明證。

陳肇興在兼顧生計的考量下，一面授業，一面準備科考。雖然成就功名是其內心最大的期盼，但是現實生活的維持，仍待有方。以《陶村詩稿》觀之，陳肇興主要是以教書、繪畫作為生計。其詩集中便有相當數量的題畫詩作品，可謂詩畫相輝映，足見其興趣及用心。此外，在詩歌中他也曾屢屢提及其教書、繪畫的作為，例如：

〔註88〕見劉顏寧總纂《重修臺灣省通誌‧職官志‧文職表》，南投：臺灣省文獻會，1989、5，及《彰化市志‧彰化歷任知縣表》下冊第788頁。彰化：彰化市政府，1997、8。

糊口只憑三寸舌，問心猶欠十年鐙。……謬作人師吾豈好，可憐猿鶴誤擔簦。(〈書齋偶興〉之一)

舐筆和鉛學點鴉，年年塗抹作生涯。揮毫直掃千人陣，握管俄開五色花。(〈書齋偶興〉之二)

舌耕筆未幾多年，歲歲陰陽無愆伏。滿城風雨供嘯歌，有田不如無田樂。(〈揀中大風雨歌〉)

點墨研朱手不停，小窗閒坐讀黃庭。(〈春興〉)

似欺我舌耕，束脩當君俸。(〈齒痛〉)

甲寅春三月，往教海之涯。(〈遊龍目井感賦百韻〉)

可見陳肇興乃是單純地以書畫為生，在教書、讀書中，過著文人本色的生活。年輕的陳肇興曾應聘至各地授課，初期包括以下幾處：

1. 五張犁

咸豐二年(1852)有〈自大墩歸五張犁書館遇雨口占〉一詩云：「遙知煙篆起，已是主人家」，五張犁即今臺中市烏日區五光村。

2. 賴氏莊

咸豐三年(1853)所作〈賴氏莊〉有言：「薄暮投書館，題詩寄草堂」(之三)、「主人能好學，稚子不偷閒」(之四)。賴氏莊即今臺中市北區賴厝、賴村、中達等里。避難至此的陳肇興，因主人之友善而授業於此處。

3. 竹坑莊

咸豐四年(1854)曾作〈初往肚山之竹坑莊〉，詩云：「主人知我至，倒屣出門迎。一見各恨晚，歡笑若平生。」竹坑莊在今臺中市龍井區竹坑村。詩中雖未直言應邀授業，然而此詩繫於〈清明同友人遊八卦山〉與〈董濟亭夫子壽言〉二詩之間，可見前往竹坑莊的時間，應當就在三月。且其後〈遊龍目井感賦百韻〉曾言：「甲寅春三月，往教海之涯。因與龍目近，遂起觀泉思。」龍目井在今龍井區龍泉村，與竹坑村為緊鄰的二村。尤其龍目井勝景所在處，就在兩村臨界不遠處，符合詩中所述。因此其所指「往教海之涯」應該就是前往竹坑莊任教一事。

4. 大墩

咸豐六年(1856)作〈連日風雨〉云：「狂風吹館徒，驟雨罷朝講」，而此詩前恰為〈大墩與廖滄洲茂才夜話〉，故此書館當在大墩。大墩即今臺中市中

區錦上、錦添、大墩、中墩等里。

（二）考取秀才後

　　一心上進的陳肇興，終於在咸豐三年（1853）南下臺灣府城——即今臺南市參加科考，並且如願以償，取進秀才。有〈登赤嵌城〉、〈法華寺〉、〈五妃廟〉、〈寧靖王墓〉、〈赤嵌懷古〉述其遊歷府城名勝的蹤跡與感想，並且有〈補博士弟子紀事〉敘述一朝得第的心境：

　　　　歲歲風檐裏，文章困數奇。空存天下志，纔作秀才時。（之一）

　　　　紅榜填名後，青雲得路初。幾人誇拾芥，今我幸知書。（之二）

　　　　釋菜瞻先聖，衣冠一色新。……從茲舒驥足，萬里騁風塵。（之三）

有回憶、有欣慰、亦有展望。這是陳肇興人生的重要時刻。

　　緊接於〈補博士弟子紀事〉之後，有〈羅山聞警〉一詩，當是自府城返回彰化途中，聽聞羅山（在今嘉義）有亂事，故而繞山路而返的遭遇，故詩云：「半生山水有奇緣，避亂猶過萬嶺巔。」並成〈牛觸口〉、〈同安嶺〉諸詩，記所經路徑之景致。

　　咸豐年間臺灣中部深受民亂之苦，陳肇興亦數度為避亂事而與家人移居他處。「聞亂拋城市，遷家就友生」（〈賴氏莊〉之一）、「家貧八口依姻戚，世亂頻年避虎狼」（〈王田〉之一），皆明言其舉家避難的無奈。如同陳肇興一般的廣大黎民百姓，同樣深受族群之間因細故械鬥的恐怖。其〈感事〉一詩言之最深：

　　　　蕭墻列戟究何因，滿眼郊原草不春。豈有同仇關切齒，並無小忿亦
　　　　亡身。揮戈舞盾賊攻賊，吮血吞心人食人。自愧未能為解脫，空將
　　　　兩淚哭斯民。

四處遷徙的境況，至咸豐八年（1858）古香樓落成時，始得改善。陳氏一家「喬遷曾為賦閒居，五載經營奉板輿」（〈憶故居〉之一），歷經五年的努力，方才得以安住定居，奉養親老。以此推算，大約在咸豐三年（1853）考取秀才之後，陳肇興憑藉著功名的榮耀與自我的努力，改善了家境。而能於五年後集合兄弟們的力量，共建古香樓。這一件陳家的大事，於《陶村詩稿》有〈古香樓落成移居即事〉、〈古香樓對月〉二詩詳細記載此樓背景，以及當年喬遷時詩人的心情。

　　從詩言中可得知「為藏萬卷築高樓」，正是古香樓修築與命名的由來。此

樓整修所費不訾，竟須「賣盡文章又賣田」，對於「無多別業悲生計」的陳家或陳肇興而言，恐怕是沉重的經濟負擔。況且古香樓並不寬敞，不僅「弟兄共住東西屋」，而且「妻子還分上下床」，實僅容膝而已。所幸此一「百尺元龍」，尚能蔽蔭全家，使得母子兄弟共聚一堂，且其視野優美寬闊，能夠「雨後看山千黛綠，窗前對月半天涼」，使得素有抱負的陳肇興，深感「未能奮發愧前賢」、「未忍終言老是鄉」，盼望「從此看山欣縱目，海天萬里一鵬飛」，期待從此安定團圓的生活，能夠奮發努力，成就鵬飛萬里的未來。

古香樓帶給陳肇興一段愜意的閒居生活，〈閒居〉之二最能表現此一溫馨怡人的心境：

> 百尺高樓接太荒，開門時對遠山蒼。斷雲歸岫形千變，圓月入窗影四方。古硯墨留銅雀瓦，薰爐火熱寶猊香。幽居不少娛心處，一卷唐詩味已長。

只是，全家歡住古香樓的時間並不長久，同治元年戴潮春事起，三月二十日攻陷彰化城，陳氏一家逃入今集集內山避難，古香樓已於戴黨攻破彰化城時燬於戰火，〈憶故居〉一詩極寫當時痛惜的心情：

> 萬卷圖書歸浩劫，一年文武畢今朝。可憐嘔盡心頭血，千首詩都付火燒。（之一）

> 遷喬曾為賦閒居，五載經營奉板輿。……四壁祗今何所有，空聞鳥雀噪階除。（之二）

〈憶故居〉恰介於〈七夕示內〉與〈七月望後〉二詩之間，故推論陳肇興知曉此一消息當在七月七日至十六日之間。經年心血，盡付一燒，全家所蔭，四壁不存，詩人椎心之慨，豈是無奈而已！同治二年十二月三日，官軍收復彰化城後，民眾紛紛重返家園，陳肇興待亂後再歸故里，親見舊日所居之處，已是〈亂後初歸里中〉一詩所言：「敗垣圍井長黃花。」（之五）、「舊日樓臺一望平」（之三）的殘破景象，戰火早已夷平了「玻璃四面圍吟榻，也抵仙家白玉欄」（〈閒居〉之三）的古香樓。一片廢墟破城，讓攜眷返鄉的陳肇興「幾度停輿不敢前」（〈亂後初歸里中〉之一）、「來人相對也潸然」（之三），不禁喊出「尋常百姓已無家」（之五）的怒吼，控訴戰亂燬家殘民的無道。總計古香樓自落成至頹燬，歷時僅約五年而已！

古香樓帶給陳肇興一段愜意的日子，咸豐十年（1860）見其曾訪遊火炎山、鰲栖觀、清水巖、濁水溪、大坪頂、水沙連等地，也有詠鷹、詠菊、詠史

諸作，還有火災與民亂械鬥的悲憫與批評。

若論古香樓所在地，當與前說彰化南方郊外山區附近有別，故古香樓落成時方得於題詩〈古香樓落成，移居即事〉中謂之「舊廬乍返」（之二）、「昔日南村今北郭」（之二），以示居地之更移。而亂後陳肇興初歸故里，即是古香樓舊址所在之處，由「山橫定寨青排闥，樹接豐亭綠過牆」（〈憶故居〉）與「定軍山下草萋萋。……卻教與子問東西」（〈亂後初歸里中〉）皆可知古香樓正位於定軍山（即今八卦山）下豐亭附近。

陳肇興門下吳德功所撰《陶村詩稿序》中曾言其於陳肇興：「頻蒙教誨，又與為鄰」。查吳德功乃彰化城內總爺街人，自其「先祖與先伯祖移在總爺街居住」〔註89〕，已歷數代。總爺街「為彰化縣署所在地，今之彰化市政府、圖書館一帶皆在其範圍內。……今中華路、光復路間之成功路段，係拓寬總爺街而成」〔註90〕。訪諸當地耆老，仍慣以「總爺街」之舊名稱呼。此處正位於八卦山山腳下，距離今日八卦山風景區入山牌樓僅約三、四百公尺，與當年東門樂耕門之所在處相距甚近。而八卦山下的古香樓也才能夠享受「從此看山欣縱目，海天萬里一鵬飛」（〈古香樓落成，移居即事〉之一）的愉悅。

另據《集集鎮志》紀錄：陳肇興乃「彰化縣治暗街人」〔註91〕。經筆者訪查，暗街即一般所稱之「暗街仔」，正是早期稱之敦仁巷，今日之彰化市光華里民生路195巷，乃是連接成功路與民生路的一條狹小巷弄，寬約二公尺，長約十數公尺左右。其所在之西側出口成功路一端，恰是位於高官長吏比鄰而居的總爺街路段，吻合於吳德功所言之「又與為鄰」。而其東側出口民生路一端的對面，又正對著孔廟的後圍牆，今之孔廟即是陳肇興後來擔任山長的白沙書院所在地。此一區域真可謂為高級文教區。而此一小小的巷弄，據巷內蘇姓居民相告，確有陳姓人家數代居於此處〔註92〕，可惜早已搬離，不知去向，無從追索；其屋宅亦已頹毀，不見整修。

若此真為陳肇興後人，則此巷弄可謂文風昌盛，因為除了有陳肇興曾經

〔註89〕見吳德功《瑞桃齋文稿·尋同安祖墳始末記》，第75頁。南投：臺灣省文獻會，1992、5。

〔註90〕見洪敏麟《臺灣舊地名之沿革》第二冊下，第28頁。南投：臺灣省文獻會，1984、6。

〔註91〕見陳哲三總編纂《集集鎮志·人物志》，第877頁，南投：集集鎮公所，1998、6。

〔註92〕據未能查證的推考，此陳姓人家原本居住於195巷10號。但是否即為陳肇興之故居遺址，筆者尚未敢遽下斷言。

考取舉人外，光緒年間在此也曾經連續出過兩位貢生，分別是：光緒十一年（1885）的拔貢生蘇廷明，以及光緒十三年（1887）的歲貢生蘇雲衢〔註93〕。林文龍先生並面告曾在蘇廷明暗街仔故居，親見其嗣孫珍藏的「拔元」牌匾。暗街仔雖以「暗」為名，卻是子弟深勉修身勵學的書香之地。其所以名為「暗」街，據當地居民表示，是由於巷弄狹小昏暗所致，並非妓院賭場集中的黑暗之地〔註94〕。

綜合可知：古香樓所在位置大者約在今彰化市成功路附近；小者則可能座落於古彰化城暗街仔，今彰化市民生路 195 巷內。

（三）渡海赴鄉試

在移居古香樓的第二年春天，陳肇興抵達臺南，逗留一段時日，卷四〈赤嵌竹枝詞〉、〈春日重遊法華寺〉、〈無題〉都是此一時間遊賞蹤跡與觀感的記錄。陳肇興南下赤嵌最主要的目的，在於渡海遠赴福建參加每年八月的鄉試，卷四可以說是此次跨海赴考的全程遊歷記錄。陳肇興於臺南登舟後，取道澎湖，有了新奇的渡海經驗：

> 山窮肚麓天應斷，水到澎湖海不平。浩蕩直教雙眼豁，汪洋自覺一身輕。（〈渡海〉之二）

初抵福建，陳肇興遊歷了城區附近的九仙觀、玉皇閣、南華雲寺、鎮海樓、並至馬鞍山弔祭往生八年的故友賴汝明秀才，隨即參加鄉試。直至考完試後，「戰罷文場忽不樂」（〈浴湯泉〉），遂至九鯉湖泡溫泉，卸垢清心。在等候放榜期間則遊歷了虞公庵、榴花洞，及鼓山、烏石山等處。而放榜時親見「姓名高懸第一樓」（〈第一樓觀榜〉），陳肇興寒窗多年，終於一試及第，晉身為舉人。此後又以餘閑再遊福州郊區的華林寺、李忠定公墓、蓮花峰、冶城等處，最後由南臺江至馬尾水口，放洋航歸臺灣，有〈南臺江至水口〉一詩述其取道行徑及待歸心情。

自海上遠眺臺海兩岸山勢脈絡，陳肇興縱筆放歌，作〈由港口放洋，望海上諸嶼〉，極寫諸山之奇絕雄闊。此次返臺，由雞籠（在今之基隆）登陸，

〔註93〕見劉顏寧總纂《重修臺灣省通志・文教志教育行政篇》，第 111、138 頁。南投：臺灣省文獻會，1989、5。

〔註94〕「暗街」之得名，據洪敏麟《臺灣舊地名之沿革》第二冊（下）第 228 頁所錄，蓋因「昔為妓院賭場集中區」所致。此一記載與當地居民所說似有所出入。

詩曰：「忽然萬里川倒流，插天掉出雞籠頭，擲下五十二區神仙窟宅之瀛洲。」
自海上乍見臺灣陸地之出現，倍感歡喜，登陸後南下返家。

在〈由港口放洋，望海上諸嶼〉一詩後，緊接著〈到鹿津觀水陸清醮普度〉組詩八首，乍看之下容易使人誤以為：陳肇興自福建歸來乃由鹿港登陸，且恰逢普度，故有此作。此實有誤，其理由有二：

1. 清代舉行鄉試在每年秋八月，且陳肇興抵福州考試後所作〈浴湯泉〉詩有云：「我來八月秋水生，萬里江天極廖廓。」又〈由港口放洋〉云：「我行十月颱颶息，纖塵不動船夷猶。」可知陳肇興乃於秋季八月來到福州，至十月時啟程回到臺灣。且其赴試取道澎湖，親身見聞「水到澎湖海不平」（〈渡海〉之二）勢必由臺南出發。而被陳肇興批評為「一個蘭盆誤十方」（〈到鹿津觀水陸清醮普度〉）的水陸清醮普度，臺地一般多於秋季收穫之後，設醮拜神普渡，所謂「秋成，設醮賽神」者也〔註95〕，這是陳肇興回臺之後另外再行參加的活動。

2. 陳肇興赴試行程既自臺南啟程，經澎湖，當在廈門登陸，轉陸路北上福州。回程在福州馬尾水口買棹返臺，由〈港口放洋〉詩中已言「插天掉出雞籠頭」，福州至雞籠是回臺最短距離，若航至鹿港則遠矣。

由以上可見：陳肇興返臺登陸於雞籠，而非在鹿港。

二、戴潮春事件期間

古香樓安居之日不能長久，是因為戴潮春事件興起的緣故。同治元年（1862）三月十六日，陳肇興奉命前往南、北投聯莊，中途不幸遇亂，倉皇避居牛牯嶺。牛牯嶺亦作「牛港嶺」，是位於今南投縣名間鄉大莊、南大二村的一座丘陵，登山口在大莊。陳肇興有詩〈奉憲命往南北投聯莊遇亂〉記錄此次經歷：

> 夜來聞笳聲，烽火四山應。抬頭望鄉關，旌旗蔽巖磴。（之二）

> 客言賊如毛，揭竿萬萬行。紅旗蔽白日，刀戟相低昂。（之四）

這突如其來的襲擊，及戰事的惡化，不僅使得遍地血流，也使陳肇興與家人失去了音訊：

> 有客從北來，相逢歧路旁。牽裾引之近，急問弟與娘。……三問不

〔註95〕見周鐘瑄《諸羅縣志‧風俗志‧漢俗》，第 147 頁。臺灣文獻叢刊第 141 種，臺北：臺灣銀行經濟研究室，1962、8。

吾對，涕泗沾衣！（之四）

彰化城破之後三日，終得天助，陳肇興二弟攜家眷至牛牯嶺與其會合，一家重聚，恍如隔世「出郭才三日，思家抵一年」（〈城破，喜二弟挈家眷至〉之二），「奔走欣無恙，團圓慶再生」（之一）。

　　陳肇興一家「八口滯空谷」（〈卜居〉），為避亂居牛牯嶺期間，除了繼續為聯莊費心外，尚能保有耕讀生活，「習字妻磨墨，薰香婢拂衣」（〈山居漫興〉之三）「此地勤耕稼。……田園次第收」（之七）。直至七月望後陳肇興謀刺戴軍領袖未果，四處奔逃，可能因而先至許厝寮（在今彰化縣社頭鄉埤斗、清水、山湖三村）暫時避居。

　　至閏八月初一日，又遁於素稱「生番窟」的集集內山，有〈七月望後謀刺逆首不中〉、〈自許厝寮避賊至集集內山〉二詩見其奔逃行跡。當時的陳肇興「潛伏野番室」、「閉戶深藏匿」，不僅生活艱困，並且與家人分散，「有弟滯牛山」、「老母缺晨昏」，可見其老母兄弟仍滯留於牛牯嶺，國難與家愁，同時憂煩著詩人的身心。

　　至葭月（十一月）時陳肇興又藏跡於木屐嶺。有〈葭月二十六日喜晤石莊〉云：「徒跣我藏木屐嶺，全家君走草鞋墩」（之一），幸而歲末除夕，又已全家團聚，〈除夕〉中云：「全家內避亂山中」（之二），奔逃困乏之苦難，溢於言表，然而尚能平安相聚，已著實令人欣慰的了！至同治二年春季，陳氏一家仍能平靜地居於牛牯嶺，有〈元旦〉、〈人日〉、〈正月八日村翁邀飲〉、〈上元夜看煙火有感〉連續之作，詩中正透露出亂中得閒，正月裡歡欣與離亂交感的複雜心情。

　　四月二十八日沙連堡、南投堡、北投堡、沙仔崙、集集莊、許厝寮等地約定同日樹義旗，以應官軍，並祭旗出師，陳肇興寫下〈祭旗日示諸同志〉一詩，表達內心「欣喜過望」的情感。然而四月二十九日卻因〈六保背約〉，致使「縱匪反噬」，陳肇興一家亦因之而四散，有〈祭旗後一日，六保背約〉，詩中訴盡其悲憤扼腕之情，幸而「兄弟三人聚一窠」（之四），家人於事後又能很快地重逢，只是「一家懸虎口，百折走羊腸」（〈山中遣悶〉之三），一家人輾轉流離，淒苦與共。其後尚能「且向村翁分半畝，自將種菜教兒曹」（〈種菜〉）。

　　只是戴案起後一年多的日子裡，陳氏一家流徙轉折，歷災遇難，實甚不堪。陳肇興在給親友的信箋中，即曾回憶這段日子：

寂寞空山裡，頻年賊未平。何人堪寄恨，有客許陳情。……此際雀
符盛，全家子女驚。出門長悒悒，挈眷復怦怦。路逐羊腸轉，裝教
馬革盛。提攜數書卷，跋涉萬山程。母老呼輿載，兒啼掩口緘。……
憂來頻祝死，逃去慣藏名。乍過東西武，旋登大小坪。角中鬥蠻觸，
意外值蛟鯨，（原註：去歲許厝寮大水，全家幾抱陽侯之厄）。……
八口悲為鷩，三春怕聽鶯。（〈感事述懷五排百韻〉）

「東西武」指武東堡、武西堡。「大小坪」當指今南投縣鹿谷鄉大、小坪頂
山。陳肇興藏身埋名，時存必死之心，在山野間，扶老攜幼，流離失所，既
害人禍，又苦天災，為人之苦，莫甚於此？而其實，這又何嘗不是當時臺灣
社會在動盪之下，蒼生百姓悲苦愁絕的縮影呢？

綜合觀之：戴案期間，陳肇興及其家人移徙區域大約在現今南投縣、彰
化縣交界山區附近，尤其是名間、竹山、集集一帶。自同治元年（1862）三月
中旬倉皇奔逃，直到同治二年（1863）十二月三日官軍收復彰化城，陳肇興
方才攜同家人，自山野中重歸彰化故里，結束長達將近二年的艱難生涯。此
時滿目盡是斷垣殘壁，悲喜交加，近鄉情怯，只為烽火劫後滿荊棘，萬事且
待從頭起啊！

三、戴潮春事件之後

《陶村詩稿》所載至同治二年十二月止，其後陳肇興之作為俱不得聞，
只能從其他文獻中搜羅補充之。據楊珠浦《陳肇興先生傳略》言：「事平，不
仕；設教於里，時雨化人，桃李爭妍。」可見陳肇興其後仍繼續居住於彰化故
里，未曾仕宦，並設館教民，從事他最熟悉的教學生活。其間他也曾經以其
出眾才學，應邀來到三角仔庄（在今臺中市神岡區三角村）筱雲山莊呂家教
讀，《神岡鄉土志》記錄道：

晚清以還，書房為地方教育之淵藪。……地方仕紳殷戶延師教讀，
不乏其人，其較著者：如三角仔庄呂家，聘請進士施士洁（臺南人）、
舉人陳肇興（彰化人）……。〔註96〕

足見回歸文人之姿的陳肇興，受到了地方人士的尊崇與禮遇。

私家教學之外，陳肇興更進而主掌書院教育。根據吳德功《陶村詩稿序》
記錄：「德功弱冠時，公掌教白沙書院。」查吳德功生於道光三十年（1850）

〔註96〕見陳炎正《神岡鄉土志》，第49頁。豐原：臺中縣詩學研究會，1982、4。

五月六日〔註97〕，當其弱冠二十歲時，即為同治八年（1869），則同治八年時，陳肇興曾一度擔任彰化白沙書院山長。書院山長不僅須擔負教授課業之責，且為書院行政組織的領導人，猶如現今學校之校長，且清代朝廷對於聘請山長極為重視，有其資格規定的限制，包括「不分本省、鄰省，已仕、未仕，擇經明行修足為受士模範者，以禮聘請。丁憂在籍人員理應杜門守制，不得延請，教官本有課士之責，不得兼充。」〔註98〕陳肇興之擔任山長，當是學識德行俱尊的一大肯定。多年的教育生涯中，弟子們的陸續成就，例如：三角仔庄呂賡年的考上舉人、彰化縣邑吳德功的層任歲貢等，在在都輝映了陳肇興的師教有方，想來當是詩人心中的一大安慰吧！

　　白沙書院故址，位於今彰化市孔子廟右側大成幼稚園旁之民生路上，幼稚園即今之文昌祠故址。與民生路緊鄰的平行道路，即是清邑總爺街所在的成功路，與陳肇興故居古香樓所在之處，咫尺相近，此處真是地靈人傑啊！

　　戴案之後，陳肇興頗具名望，並參與地方活動。戴潮春的故鄉四張犁，地方士人原有文蔚社和文炳社兩所社學，定期聚會研讀。在經歷民變事件之後，地方風聲鶴唳，頗為蕭條。為了重振地方文風，文蔚社和文炳社於是合力鳩資倡建文昌廟，以作為展開文教的新基地。遂於同治2年（1863）啟建，到同治10年（1871）完成。舉人陳肇興當時已是地方名士，殿前立柱上即有陳肇興所撰的對聯，時至今日仍然鮮明有力的昭示著：

　　文列奎垣呼吸直通帝渭

　　蔚為國器栽培端在儒光

　　　　　　舉人陳肇興　敬撰

　　臺中市北屯區四張犁文昌廟為臺中市歷史名勝，早於民國七十四年（1985）十一月已指定為國家三級古蹟，列入保護。〔註99〕

〔註97〕見劉顏寧總纂《臺灣省通志稿》卷七〈人物志〉，第59頁。南投：臺灣省文獻會，1989、5。

〔註98〕見陳淑均《噶瑪蘭廳志・學校》，第152頁。臺灣文獻叢刊第160種，臺北：臺灣銀行經濟研究室，1962、8。

〔註99〕本廟原係古代宮殿式土埆造廟宇，因年久失修破舊不堪，於民國六十五年（1976）三月，地方熱心人士為保存古蹟，於是發起組織「文昌廟修建委員會」，共同策畫該廟修建事宜。並函請省府補助及發動地方人士捐款，得款一百一十五萬三千餘元，於民國六十五年（1976）十一月二十三日動工修復。民國八十五年（1996）四月復由內政部、省政府、市政府合力斥資三千四百萬元，重新徹底整修。歷時二年，於民國八十七年（1998）三月整建完成，煥然一新。

　　從有限的資料中綜合觀察，戴潮春事件之後的陳肇興，主要投入了社會文教工作，並「通書史、工詩，名噪一時」〔註100〕，詩人以文士本色終其一生，以其詩名而流芳後世，允為臺灣本土詩人的典型代表。

〔註100〕見吳德功〈陶村詩稿序〉。參連橫《臺灣詩薈雜文鈔》。臺灣文獻叢刊第224種，臺北：臺灣銀行經濟研究室，1962、8。

第三章　戴潮春事件期間陳肇興之際遇

　　戴潮春事件起事於彰化，擴張上達淡水，下抵嘉義，震驚清廷政府。戴潮春自同治元年（1862）被推為領袖，至同治二年（1863）被斬於北斗溪畔，由原來的一介縣署官員，旋而自立為王。雖然潮春餘眾持續反政府的行動，一直延宕至同治六年才大致被平息，但在初始短短的兩年之間，是局勢變化最劇烈的階段。身為彰化士子的陳肇興，自始經歷了這場亂局，在《咄咄吟》中完整道出了在這二年期間種種變遷的體驗與想法。

　　戴潮春，字萬生，彰化四張犁莊（在今臺中市北屯區）人。「潮春家素裕，世為北路協稿識。咸豐十一年冬，知縣高廷鏡下鄉辦事，潮春執莊棍以獻，而北路協副將夏汝賢（原註：四川人，武進士）猜其貳於己也，索賄不從，革退伍籍。」〔註1〕後戴潮春立八卦會，以團練之名隨官捕盜，使得豪強收斂，民眾安樂，甚獲好評，甚至官府亦至為倚重。然而天地會聲勢快速壯大的同時，也動輒滋事，「其黨之上簿者，已多至十餘萬。⋯⋯會黨橫甚，白晝搶殺，不特縣令無如何，即潮春亦暫不能制矣」〔註2〕，導致官兵圍剿，黨眾衝殺，終究於同治元年（1862）致使縣邑彰化城為之淪陷，並迅速蔓延南北各地。

〔註1〕見林豪《東瀛紀事・戴逆倡亂》，第1至2頁。臺灣文獻叢刊第8種，臺北：臺灣銀行經濟研究室，1962、8。
〔註2〕見林豪《東瀛紀事・戴逆倡亂》，第2至3頁。臺灣文獻叢刊第8種，臺北：臺灣銀行經濟研究室，1962、8。

彰化詩人陳肇興恰逢其時，遭遇到臺灣民變史上歷時甚久的戴潮春事件，並且親身參與抵抗的工作。詩人同民眾一樣，在逃亡中歷盡艱難；與仕紳並肩，協同斬殺敵人。在戴案期間，陳肇興尤其能夠秉筆書寫，賦詩記史，成就《咄咄吟》二卷，透過詩人的觀察與體驗，忠實記錄時代的軌跡，側寫百姓的容顏。其中尤其以六保聯莊舉義之敗與成，成為《陶村詩稿》中最為動人心魄的史頁。在整個情事曲折起伏的發展過程中，我們看到了詩人忠君報國的忠貞、不屈不撓的堅毅，將臺灣本土子弟捍衛鄉土的熱情，完全展現無遺。事件期間詩人的角色與思想作為，透過《咄咄吟》有了具體的例證。

第一節　陳氏一家之流離遷徙

戴潮春徒眾群起直逼彰化城，正式宣告了亂局的開始。而此時的陳肇興，卻正在奉上級之命前往南北投的道路上，並且因此遇到突然加遽的亂勢，倉促之間避居牛牯嶺，與家人失去音訊。〈奉憲命往南北投聯莊遇亂〉詩中所言其「倉皇辭長官，低徊別妻子」（之一）、「峨峨茭荖山〔註3〕，北望暮雲紫」（之一）、「薄暮投山莊，杯酒互相慶」（之二）、「夜來聞笳聲，烽火四山應」（之二）、「家鄉在何處，遠望淚沾臆」（之三），句句指陳出同治元年（1862）三月十六日時的陳肇興，正辭別家人，穿山來到南、北投。向晚時分抵達山莊，夜中即烽火四起，情勢一夕巨變，回鄉無門。遙想故居彰化城，是戴黨急欲攻取的目標，而母弟妻小卻都仍然身在城內，內心更顯擔憂焦慮，詩中將此焦慮心情展露無遺：

> 午山一回首，百里塵莽莽。有客從北來〔註4〕，相逢岐路傍。牽裾
> 引之近，急問弟與娘。客言賊如毛，揭竿萬萬行。紅旗避白日，刀
> 戟相低昂。前頭載婦女，後頭括金璫。殺人但聞聲，烏能審其詳。
> 三問不吾對，涕泗沾衣裳。（〈奉憲命往南北投聯莊遇亂〉之四）

詩中所述正是一幅活生生的劫掠殘暴的亂世景象。以紅旗為標幟的戴潮春黨人，多如螻蟻，令人望而生畏。尤其殺人擄掠無所不為，直是目無法紀的恐怖！與家人兩相離散的陳肇興，除了焦急，或許也還有一份因路途阻隔，而

〔註3〕茭荖山亦作「茄荖山」，在今草屯鎮。詩中雖然以「峨峨」稱之，但據筆者親臨所見，實為一平緩的丘陵，其上並有遼闊墓地。
〔註4〕彰化位於牛牯嶺之西北方，故言從北來。

產生鞭長莫及的無力感吧！

　　吳德功《戴施兩案紀略》言道：戴潮春結天地會，「已入會者為舊香，首裹紅布，披髮跣足在場執事。」紅布因此成為戴潮春之代表形式。因此後來如同治元年三月二十日戴黨攻佔彰化城時，「賊先期遣夥入城，令人結紅布條在身，門首焚香插旗為號，並操會中私語，可保身家」以綁上紅布條強迫百姓的歸降。而紅旗更是戴黨會眾的精神指標，例如，當戴潮春為官軍俘獲斬首之後，其部下廖談夫婦，也為官軍押解到北斗。廖談雖欲降官，其妻蔡邁娘卻義正辭嚴地說道：

　　　　勢敗而背人不信，無寧死於紅旗之下，始瞑焉。

其後斬首示眾於市，竟不瞑，人皆不知其故，直至割紅旗以掩其面之後，雙眼方才闔上，瞑目而去〔註5〕。

　　反觀彰化城內，自從三月十九日半夜三更戴黨內應開東門，引會眾蜂擁而入，三月二十日戴黨令城內遍插紅旗，備鼓樂，迎戴萬生騎馬入城開始，全城陷入一片恐慌，百姓紛紛挈眷逃鄉，陳肇興與家人也不例外，幸而陳氏一家乃漳州移民後裔，因此方得以全身而退。此乃因戴潮春為漳州人，又當時漳、泉之人習於各分氣類，故雖然戴潮春先前早已約束「聯合二屬，不相欺凌」，但入城之後，把守關門的將兵卻仍舊分類行事，使得「漳人得以出入無阻，泉人之出入皆得窒礙遭掠」〔註6〕，此真乃不幸中的大幸，陳家因而扶老攜幼，棄家遠走。數日之後，方才抵達牛牯嶺，與陳肇興重聚。這一次別後相見，真是恍如隔世般的重生歡喜，〈城破，喜二弟挈家眷至〉詩即言：

　　　　奔走欣無恙，團圞慶再生。空山吾見汝，悲喜不勝情。（之一）

　　　　握手驚初定，聞言淚未漣。聯床對燈火，破屋話纏綿。（之二）

悲喜交集之情，溢於言表，空山破屋雖然荒僻簡陋，但只要能親手握住家人溫暖的雙手，親眼看見家人靈動的容顏，天地之間就似乎再也沒有任何事物能取代這溫馨真實的歡喜了。

　　在重新團圓之後，陳氏一家便就此居家於牛牯嶺，〈祭旗日示諸同志〉詩中自註云：

〔註5〕凡此事例，俱見吳德功《戴施兩案紀略》，第7、48頁。臺灣文獻叢刊第47種，臺北：臺灣銀行經濟研究室，1962、8。

〔註6〕見吳德功《戴施兩案紀略》，第8頁。臺灣文獻叢刊第47種，臺北：臺灣銀行經濟研究室，1962、8。

去年（按：指同治元年）奉憲命聯莊禁止入會，值亂因家焉。

此註即已言之甚明。另外，同治元年（1862）七月中旬所作〈土牛〉詩中曾言：「牛牯嶺外烽火明，千村萬落長荊棘」；〈自許厝寮避賊至集集內山〉詩中亦言同治元年閏八月時「有弟滯牛山，多時悲契闊」〔註7〕，〈祭旗日示諸同志〉詩序中指出陳肇興「來牛牯嶺謀舉義屢矣！」，且其詩起首即自言：

兩年募鄉兵，今朝馳羽檄。……舉家來空山，志豈圖菽麥？

諸如此者，都明確地指出，陳肇興及其家人曾在戴案期間長期蟄居於牛牯嶺，以為暫時避亂的居所。因而在此期間，陳肇興便有許多以山居生活為題材或背景的詩歌作品產生，包括〈詠懷〉、〈山居漫興〉、〈消夏雜詩〉、〈感事漫興〉、〈雜詩〉、〈除夕〉、〈人日〉、〈山中遣悶〉等連篇組詩，以及〈虎子山歌〉、〈夏日偶感〉、〈雨後溪上望月〉、〈柴關〉、〈日暮晚眺〉、〈土牛〉、〈臘月〉、〈種菜〉等單篇作品，在《陶村詩稿》全書中，這是寫作山景見聞最多的一段時期，具體而深入地呈現了詩人因避亂而暫時悠閒居家山野的生活與心境。

然而，牛牯嶺似乎並非陳家唯一的避亂居所，由於逢亂遷移的緣故，陳家也曾常居於許厝寮友人處。〈殉難三烈詩〉之三，記詠許厝寮農民陳耀山之詩序中云：

自去歲逢亂（按：即同治元年戴案事起），挈眷依耀山以居兩載，供應甚厚。

陳氏一家曾在亂世之中，投靠陳耀山，並因而落腳居住於許厝寮。同治元年閏八月之〈自許厝寮避賊至集集內山〉詩即明示：陳肇興居於此處，然而當時其母弟尚停留於牛牯嶺，蓋詩中有云：

有弟滯牛山，多時悲契闊。老母缺晨昏，思之如饑渴。

陳肇興或因奔走戰事之故，暫時未與母弟同居一地。但不久之後，即全家遷居於許厝寮，〈感事述懷，五排百韻〉詩中自註所云：「去歲（按，即同治元年）許厝寮大水，全家幾抱陽侯之厄。」即是〈除夕〉之一所言：「伏波前月已登壇」〔註8〕，則可見陳肇興全家曾居住於許厝寮，並曾不幸在此遭遇水患。

〔註7〕〈土牛〉一詩恰介於〈七夕示內〉與〈七月望後，謀刺逆首不中〉之間，〈自許厝寮避賊至集集內山〉一詩起首即云：「皇帝元年秋，閏八月初吉」，故可知其詩作時間。

〔註8〕伏波指波濤伏息。陽侯乃傳說中陵陽國侯，其國近水，因溺水而死，故為水波之神，能興大波，有所傷害。

　　許厝寮在今彰化縣社頭鄉埤斗、清水、山湖等村，所在正位於八卦山脈西側山麓之下，若逢大雨滂沱，山洪不及宣洩，低窪之處往往氾濫成災。筆者親訪此地，並根據當地居民表示，民國四十八年（1959）八七水災之時，附近山嶺洪水同時爆發，來勢洶洶，頓時造成許多民房淹沒，田園流失，並有居民數十人在水患中不幸喪生。許厝寮受到大水的肆虐破壞損失十分慘重。而許厝寮水患之苦，陳肇興亦早已在同治元年即親身經驗，並在〈感事述懷，五排百韻〉詩中，向友人感嘆：「八口悲為鱉」，為奔走逃難的生活，憑添恐怖而無奈的感慨！

　　當然，在烽煙四起的世局中，人們很難一直安穩久居，故而即使陳肇興，將家人安置於牛牴嶺與許厝寮兩處，但流離奔逃，似乎亦難於完全避免，其有〈卜居〉一詩乃模擬屈原〈卜居〉之作，然起首所言：

　　　　經年避賊寇，遷徙無定宿。……自從喪亂來，八口滯空谷。

事實上卻是真話，而類似的意思同樣的可以在其他詩作中重覆地看到，陳肇興一再地提及，如：

　　　　一身作客如張儉，四海為家類管寧。（〈寄林文翰舍人〉之一）

　　　　艱難一樣藏身苦，忍淚吞聲避虎牙。（〈寄林文翰舍人〉之二）

　　　　不知歷險艱，奔走何時畢。（〈自許厝寮避賊至集集內山〉）

　　　　故里沐猿堪一笑，空山拾橡又三遷。（〈元旦〉）

同治二年戴案末期，陳肇興一首帶有追憶性質的〈感事述懷，五排百韻〉詩中，對於將近二年來全家顛沛流離的生活記之最詳：

　　　　此際崔苻盛，全家子女驚。出門長惘惘，挈眷復怲怲。路逐羊腸轉，裝教馬革盛。提攜數書卷，跋涉萬山程。母老呼輿載，兒啼掩口繃。燒空烽焰亂，裂石火雷轟。似狗家初破，如魚鼎欲烹。命真微比蝨，用幸免為牲。邂逅詢宗族，倉皇就父兄。卸肩行李寄，入夢鼓鼙縈。……日日防追捕，村村布網緪。憂來頻祝死，逃去慣藏名。乍過東西武（地名），旋登大小坪（山名）。角中鬥蠻觸，意外值蛟鯨（原註：去歲許厝寮大水，全家幾抱陽侯之厄）。八口悲為鱉，三春怕聽鶯。沙蟲仍故壘〔註9〕，風鶴過新正〔註10〕。

〔註9〕沙虫即沙蟲，用以比喻賊匪小人。

〔註10〕新正即新年。意指在風聲鶴唳的緊張對峙氣氛中，度過原本應該是平和歡喜的新年。

　　這是一個多麼提心吊膽，習於逃亡的生活呀！相信沒有任何一個人，會歡喜於這樣絲毫沒有安全感的生活，也難怪同治二年，客居異地的陳肇興，所許下的新年願望便是：「焚香且把蒼生祝，早掃妖氛慰倒懸。」（〈元旦〉）。在《咄咄吟》中，我們看到陳肇興的蹤影，除了停留在牛牯嶺與許厝寮，並且也曾零星出現在其他地方，包括：

1. 虎仔山

　　此虎子山位於今南投縣名間鄉。陳肇興有〈虎子山歌〉一詩，反省了當地豪門陳泮家族盛衰變遷的滄桑和警惕，詩中有言：「田園父老為予言，此是當時陳家園」透過親身走訪，父老口述，地方歷史被娓娓道出，也給予後人無限啟示。

2. 木屐嶺

　　〈喜晤石莊兼官軍捷信〉言及彼此行蹤時說道：「徒跣我藏木屐嶺，全家君走草鞋墩。」陳肇興自言曾赤足逃亡到木屐嶺，此處當在今南投縣名間鄉木屐崙。

3. 集集內山

　　〈自許厝寮避賊至集集內山〉之詩題，則已直接道出了陳肇興移徙的途徑，詩中述其來至此地的觀感：

> 皇帝元年秋，閏八月初吉。我遁於內山，潛伏野番室。深林暗無光，白晝不見日。破屋兩三間，茅茨雜蓬蓽。……人煙半蕭條，鬼火互明滅。行行集集山，夙稱生番窟。濁水噴其中，日夜浪濊濊〔註11〕。路盤蒼穹高，石迸厚地裂。一夫可當關，駟馬不容轍。生平耽煙霞，到此暫心悅。

　　清代咸、同年間的集集，仍是尚未完全開發的深林之地，漢人稱其為內山。陳肇興到此不僅要適應荒僻的林野，也要謹慎地與所謂的「生番」，即尚未漢化的原住民共同相處，實在可以說是頗富挑戰性的經歷。

4. 武東堡、武西堡

　　〈感事述懷，五排百韻〉言其流徙最為生動詳細，詩中曾謂：「乍過東西武，旋登大小坪」，其「東西武」是指清代行政區中之武東保、武西保二區。武東保包括今彰化縣田中鎮、社頭鄉之大部分、員林鎮的一部分，及南投縣

―――――――――――――――――――――――

〔註11〕濊濊，急流貌。

南投市、名間鄉之一部分。武西保包括今彰化縣埔心鄉全部、永靖鄉大部分、田尾鄉一部分及社頭、員林、溪湖等鄉鎮的一小部分。大小坪指當今南投縣鳳凰山山地的一塊臺地，海拔約三零八公尺。這是一個不算小的區域，然而，為了生存，卻只好四處藏匿逃亡，令人不禁發出「命真微比虱，用幸免為牲」的感嘆！

第二節　陳肇興參與抵抗戴潮春事件之歷程

　　陳肇興原本只是習於讀書科考的士子，戴潮春事件的興起，完全改變了他既有的生活，他不僅暫時放下書本，更親身投入戰場，勇於奔走對抗，由文人而成為武士，成就其生命歷程中最特殊的一段經驗。

　　在《咄咄吟》所描寫的同治元年及同治二年（1862～1863）的戴案期間，就陳肇興的生活經驗而論，大約可以取同治二年四月二十八日六保合約舉事祭旗為一分界點，畫分為前後兩期。前期的陳肇興以靜態守勢為主，後期的陳肇興，則常見動態攻擊為多。戴黨的熾燄讓他終究投筆從戎，為保鄉衛民而奮戰！

一、前期

　　《咄咄吟》首篇作品〈春日有感〉云：

　　　咄咄緣何事，傷心獨倚欄。十年回首處，萬感上眉端。燕雀巢雖穩，
　　　豺狼馭尚難。憂天空涕泣，無力障狂瀾。

陳肇興對於社會長久以來的紛擾，十分憂心。政府雖然尚能維持一定的局面，但戴潮春會黨的勢力，卻有逐漸坐大，難以掌握的危機。士子如陳肇興雖然明知時局不靖，但無權無力，也只能書空咄咄，暗自涕泣而已。這是傳統讀書人常有的無力慨嘆。然而，對於早已在咸豐四年（1859），考取舉人功名，卻至同治元年（1862）的當時，尚無實質權位的陳肇興而言，對蒼生百姓的關懷，對經世濟民的理想，難道就只能袖手旁觀，空自怨嘆而已嗎？

　　在《陶村詩稿》中，未能尋出陳肇興是否曾經擔任過何種官職的記錄，然咸豐十一年（1861）〈揀中感事〉有言：

　　　幾處兒童迎郭伋，一時賓從盡鄒、枚。運籌敢道參帷幄，桑梓情深
　　　感事哀。（之一）

若據此所述，則陳肇興在咸豐九年（1859）考取舉人功名之後，可能就在故

里彰化地區的政府部門中擔任幕僚性質的工作。只是幕僚人員往往是比較不具有實權的，故而滿腔熱忱的陳肇興，也不免有所牢騷。

陳肇興向來關心民眾，《陶村詩稿》中便隨處可見對於不同型態的人民的關注，例如書寫農民四季生活的〈春田四詠〉、〈秋田四詠〉；觀察原住民風俗的〈番社過年歌〉；代為發抒臺勇內調鎮亂心聲的〈前從軍行〉、〈後從軍行〉；歌詠民間高士英雄的〈礦溪三高士詩〉、〈大水行〉……凡此種種，都顯示出陳肇興身在鄉閭，心懷黎民的性情。因此當擾民黨徒愈形眾多，勢力龐大至幾乎威脅當局的時候，身為社會中上層菁英的陳肇興，是無法完全坐視不理的。同治元年二月二十二日親身參加北投埔倚南軒的會議，就是陳肇興走出嘆息，採取行動的先聲。

壬戌年二月二十二日春光明媚，由北投埔（在今南投縣草屯鎮碧峰里）義士林錫爵，具函邀宴彰化縣各界名流，共聚一堂，當時參加的人士包括有舉人林鳳池、邱石莊、簡化成、例貢生洪玉崑，以及各豪族大姓的頭人，陳肇興亦在其列。

若僅就陳肇興所列舉出來的與會人士看來，包括林鳳池、邱石莊在內，似乎都沒有任何人在政府體系中握有實質的權力和地位，即使是被稱為「舍人」的林鳳池，亦是例授內閣中書尚待補之中，並非已為官上任。但在重視功名的清代臺灣，即便是貢生，也是民間尊敬的人物，擁有一定程度的社會地位，是百姓的意見領袖。在移民團體尚具有濃厚分類意識的當時臺灣，巨姓頭人在各分類族群聚落中，也往往具有十分重要的影響力。因此綜合觀之，即使有部份人士，特別是功名在身者，可能會有來自當局的委託或期望，然而，很明顯的，這是一次社會菁英，地方領袖的民間聚會，目的正是希望透過民間力量的結合，為日漸蔓延，官府卻無良策的民間起事，以及內地烽火不止的徵召，尋求地方上自保的對策。而事實上，在日後的局勢中，這次參與計議的各方人士，都有極為密切的合作，也著實為地方上作出了貢獻。

關於這一次的會議，陳肇興以與會人士的身份，寫下了〈北投埔計議防亂事宜〉這一首長詩，既是紀念也是記錄：

> 壬戌二月二十二，春風習習花明媚。林逋折柬開華筵，一縣名流今日聚。是時四野盡成狂，燒香作會等兒戲。紛紛肉食不知謀，但坐高堂唯臥治。君子防患貴未萌，杞人憂天在無事，九十九峰夕照黃，對此茫茫百憂至。金陵烽火達錢塘。徵召年年來驛使。酖毒由來生

宴安，太平焉可忘武備？人生浩氣秉乾坤，報國何須權與位？但教
友助循古風，自保一方即忠義。諸公矯矯人中豪，綢繆未雨真高誼，
愧我雕蟲非壯夫，才弱不堪供指臂。因君慷慨發悲歌，把酒勸君且
一醉。樹頭喔喔晨雞鳴，為君起舞別君去。

詩中對政府當局面對四野成狂的局勢仍然習於安逸高堂臥治，提出強烈的不
滿。尤其當時內地因太平天國之亂，年年徵調臺勇馳援，臺灣同時存在著內
亂與外需的雙重壓力。然而百姓看到的卻是當時耽於宴安，武備弛怠，因此
「莊莊百憂至」。雖然當政者令人失望，然而報國護民人人有責，即使不在其
位不謀其政，但只要能安鄉靖里，也是忠義的表現。詩云：

人生浩氣稟乾坤，報國何須權與位。但教友助循古風，自保一方即
忠義。

正是明白揭示了召集這次會議的基本理念，也代表了陳肇興對參與這次會議
的高度認同。雖然陳肇興在詩中謙虛的認為自己是雕蟲弱才，但全詩充滿了
高亢熱切的慷慨之情，當可想知：陳肇興是多麼樂於為民奮鬥，對未來懷抱
著無比的希望！這一次的聚會，開啟了陳肇興參與抵抗戴潮春起事的契機。

三月十六日陳肇興奉上級長官之命，前往南北投聯莊，是《咄咄吟》中
首次見到陳肇興為抵抗戴潮春黨所作出的實際行動，陳肇興幾乎是以感恩、
雀躍的心情步上出差的路途。〈奉憲命往南北投聯莊遇亂〉，清楚記錄了他當
時的想法：

倉皇辭長官，低徊別妻子。豈不懷艱虞，生平感知己。弦高犒秦師，
荊軻渡易水；緬彼市井兒，樹立乃如此。矧我七尺軀，家國交相倚。
乘茲鼎沸時，抽薪猶及止。峨峨茇茗山，北望暮雲紫。仰視黃鵠飛，
一舉翔千里。加鞭策駑駘，我行殊未已。（之一）

忠臣效明主，壯士酬知己的欣喜，在詩中毫不掩抑。在此所謂的「長官」、「憲
命」所指為何？作者並未明確指出，後人也無由定說，然而應當是清廷政府
官長無疑。而更可能的是此時已密切關注到戴案情勢發展的臺灣行政首長兵
備道孔昭慈。對於參加科考，有意仕進，卻數年不得志的陳肇興而言，能受
到上級長官的青睞，甚而委託以任務，便是對他個人的重視，這正是男兒立
功建業的表現機會，好似千里馬遇見伯樂一般，陳肇興對這次的銜命出門，
滿懷著知遇之恩！他以弦高、荊軻自比，一心報效軍國，置個人死生安危於
度外，充滿了赴湯蹈火，在所不辭的悲壯情懷。從而他有了深切的自我期許，

對前途懷抱了萬里之志，詩言：「翔我七尺軀，家國交相倚」、「仰視黃鵠飛，一舉翔千里」二句，陳肇興昂首抬頭，意興風發的形象，彷彿如在目前，早已不是〈春日有感〉中「憂天空涕泣，無力障狂瀾」的悲傷陳肇興了！

　　陳肇興這次前往南、北投，正是奉上級命令到此聯莊，禁止民眾繼續加入戴潮春倡立的天地會，以免動盪擴大。〈祭旗日示諸同志〉自註云：「去年（按：指同治元年）奉憲命聯莊禁止入會」，說之最為明白。風塵僕僕來到南、北投的陳肇興，既出示信函文件，也盡力為朝廷辯護，〈奉憲命往南北投聯莊遇亂〉之二即云：

> 艱難出簡書，慷慨論王師。愧非守土官，棲棲毋乃伎。一炊而百揚，
> 眾寡常不勝。

我們在陳肇興身上，彷彿見到了傳統士人忠君護主的堅正情感，而這股堅定的情感，使陳肇興能夠在輿論紛雜，在百姓陸續加入戴氏陣營的同時，明確堅定自己的立場，絲毫不受動搖，而這或許也正是長官之所以選派陳肇興，進行聯莊及扼止入會的重要原因吧！

　　陳肇興在南、北投聯莊禁止入會的工作才要開始，自己便遭遇了襲擊，真是好事多磨，天命難料，自己頓時也成為流離奔逃的難民，匆匆避居牛牯嶺。〈奉憲命往南北投聯莊遇亂〉之三，即寫出當時落魄的情景：

> 曠野夕悲風，陰雲悽以黑。慷慨發高歌，白雲為之匿。采薇供夕餐，
> 拾橡充朝食。悽愴杜陵叟，流離遼海客。

在荒山僻野中，採薇食橡，避世逃亡，對任何人而言，都是充滿不安恐懼的可怕經驗。更何況這次所遭遇的是幾近於土匪的暴民，詩中述其作為：

> 前頭載婦女，後頭括金璫。殺人但聞聲，烏能審其詳。（之四）

實在是令人髮指！而陳肇興雖然在以往也有過數次遷家避亂的經驗，如咸豐二年（1852）的避亂於賴氏莊、王田，但這一次似乎特別不同，「刀柄鐵環環，摩挲日三百」（之三）、「流涕寂無言，俯首看刀柄」（之二），戰爭中緊張的氣氛，讓人不禁手不離刀，隨時準備因應可能發生的任何情況，而連續出現的「流涕寂無言」（之二）、「遠望淚沾臆」（之三）、「涕泗沾衣裳」（之四），則將已與家人失去音訊的陳肇興，其內心焦慮卻又無處施力的憂懼一再重覆表達。家人在陳肇興心中，佔有最重要的地位。

　　避亂牛牯嶺的陳肇興，隨後陸續獲知官軍失利的消息。先是三月十八日的淡水同知秋曰觀兵敗殉節於大墩，繼而三月二十日，彰化城失陷，臺灣兵

備道孔昭慈、南投縣丞鈕成標分別殉節而死，厄耗陸續傳來，顯然，陳肇興所支持的官方力量，節節敗退，而戴黨勢盛，已達到了鼎沸的地步。這時對方才懷抱無限熱情與憧憬的陳肇興而言，似乎是一大打擊，聽聞戴黨得逞，攻佔縣城，身在山野的陳肇興，寫下了〈二十日，彰化城陷〉一詩：

> 卦山何處擁旌旂，烽火連朝上翠微。定寨城空誇犄角，望洋援已絕重圍。優柔養寇機先失，倉卒陳兵計又非。從此瀛壖無樂土，荊榛塞路亂蓬飛。

陳肇興沉痛地指出，堂堂彰化縣城淪落的原因在於當局優柔寡斷，使其坐大在先，倉卒陳兵，計謀失策在後，致使天險定軍山（即今八卦山），竟未能制敵於機先，臨海的交通要塞彰化城，竟斷絕援助成為孤城。當政者的居安溺逸，坐失優勢，怎不令彰化子民扼腕？陳肇興一句「從此瀛壖無樂土，荊榛塞路亂蓬飛」，真是失望至極的嘶吼呀！

　　城破之後，家人有幸逃過殺劫，與陳肇興相慶團圓，從此幽居山林。從《咄咄吟》所列這段時期的作品來看，詠懷之作數量最多，其次便是賞景抒情之作，這樣情調的詩歌風情一直持續至同治二年春天（詳參附錄：「戴潮春事件期間陳肇興活動紀要與詩作繫年表」）。乍看之下，陳肇興似乎在此局勢之中獨闢一世外桃源，與心愛的家人一同過著清貧卻閑雅的生活。但細究其內容，方知在此看似平靜生活的外表下，陳肇興的內心其實充滿了衝突與澎湃。就其內在情感而言，陳肇興此時至少具有三種矛盾的心理：

（一）桃源避秦，獨善其身

　　世局混亂有志難伸之時，尋求遺世獨居，保全身家，是人們經常會出現的想法。陳肇興或許因為聯莊並不順遂，又遭戴軍追逐，加以不忍母弟妻小身受顛簸逃亡之苦，內在意識中因而產生了逃避苟安的想法，願將個人功業的追求暫放一旁，只求飽暖安穩，一家平安就好，〈山居漫興〉之二，便頗具這番意味：

> 一身如逐客，數日寄巖阿。世亂乾坤窄，山深雲雨多。生涯依木石，時事閱兵戈。不見天邊鳥，高飛避網羅。

逃亡奔逐的生活令人厭煩，更令人失望，陳肇興借著天邊高飛的鳥兒，比喻自己期望遠離兵戈戰地的逃避心理。而就在城破避居山野期間，也同時可以見到許多陳肇興描寫溫馨居家的田園耕讀之作，如〈山居漫興〉中便有數首抒寫山野幽居閒情的詩歌：

寂寞空山裡，無人獨掩扉。養茸麋鹿馴，分子鯉魚肥。習字妻磨墨，薰香婢拂衣。憂來頻命酒，勉強學忘機。（之三）

燕去泥猶落，蟲飛雨欲來。山林饒樂趣，豺狼恕庸才。竹迸松根苗，蘭穿樹腹開。桃源無處覓，雞犬漫相猜。（之四）

偶閱巖前稼，時來原上行。分秧遲閏夏，種豆急新晴。地瘦宜瓜植，田磽帶石耕。誰知抱甕者，原是一書生。（之五）

此地勤耕稼，年來幸有秋。莉花巢白鳥，蔗葉飼黃牛。瓜果參差熟，田園次第收。相憐多父老，契榼到墻頭。（之七）

三春花落後，四月雨晴初。鑿地開山沿，留泉灌野蔬。屋從吾輩老，谷合乃公愚。日共村翁醉，方知樂不如。（之八）

其次於〈消夏雜詩〉中所見尤眾：

石壁丹崖小洞天，山如太古日如年。萬竿竹下披襟坐，自有清風不用錢。（之一）

避跡山中已半年，貪涼頻到竹林邊。綠陰滿地日亭午，自枕松根企腳眠。（之二）

雨過園林景色清，可人風日是新晴。無端喚醒南柯夢，萬木陰中一鳥鳴。（之三）

門前溪水綠漫漫，小坐垂綸意自寬。靜極不知魚上餌，一雙蝴蝶立漁竿。（之四）

排闥山光四望青，登臨只隔一漁汀。偶攜鴉嘴鋤雲去，斸得千年老茯苓。（之五）

匝月幽居不出門，舊時山徑長苔痕。一甌苦茗三升酒，消受文人日又昏。（之六）

地僻無人問索居，清風入戶替翻書。紙窗竹屋烏皮几，手寫唐詩一月餘。（之八）

山田青綠水田黃，看慣人家刈稻忙。鳥雀也知禾黍熟，讙呼飛下野人場。（之九）

平疇來往笠團團，一片驕陽汗不乾。漫道裸裎能浼我，野人原不著衣冠。（之十二）

蒼藤碧樹綠交加，乳燕雙飛日影斜。一陣晚風香不斷，檳榔破孕欲
開花。（之十四）

另外，〈雨後溪上望月〉、〈日暮晚眺〉，也同樣是山野田園的清新之作。以上
所列諸多作品，集中地出現在城破逃居於山間的初期，此時正該是戰火方興
未艾之時，然而，在這些作品中，卻幾乎不帶一絲硝煙味，純然是與世無爭
的隱居氣態。陳肇興似乎有意地想忘卻兵亂，拋開一切，與家人過著平靜閒
雅的山居生活。而筆者每每讀詩至此，恍惚之間，彷彿也有了「山中無甲子，
寒盡不知年」的錯覺；加以想及至今仍是綠野連疇，山色秀麗的牛牯嶺風光，
剎那之間也有忘卻人間多煩事，就山擁翠樂閒情的念頭。

再有〈詠懷〉之五，明白揭示了陳肇興此時的精神歸向：

舉世尚散誕，陶公獨任真。茫茫千載後，為我指迷津。置身羲皇上，
抗志懷、葛民。偶逢天地醉，飲酒以全身。竭力勤農畝，餘事作詩
人。松菊三逕秀，榆柳一家春。即此是桃源，何處尋避秦。

陳肇興認為其所處的當世，正如陶淵明所處的魏晉時期一樣，是個天地大醉，
人力無可為的時代，「天運苟如此，且盡杯中物」（陶淵明〈責子詩〉）的盡己
任真，似乎便是成了面對生活的指導原則，而陶淵明「懷良辰以孤往，或植
杖而耘耔。登東以舒嘯，臨清流而賦詩」（陶淵明〈歸去來兮〉）的嚮往，也轉
而成為陳肇興「竭力勤農畝，餘事作詩人」的期待。陳肇興似欲效法陶淵明，
任真獨善，尋一桃花源，避世耕讀。而牛牯嶺一地，便是可以暫時安居，耕稼
保全的世外桃源！

除此之外，對人生產生了厭倦感，恐怕也是陳肇興興起避世獨善想法的
原因之一。其〈柴關〉一詩便充分表達了這樣的心理：

清泉白石鎖柴關，豪氣銷殘夢寐間。屈指百年驚漸老，回頭萬事不
如閒。悠悠落日牛羊下，策策空林倦鳥還。唯有丹心依舊在，浮雲
望斷海中天。

豪氣銷殘，年齡老大，讓「丹心依舊在」的陳肇興，還是有了「萬事不如
閒」的慨嘆！或許人生追求中的不盡如意，世事逆變中的隻手難擋，都使得
熱血青年的心境逐漸化成落日向晚中，疲倦懶怠的牛羊歸鳥般，只想找個幽
靜安穩的所在，聊度黑夜而已！

陳肇興如此的想法，對個人而言，或對其家庭而言，或許都是平安之道，
他著眼於小我之心身安頓的方向，是完全可以理解的。只是，這樣略顯消極

逃避的作法，並非陳肇興的本來意願，也不是他後來的主要想法。桃源避秦只是他暫時性的心理而已！

（二）自苦不才，無力回瀾

當戴潮春黨人攻佔彰化城恣意為虐時，便是清廷政府的一大挫敗，也是所有試圖為政府效力者的一大挫折。戴黨的勢力如排山倒海一般而來，讓官員及百姓深感無力招架。政府官吏或是殉節示忠，或是落荒而逃，甚至易主變節；百姓則或是困城無助，任人擺佈，或是攜眷奔逃，自尋生路。臺灣史上名列前茅的此次邊變〔註12〕，使得全臺灣為之震動，羽檄奔馳，實在無法由少數一、二人士便能平息！陳肇興在這波狂瀾之中，也深刻感受到了強烈的無力感，而這股無力感的形成，主要來自於兩方面：

其一、為內在因素，即陳肇興自認才德淺弱，不足以成事。雖然這樣的想法，不無自我謙虛的意味，但謀計成效不彰，似乎也影響了他的自信心。其〈夏日偶成〉已表現出厭棄人事，自閉憂苦的鬱結：

> 寂寂柴門晝不開，山花零落滿蒼苔。蠨蛸在戶風初定，螻蟻遷家雨
> 欲來。亂後文章多散失，窮來人事廢追陪。關心只有憂時淚，欲掃
> 黃巾苦不才。

在荒山郊野中自閉門戶息交友朋，可見其內心必是十分深沉鬱卒，方才自我封閉於小天地之中。當然，詩中所言，或許只是文學上誇張的筆觸，但最末二句「關心只有憂時淚，欲掃黃巾苦不才」，卻一語道出其內心痛苦的根源，乃是由於憂時憂民，急欲有所作為，卻只能心有餘而力不足地空自掉淚，怎不令其捶胸頓足，自我責備呢？

在稍後與沙連舉人林鳳池通訊的〈寄林文翰舍人〉之一詩作中，陳肇興也沉重地說出自己內在的無力感：

> 銜石有心悲怨羽，負山無力泣秋螟。思量欲獻平戎策，獨立檐前看
> 將星。

有心無力，隻身難為，陳肇興取精衛填海，秋螟負山兩例來比喻自己，突顯出自己的渺小與大願是多麼地不成比例，將「有心」與「無力」的心境，巧妙地鑲嵌於字句中，表達出自己無力成事的怨歎。

〔註12〕習稱之臺灣三大民變是指康熙六十年（1721）朱一貴事件、乾隆五十一年
（1786）林爽文事件，及同治元年（1862）戴潮春事件。

直至同治元年冬季所作〈雜詩〉〔註13〕中仍然表現出對自我才力薄弱的惱恨。〈雜詩〉之二云：

> 冥鴻游八荒，迴翔俯寥廓。下視大嘴烏，飛鳴一何惡。奪我樹下巢，
> 白晝喙雛鵠。盤回未忍飛，欲救嗟力薄。山梁多殺機，磐遠〔註14〕
> 少良木。豈不圖南行，所恨羽毛弱。

羽毛未豐，未得高飛，儘管外勢欺凌令人痛恨，卻也只能抱拳切齒而無力反擊。驅惡既無良策，護良亦無足力，陳肇興愈是憂時傷民，內心的無力感似乎也愈加強烈了。

其二、為外在因素，即人心惶惶，局亂世紛，不知所措。友朋助力缺乏，亦未受當道重視。亂世之中，人人自掃門前雪，明哲以保身，甚至為了自保而不惜隔岸觀火，或棄陣叛逃。人性的冷漠與現實，在朝不保夕的世局中，更顯得赤裸而殘酷。陳肇興也在戴案的期間，特別深刻地感受到人情的冷暖。起初，尚且還能自信堅持信念地說出「風塵飄泊年將老，世故周旋興不孤」（〈端午飲家與三茂才舍中〉），對於「吾道不孤」展現愉悅的信心，即使念及年華將老，亦不受其動搖。〈消夏雜詩〉之七則云：

> 楓林日暮晚風涼，散步誰知抱恨長。人自趨炎吾耐冷，兩般氣味各
> 分嘗。

憂心抱恨中，透露出斯人獨憔悴的愁緒。世態炎涼，王道寂寞，堅持立場的陳肇興，感受到了濃厚的寒氣，但也同時有了內心更大的堅定。然而，隨著戰事涉入的頻繁，陳肇興感受到的人情冷暖，似乎更加凝凍厚重了。當知悉故居古香樓已燬於戰火後，他不僅痛惜家園高樓的頹燬，也感傷人事的不測，〈憶故居〉之四云：

> 傳聞狐鼠據為巢，薪木摧殘去又拋。世亂傭奴多背主，途窮鄰里乏
> 知交。

世亂事敗，反奴為主，鄰親只餘寒暄，人情轉變迅速，怎不令人欷歔！而更令人痛心的，則是同道友朋的冷漠，〈自許厝寮避賊至集集內山〉中曾傷感地指出：

> 使我攖不測，志氣常軫結。同謀袖手觀，含涕獨嗚咽。未識此時恨，

〔註13〕卷七〈雜詩〉三首正介於〈冬至〉與〈葭月二十六日喜晤石莊兼話大甲官軍捷信〉二詩之間，冬至日一般多在農曆十一月分，葭月即十一月，故詳而言之，〈雜詩〉三首不僅必為冬季時之作品，更可說是農曆十一月時之詩作。

〔註14〕此字楊氏本以次各本，包括史文本，俱誤作「達」字，茲據鄭喜夫《陶村詩稿全集》校訂，依原刊本改作「遼」字。南投：臺灣省文獻會，1978、6。

> 何日得伸雪。……四顧遍豺狼，保身慎明哲。豈不思請纓，空手難
> 為烈。撫景自酸辛，吟詩聊度活。……

同謀志士不能互信互助，實犯兵家大忌，不僅不能成就事功，更顯人心險惡，打擊士氣，當外在敵勢盛烈激進，內部人員卻不能團結齊心，一致對外，甚至還各有心機時，成功的遠景恐怕也將更為渺茫，而志士仁人的憂勞也將因此隨之加深了。這種種世亂勢危，人情現實的見聞經歷，從而引起了陳肇興內在激烈而矛盾的省思，〈卜居〉一詩，便是最糾結的天人交戰的呈現：

> 自從喪亂來，八口滯空谷。供憶無故人，反噬有僮僕。親朋多白眼，
> 群奸遙側目。入海愁蛟龍，登山畏虺蝮。
>
> 吁嗟天下亂，舉世方皆濁。瓦釜競雷鳴，干鏌埋地獄。豺虎橫咆哮，
> 麒麟遭鞭朴。衣繡原非榮，披褐詎云辱。

〈卜居〉一詩恰介於〈七月望後謀刺逆首不中〉與〈自許厝寮避賊至集集內山〉二詩之間。此二詩前者作於七月望後，即七月十六日左右，後者詩中自言為「閏八月初吉」即八月初一日，故〈卜居〉一詩當作於同治元年七月望後至閏八月之間，距三月二十日戴潮春黨人攻陷彰化城，陳肇興一家攜眷逃亡，其間已經歷五個多月的時間。

短短數句道出了內心之所以矛盾的原因，正來自於從戴案破城舉家遷逃的半年多以來，是非錯亂，黑白顛倒，身心無著，遍歷炎涼，向之所學，不足為解，所以模擬屈原〈卜居〉之作，詢問卜者，盼指迷津，而其用以占問卜者之辭，正顯現其內在的矛盾衝突：

> 吾甯居九夷，負矢射麋鹿。將委心任運，彫零依草木。吾甯請長纓，
> 中原競馳逐。將浮沉觀變，憔悴匿林麓。吾甯依劉表，附會救饘粥
> 〔註15〕，抑將說隗囂，辨論窮反覆〔註16〕。吾甯學杜甫，悲歌以當
> 哭。抑當效揚雄，清靜自投閣〔註17〕。甯百折不回，守身如守玉；

〔註15〕劉表，東漢人。時荊州一地人情好擾，寇賊騷動。劉表招誘有方，威懷兼洽，終得萬里肅清，大小悅服。後有關西、袞、豫學士數千來歸，劉表亦安慰賑贍，皆得資全。劉表愛民養士，從容自保，深受愛戴。《後漢書》卷一百四下有傳。

〔註16〕隗囂，東漢人。王莽篡漢末年，據隴西起兵，初附劉玄，玄屬光武，又稱臣於公孫述，俱封爵受祿，迨光武西征隗囂奔走隴西，恚憤而死，《後漢書》有傳卷四十三有傳。

〔註17〕揚雄，西漢人，成帝時曾拜為郎。王莽篡位，揚雄擔任大夫，校書天祿閣。後因事被株連，投閣自殺，幾死。《漢書》卷八十七上、下有傳。

　　將模稜兩可，與世同齷齪。甯絕溫嶠裙，將戲老萊服。甯搖顧榮扇，

　　將采陶潛菊。甯為轅下駒，將作雲中鵠。甯朝秦暮楚，將夜行晝伏。

　　甯去依他人，抑來為宗族。甯四海為家，抑一枝自足。

在兼善天下與獨善其身之間，陳肇興有所躊躇了；在蒙昧依附以求保全，與
勵志護民捨生奮死之間，他猶豫了，這樣的猶豫不定，內在交戰，是《陶村詩
稿》中所僅見的。許多古聖先賢的正反事例，紛紛成為深思反省的對象，而
今親陷亂局之中，個人又該如何自處方才適切？的確令人傷神，人間的現實
與困境，又如何才能在個人的理想與才學之間，取得一致的平衡呢？紅塵之
中濁浪濤天，若小我尚不知如何自處，又怎能對大我有所作為呢？在反覆的
自我論辯中，陳肇興傳達出了身當此一世局的不知所措！

　　在人心難測的無奈中，也包括了在上位者的未能重用士人。〈詠懷〉之一
便藉由譬喻的手法，婉轉寄託內在的孤高和遺憾：

　　空谷有幽蘭，歲久生荊杞。春風時一花，綠葉何靡靡〔註18〕。抱此

　　王者香，掩沒榛梼裏。采佩雖無人，芬芳常在己。遙睇茳與蘺〔註19〕，

　　葳蕤被江沚〔註20〕。九畹長莓苔〔註21〕，悵望隔秋水。

陳肇興將自己高潔的品格，比喻為空谷中獨具王者之香的幽蘭，只是叢雜亂
草，幾乎將其掩蓋，關愛的眼神，一直無法停落於自己身上。遙遠地望著諸
爾多士，匯近主流，自認較之他人亦不遜色，甚至高人一籌的陳肇興也只能
暫時隔江悃悵低吟，韜光養晦，忍辱待時了，其〈感事漫興〉之一便言：

　　幾回嘆息復吟呻，積憤填胸淚滿巾。患難文章原易古，亂離消息苦

　　難真。干戈草草將週歲，衣食勞勞漸累人。欲獻蒭蕘愁路隔，偷將

〔註18〕靡靡，富麗華美貌。

〔註19〕茳與蘺，即茳蘺，亦作「江蘺」，香草名，又名「蘪蕪」。陳肇興此語蓋轉化
　　　　自屈原〈離騷〉：「扈江蘺與辟芷兮，紉秋蘭以為佩」一語。

〔註20〕葳蕤，草名，亦作「威蕤」、「萎蕤」；《本草綱目》〈草部・萎蕤〉記曰：「此
　　　　草根長多鬚，如冠纓下垂之緌而有威儀，故以名之。」舊時以為瑞草，《宋書・
　　　　符瑞志》下云：「威蕤，王者禮備則生於殿前。」然此處之「葳蕤」，筆者以
　　　　為若易為「威蕤」，作動詞，「紛披」、「茂盛」之意，或更合宜，用以形容上
　　　　句「茳與蘺」之茂盛生長於江邊，兩句合貫一意，詩意方更顯流暢。

〔註21〕「九畹」之典故出於屈原〈離騷〉：「余既滋蘭之九畹兮，又樹蕙之百畝。」
　　　　漢代王逸注：「十二畝曰畹，或曰田之長曰畹也。」後世便以「九畹」為種蘭
　　　　之典故。其後更有直接以「九畹」稱蘭花，如元代張昱《可閒老人集》之〈趙
　　　　松雪墨蘭〉詩：「王盧墨妙世無同，九畹高情更何工。」陳肇興此處亦直接以
　　　　九畹稱蘭花。

　　　詩句哭風塵。

戴案擾人，干戈未息，滿腔怨怒，化作聲聲長嘆。小民如陳肇興自忖不才，但也非常樂意貢獻己力於萬一，只是長路迢迢，阻隔重重，滿心的赤誠謀思，也只好自我收藏，透過詩句，哀傷紅塵之苦了！陳肇興報國之心從未消退，但未受重用的遺憾，令其也不免有一番感慨，其〈自許厝寮避賊至集集內山〉一詩末文曾言：

　　　安危大臣在，金甌豈患缺。只憂道路長，獻策終不達。

肉食者眾，小民議策難以上達天聽，雖然忠心可鑒，亦難有成。所謂「報國有心欣得間，請纓無路且偷閒。」（〈花朝喜聞官軍羅山大捷〉）半是自嘲半是實言中，也顯出陳肇興未受當道重視，苦無機會表現的外在無力感！

（三）丹心報國，慷慨赴難

　　雖然曾經有過獨善避世的念頭，雖然也為無力洄瀾而苦惱不已，但在陳肇興內心深處，一股更強烈更持久的意念，是那無庸多疑的赤膽忠誠。傳統士人內在「上報君王，下濟黎民」的概念，如基本元素般，充分融注在他全身的血液之中。在彰化城初破，方與家人重聚之時，陳肇興有〈詠懷〉五詩之作，十分明確地道出了自己的心志，在日後的歲月中，雖然世路崎嶇，陳肇興之心志與作為，卻大致不離此道，可以說，至少在戴潮春事件發生的兩年期間，〈詠懷〉五詩，大體上是陳肇興立身處世最典型的表徵。其〈詠懷〉之三云：

　　　精衛填滄海，銜石不辭勞；杜鵑思故國，啼血長自號。古來奇傑士，
　　　志氣與天高。仲連恥帝秦〔註22〕，正平辱罵曹。片語奪狂魄，萬古
　　　稱人豪。生非重泰山，死非輕鴻毛。嘆息此風靡，涕泣沾衣袍。

此詩明白表達了忠臣不事二主的堅定立場，即使時窮勢弱，世道淒靡，堅定的志節決不改變，像精衛、杜鵑一樣，勤勉不忘，至死不懈，以己之奇志高才，折衝於口舌之間，建功於戎馬之外。雖為日下之世風垂泣，但內心主見已決，完全不為之動搖。士人貞節凜然之姿宛若再現。隨後，在〈詠懷〉之四中，更進一步展現出投筆從戎的英勇氣概，詩云：

　　　壯士鄙雕蟲，千金買一劍。騎馬出國門，凜凜吐光燄。斬蛟惡水溪，

〔註22〕仲連即魯仲連，戰國齊人。嘗遊於趙時秦軍圍趙，甚急，魏使新垣衍令趙帝
　　　秦，仲連辨析利害，力諫不可。魏使拜謝請出，會信陵君率魏兵救趙，秦軍
　　　遂引而去。《史記》卷八十三有傳。

剷虎清風店。恩怨身未酬，風塵人已厭。登高望中原，生靈正昏墊。

中夜一投袂，雷霆起帷幨，雞鳴非惡聲，去去勿回念。

既期以文才取功，亦欲以武事建業，盼望買劍救生靈，騎馬斷恩怨。陳肇興內心的激昂憤慨，已急欲轉化為書劍報國，當仁不讓的策馬殺敵。士子中夜投袂，聞雞起舞，為的只是挽蒼生於既溺，振家國之將頹，也因此將更加勇往直前，奔之不顧。浩浩英氣通貫天地，凜凜輝耀光照千古。陳肇興的一片赤膽慷慨，在此表現得最為徹底，正如〈山居漫興〉之六有言：

將帥思擒虎，經綸憶〔註23〕臥龍。沉吟無限思，日暮倚青松。

文人才士幽居林野，又何嘗不思及塵世濁亂？若為武將當力思智勇兼濟，擒惡懲凶；若為謀士，則當追效諸葛臥龍，經綸天下，安邦定局，又正如其在〈董逃行〉中所述：

走上空山泣風雨，大叫雷公來作主。豐隆〔註24〕不應奈何許，前頭

熊羆後狨鬼。白晝磨牙嚼行旅，誰其殺之吾與汝，上書九重報天子。

當世局混亂如鬼域，天尊撒手似棄城之際，陳肇興有心提刀殺斬，捨我其誰，其毫無所畏，正欲上報皇恩，以盡臣心！

其後在人生的現實中，雖然未能盡如人意，不免哀傷嘆息，但始終未改其志，赤忱丹心依舊，這在其詩作中屢屢被提及，也可見出陳肇興濃厚的愛國情操，在同治二年春天以前提及此一心志的作品還包括有：

不惜妾手傷，但念君情厚。千里一寄贈，誓永不相負。（〈詠懷〉之二）（按：蓋以譬喻出之）

清泉白石鎖柴關，豪氣銷殘夢寐間。……唯有丹心依舊在，浮雲望斷海中天。（〈柴關〉）

破產購一錐，報國心空切。……一息氣尚在，此念未容絕。……此身雖在野，此心唯向闕。……（〈自許厝寮避賊至集集內山〉）

報國唯憑膽，書空不問天。終朝林箐裡，誰識赤心堅？（〈臘日〉）

依人蹤跡難分白，報國心情只寸丹。（〈除夕〉之一）

報國有心欣得間，請纓無路且偷閒。（〈花朝喜聞官軍羅山大捷〉）

〔註23〕此字楊氏本以次各本，包括史文本俱作「懷」字，茲據鄭喜夫《陶村詩稿全集》校訂，依原刊本改為「憶」字。南投：臺灣省文獻會，1978、6。

〔註24〕豐隆乃傳說中之雷神，一說雷師。此處與上句之「雷公」同義。

以上片語隻言所呈現的氣勢雖不足以與前番〈詠懷〉之三、之四相提並論，但其所顯示的意義，在於陳肇興不忘家國的本心本志，尤其諸詩之中一再出現的「報國」二字，已足以成為陳肇興心志作為的中心標記。而特別是在耳語紛盛，視勢行事的局勢中，能循正道而行，不盲目地隨波逐流，是需要智慧的。〈雜詩〉之二中陳肇興表達了自己的看法：「與為百鷙鳥，何如一秋鶚！」獨立高飛的秋鶚，才是他的選擇！而維持貫徹一意的主張，往往是必須勉力為之，方能守成的，陳肇興有〈雜詩〉之三一詩，加強闡述了此一自勉勉人的意義，詩云：

> 秋鶚翔千仞，不肯隨眾鳥。傑士貴獨立，落落出人表。與其失之隨，
> 毋寧蹈其矯。龍比伏斧刀，夷齊甘餓餒，萬古立人極，只以一矯了。
> 才非矯不生，節非矯不成。管寧渡遼海，以矯全其清〔註25〕；虞集
> 臥東山，以矯全其名。

全詩最為強調的，便是一個「矯」字，「矯」字有「矯正」、「強力」之意。「萬古立人極，只以一矯了」則為此詩主旨，指出自古以來之傑出人物，端賴勉志、努力，方得成功。一個人的才能須經努力開發琢磨，方可生成；一個人的志節也同樣須經過努力的修養與堅持，方能成就。與其聽任俗眾，跟從風潮，以致庸庸碌碌，不如躬自省思，勉志勵行，方可盡己之性，出人頭地。歷史上的管寧，遠避遼東講學，隔離亂世是非，努力保全心志之清高，虞集臥居東山，努力保全以成其聲名。沒有經過用心用力的經營，便沒有傲人的成就。陳肇興以此勉勵自我，當蓄養時晦，砥礪才志，並且相信假以時日，必將有成！正因以報國濟民為理想，方才如此自我惕勵，其忠誠赤心已昭然若揭了！

　　彰化城破之後的陳肇興，身軀受著奔逃流亡之苦，其心理也同樣因著外在局勢見聞體驗而激盪不定，其內心的三大矛盾，著實甚為惱人，對陳肇興的影響也各有不同。

　　獨善其身，自絕於塵世之外，終究不是陳肇興的作為，《咄咄吟》中處處可見他對時事的關心，時時可見他效力報國的意願。在疲於奔命的逃亡生活中，興起嚮往桃源，安家獨善的念頭，實是無可厚非，人之常情，更或許因為

〔註25〕陳壽《三國志・魏志・管寧列傳》記曰：天下大亂，管寧聞公孫度令行於海外，遂與邴原與平原王烈等，至於遼東，度虛館以候之。既往見度，乃廬於山谷。時避難者多居於郡南，而寧居北，示無邊志。見《四史──三國志》劉宋、裴松之註，第73頁。臺北：文化圖書公司，1970、3臺版。

有了如此清新而充滿美好的希望的想法，方才使人有了在朝不保夕的混濁惡世之中，繼續努力活下去的無比勇氣！

　　而自苦不才，無力速解戴案，的確在前段時期，帶給了陳肇興在現實生活上，最大的感慨與壓力。只是他並沒有因此遁入桃源，棄世絕遊，反而能透過智慧與修養，秉持報國丹心，持續為所有可能有助世局的方法而努力。

　　事實上帶領陳肇興鼓起勇氣走向未來的真正內在根柢，是強烈的「報國濟民」的意念。這股報國濟民的意念，讓他在日後勇敢而積極地隨軍征戰，從而產生後期即卷八中所可目見的諸多慘烈戰役；也使他即令在自苦沉潛的低潮期，也依然一秉當日受領之憲命，為聯莊禦敵的工作，持續奔走不休。〈感事述懷，集杜二十首〉之序言，明白陳述了作者自我的身心交瘁：

> 僕本恨人，時逢喪亂。竄身窮谷，跣足空山。忍死以待王師，拭淚
> 而呼子弟。效班彪之論命，欲悟隗囂；值錢鳳之洩言，幾危溫嶠。
> 東奔西走，晝伏宵行。

陳肇興本非好功喜名之性，竄逃山野，苟存求活，欲以親睹王師興復之功，正如他在同治二年新年正月所作的〈人日〉一詩所言：

> 破陣思英主，平蠻望大臣。膚功〔註26〕期早建，一戰滅黃巾。（之
> 二）

　　期望英主勇將早掃動盪，是每一個百姓當時共同的願望，陳肇興也不例外。但他並不只是消極的等待而已，尚且投身宣傳，以其士子舉人之身，學習漢儒班彪力陳王命，欲使隗囂覺悟，勿逆天道的前賢作為〔註27〕，積極盡力地陳論王道，曉以大義，渡匹夫匹婦於迷津，諫怨民浪子於歧途，甚至藉此為官軍募兵民，為鄉里繫心力。這樣的作法，正是他「片語奪狂魄，萬古稱人豪。」（〈詠懷〉之三）的具體實踐。雖然不一定能立即顯現重大成果，但已足以見得陳肇興深厚的社會責任感，正是他甘效口舌的巨大動力。

　　班彪論王命以悟隗囂，是陳肇興積極學習的對象，《咄咄吟》中曾三度提及，包括了〈卜居〉、〈感事述懷，集杜二十首〉並序、〈喜晤石莊兼話大甲官軍捷信〉三詩，因將此一典故原文摘錄如下，藉以助觀陳肇興之意志深處。范曄《後漢書・班彪列傳》云：

> 彪性沉重好古，年二十餘，更始敗，三輔大亂。時隗囂擁眾天水，

─────────────

〔註26〕膚功即大功。
〔註27〕《四史・後漢書》，第 1572 頁。臺北：文化圖書公司，1970、3 臺版。

彪乃避難從之。囂問彪曰：「往者周亡，戰國並爭，天下分裂，數世然後定。意者從橫之事，復起於今乎？將承運迭興，在於一人也。願生試論之。」對曰：「周之興廢，與漢殊異。昔周爵五等，諸侯從政，本根既微，枝葉彊大，故其末流，有從橫之事，埶數然也。漢承秦制，改立郡縣，主有專己之威，臣無百年之柄。至於成帝，假借外家，哀、平短祚，國嗣三絕，故王氏擅朝，因竊位號，危自上起，傷不及下，是以即真之後，天下莫不引領而嘆。十餘年間，中外騷擾，遠近俱發，假號雲合，咸稱劉氏，不謀同辭。方今雄桀，帶州域者，皆無七國世業之資，而百姓謳吟，思仰漢德，已可知矣！」

囂曰：「生言周漢之勢可也，至於但見愚人習識劉氏姓號之故，而謂漢家復興，疏矣！昔秦失其鹿，劉季逐而羈之，時人復知漢乎？」彪既疾囂言，又傷時方艱，乃著《王命論》，以為漢德承堯，有靈命之符，王者興祚，非詐力所致，欲以感之，而囂終不寤，遂避地河西。

當然，即使再努力，再盡心，過程終究還是有波折，尤其是在人人各懷心機的亂世中，尤為不易，猶如晉代溫嶠，欲取勤權臣王敦，卻幾乎因錢鳳之密言而遭致失敗〔註28〕般，亂世中的爾虞我詐，瞬息萬變，不僅增添處事的許多挑戰，也並且導致同志生命威脅的增加。陳肇興詩中所言「東奔西走，畫伏宵行」一語的內容，事實上也因此而變得深刻了。除了戴黨截途攻掠所引致的避亂逃命之外，還有的是陳肇興責無旁貸的鼓吹宣導，以及奮發捨命

〔註28〕司馬光《資治通鑑・晉紀十五・肅宗明皇帝下》記載：「太寧二年（按即西元三二四年）……（錢）鳳深與（溫）嶠結好。會丹陽尹缺，嶠言於王敦曰：『京尹，咽喉之地。公宜自選其才，恐朝廷用人或不盡理。』敦然之，問嶠誰可為者？嶠曰：『愚謂無如錢鳳。』鳳亦推嶠，嶠偽辭之，敦不聽。六月表嶠為丹陽尹，且使覘伺朝廷。嶠恐既去，而錢鳳於後間止之，因敦餞別，嶠起行酒至鳳，鳳未及飲，嶠偽醉，以手版擊鳳幘墜，作色曰：『錢鳳何人？溫太真（按：溫嶠字太真）行酒而敢不飲？』敦以為醉，兩釋之。嶠臨去與敦別，涕泗橫流，出閤復入者再三。行後，鳳謂敦曰：『嶠於朝廷甚密，而與庾亮深交未可信也。』敦曰：『太真昨醉，小加聲色，何得便爾相讒？』嶠至建康，盡以敦逆謀告帝，請先為之備。又與庾亮共畫討敦之謀。敦聞之大怒，曰：『吾乃為小物所欺！』與司徒導書曰：『太真別來幾日，作如此事，當募人生致之，自拔其舌。』」見宋、司馬光《資治通鑑》，元、胡三省註，第620頁。臺北：文化圖書公司，1970、3臺版。

的策謀制敵。袞袞諸公知此，又何以能言陳肇興只是一名論詩解愁的文弱書生呢？他的積極努力，也印證了其所自言：「報國唯憑膽，書空不問天。」（〈臘日〉）的自我期許啊！

同治元年冬季陳肇興便有〈喜晤石莊兼話大甲官軍捷信〉一詩寫下近一年以來奔走努力的心境：

> 曾將王命論班彪，舌爛唇焦語未休。無補君親空痛哭，同為羈旅倍生愁。千秋氣節懷龍尾〔註29〕，半世功名愧虎頭〔註30〕。拔劍酒酣歌斫地，因君還欲賦同仇。

鼓吹繫連本來就辛勞，但從未因此停休。只是成效不顯，無補家國，方才令人傷心慚愧。加以烽火四起，奔旅異地。愈感窮愁沉鬱，然而陳肇興並不會因此退縮消匿，好友相會，把酒論劍，豪氣干雲，同仇敵愾，在彼此互諒互勉中，繼續攜手向報國濟民之路勇敢的前進，其〈祭旗日示諸同志〉即回憶道：「兩年募鄉兵，今朝馳羽檄。」〈祭旗後一日，六保背約〉亦同聲言及：「群盜連山苦未平，幾回痛哭募鄉兵。」自賊亂以來，陳肇興一直致力於勸募鄉兵，雖屢遭困頓，失意痛哭，依然持續不懈。既助官得兵，亦聯鄉自保，報國濟民，兼而及之，正是本志初心之舉，自該堅持而往，再加以好友的推許共勉，更給予陳肇興相當的激勵。邱石莊如是，曾汝泉亦如是，〈次韻酬曾汝泉秀才〉之三，便有：

> 終古浮雲迷直北〔註31〕，憑誰隻手障瀛東。多慚知己高相許，不朽殷勤勸立功。

瀛東溺於狂濤，浮雲早蔽長安，海外孤島憑誰救？正是青年立志建功時。縱使當道不識，但知心好友的誠摯推許，慇勤勸進，必定給予有意報國的陳肇興許多體貼的慰藉與鼓舞。

以《咄咄吟》中諸作品來看，陳肇興前期的生活，大約是以山居村耕為經，以籌募謀舉為緯。然而他並非都沒有軍事行動的表現，同治元年七月中旬，他便親自手持利刃，冒險深入戴營，意圖行刺對方領袖，有〈七月望後謀刺逆首不中〉一詩為證，詩云：

> 賊勢延三縣，臣心盡一錐。皇天竟大醉，此地復何之。速死祈宗祝，

〔註29〕龍尾即尾宿，星宿名。因此星居東方蒼龍七宿之末，故稱龍尾。
〔註30〕虎頭，舊時相家以之為萬里侯相，當大貴也。
〔註31〕直北即正北。

長饑學伯夷。撫躬今不愧，一見幸無虧。

戴潮春黨人勢力擴張十分迅速，以野火燎原之姿延燒全臺灣。至七月此時，戴黨勢力漫延已北抵大甲，南達嘉義、鹽水；並有散眾附會起亂，危及艋舺、後壟街（在今苗栗縣後龍鎮）、岡山、水底寮等地。依清代行政區而言，乃分屬淡水廳、嘉義縣、臺灣縣、鳳山縣，加以戴黨本營起於彰化縣〔註32〕，則戴潮春事件，事實上已令整個臺灣西部全然為之震動。

其所到之處，即如陳肇興在前詩中所言，正是「殺人如亂麻，街衢堆白骨」（〈自許厝寮避賊至集集內山〉）、「猩風十里笳聲亂，陰雨千山鬼哭哀」（〈感事漫興〉之三）、「戰場回首骨如麻。」（〈寄林文翰舍人〉之二）的恐怖景象。在此一時代中，無助的百姓恐怕都將如同陳肇興一樣的連連仰頭問天吧！在〈七月望後謀刺逆首不中〉之前，即同治元年元月至七月望後期間，陳肇興之詩作中，因戴案騷擾而仰天長嘆，感嘆問天的詩句曾連番出現，其有類似意義者，共有六次之多，茲彙錄如下：

燕雀巢雖穩，豺狼馭尚難。憂天空涕泣，無力障狂瀾。（〈春日有感〉）

倉卒傳烽火，他鄉破膽驚。皇天開殺運，群盜忽盈城。（〈城破，喜二弟挈家眷至〉）

偶逢天地醉，飲酒以全身。（〈詠懷〉之五）

我欲問天天不語，天星十丈橫牛女。（〈董逃行〉）

民不聊生嗟已晚，天如此醉醒何時。（〈寄林文翰舍人〉之三）

莽莽乾坤劫運開，如蛾赴火萬人來。（〈感事漫興〉之三）

皇天竟大醉，此地復何之。（〈七月望後謀刺逆首不中〉）

非己之罪，卻無端親逢其亂的無奈，該怨誰呢？連聲怨天中，陳肇興所表達的，想必也是大多數平實而無辜的百姓，內在真正的心聲吧！溫和如陳肇興也不得不棄筆持刀，親入虎穴，謀刺戴軍領袖，這是多麼危險的舉動呀！然而，他早已置個人死生於度外。參與此役只希望能得一速死，若得苟活，也必效伯夷之不食周粟，避走荒山。這是他濟民報國精神的最激烈表現！只

〔註32〕參見吳德功《戴施兩案紀略》，第3至22頁，及蔡青筠《戴案紀略》，第1至24頁；林豪《東瀛紀事》、《北路防勦始末》、《南路防勦始末》，第16至19頁、34至36頁。臺灣文獻叢刊第47、206、8種，臺北：臺灣銀行經濟研究室，1962、8。

可惜，運勢不佳，功虧一簣，過程中雖有不測之禍，所幸仍得全身而退，恰如俗諺所云：「留得青山在，不怕沒柴燒」，只要記取教訓繼續努力，終有太平的一天！這是同治元年期間，陳肇興明言其武力行動的僅見之作。

　　總合言之，《咄咄吟》前期的陳肇興，或因戴案初掃，驚魂難定，其內在心理的觀照省思，顯得十分活躍，在思緒波濤起伏的心路歷程中，他逐漸找尋出自我態度的主軸，成為面對亂局時的內在根基；並且也同時讓我們觀察到了一個書生投筆從戎的心理轉化。而陳肇興外在軀體的抗敵行動，相較於內心的描述，並不突出，似為隱性的幕後折衝，雖然所見行動不多，但在長久觀察及參與的經驗累積中，終於塑造了後期血戰多役，宛若新貌的陳肇興。

二、後期

　　《咄咄吟》後期有許多可歌可泣的亂世英豪，我們也看到了出入沙場氣態炯炯的陳肇興。

（一）六保合約舉義

　　這是前期從未見過的，也同時標幟著另一階段的特色。因此，便取此蟄居牛牯嶺一年多以來，陳肇興努力多時之後，最為盛大重要，其結果也最為慘烈動人的，便是同治二年四月二十八日六保合約舉事一役。這是《咄咄吟》中的一件大事，是陳肇興聯莊報國的重大成就，卻也是死傷無數的重大挫敗！為分界，開啟了陳肇興《咄咄吟》後期的序幕！

1. 促動六保聯莊〔註33〕

　　自從同治元年三月十六日，奉憲命前往南、北投聯莊，因途中遇亂，避居牛牯嶺起，陳肇興便一直在南、北投保附近一帶奔走，持續進行聯莊抵禦的工作。

　　所謂的「聯莊」，是一種地方村莊的聯合自衛組織，亦稱聯甲。據《噶瑪蘭廳志・鄉莊附考》記連莊之法與功能謂：

> 選立聯首，奉行聯甲，以小村聯大村，以遠村附近村，同心緝捕，

〔註33〕周璽《彰化縣志》卷二〈規制志・保〉載：「即保甲之義也。」另參：陳哲三〈清代臺灣地方行政中「保」與「堡」考辨〉：「（清代行政）「保」字是正確的字，因為它是保甲之「保」，而非城堡之「堡」。所以「堡」字是錯誤。」（《逢甲人文社會學報》第 17 期，頁 45～92。2008 年 12 月。）

保固鄉鄰，則各莊之正氣盛，邪氣衰。……為政之道，以官治民
難，以民治民易。聯甲法行，不分漳、泉、閩、粵，可以息分類
之禍。〔註34〕

可見聯莊的意義，在透過民間區域聯防的整合，補強官方警衛力量的不足。

陳肇興在戴黨起事之初，即奉憲命前往接近內山的南、北投保進行聯莊，
推其目的主要有二：

其一是希望藉由官方特使的居間聯繫，完成前山防亂連線的組織，以防
堵迅速擴張的戴黨進入內山，也同時避免民番連結，助長烈焰，使官兵能集
中攻擊；

其二則同時藉此凝聚民力，號召百姓勿再加入戴黨，藉由仕紳義首的表
態與合作，將民間潛藏的力量，化阻力為助力，既彌補官軍既有勢力的不足，
也達成具體反制民變的效果。

其實這是清廷官員一貫以民治民方法的再一次使用。擴大聯莊的合作範
圍，倚賴眾多的仕紳領軍，運用大量的鄉勇持械抗敵，藉著民間力量的整合，
以期早日撫靖綏安。這兩個目的若能達成，對起事於彰化的戴潮春黨而言，
必然會是重大的打擊。

陳肇興一年多以來勞碌奔波，卻一直難於完全成事，內心之憂急，難於
言盡。還好，皇天不負苦心人，長期的耕耘終於獲得了成果。〈祭旗日示諸同
志〉一詩將此事之前番因緣及當時心情，作了詳細的描述，僅其詩序所言便
極具概括性：

予來牛牯嶺謀舉義者屢矣，痛哭流涕，卒無應者。癸亥四月二十八
日，得內兄邱石莊之助，六保合約舉事。祭旗之日，欣喜過望，爰
歌以紀之。

由序中可知，陳肇興在前期沒有太多具體的援軍行動，並非因其眷戀桃源野
耕，而實在是由於「卒無應者」，有心無力的挫折，令其幾度痛哭流涕，實是
無奈！

不過，陳肇興在牛牯嶺附近區域努力聯莊，並非全無影響，據蔡青筠《戴
案紀略》記載：

〔註34〕見陳淑均《噶瑪蘭廳志》，第28頁。臺灣文獻叢刊第160種，臺北：臺灣銀
行經濟研究室，1962、8。

　　陳肇興、邱石莊因避亂逃居南北投堡，該莊人頗尊崇之，軍事提調
　　大都二人指揮。賊恨之刺骨，數命刺客殺之，每不能遂意。〔註35〕

陳、邱二人以舉人之身，在此山村本即受矚目，加以誠心竭力，謀畫奔走，終
究能得到大家的認同，並且因此強化了地方上團結自保的力量，削減了敵方
的銳氣，這便是一種貢獻。這一次的六保合約舉事，便是一次大規模的聯莊
行動。若以陳肇興「欣喜過望」的興奮心情，加以過往詩作中未曾見及類似
的舉事看來，則此番六保合約，可能是陳肇興奉憲命聯莊以來，首度成功的
最大規模義舉。故在〈祭旗日示諸同志〉中極言過去之焦苦，亦慨言未來之
美景：

　　兩年慕鄉兵，今朝馳羽檄。肉食豈無謀，男兒心膽赤。劇孟投亞夫
　　〔註36〕，弦高助鄭伯〔註37〕。由來率土臣，盡人可殺賊。自從喪亂
　　來，此論我已析。……

護衛家國，人人有責，是陳肇興最中心的主張，所以當官軍正戮力進攻之時，
百姓群眾又如何能夠袖手旁觀？更何況是堂堂八尺男兒，尤其應該端守正道，
作為赤膽先鋒。

　　虞、芮方質成〔註38〕，陳、蔡忽遭厄。舉家來空山，志豈圖菽麥？
　　方將騁中原，先鞭追祖逖。否則保一方，山川為生色。詎料劫運開，
　　孤掌難為力。傾家購力士，有錐不得擊。痛哭學賈生〔註39〕，亡命
　　依賓石。（祭旗日示諸同志）。

〔註35〕見蔡青筠《戴案紀略》，第47頁。臺灣文獻叢刊第206種，臺北：臺灣銀行
　　　　經濟研究室，1962、8。

〔註36〕劇孟，西漢人，好救人急難，為眾所稱道。文帝時，吳、楚反叛，周亞夫乘
　　　　專車至河南，得劇孟，高興地說：「吳、楚舉大事而不求孟，吾知其無能為己
　　　　矣。」《史記》卷一二四〈游俠〉有傳。

〔註37〕魯僖公三十三年，鄭商人弦高做生意途經滑國，遇秦師，疑將襲鄭，便假託
　　　　君命，以乘韋先牛十二犒師，並使人立即快車告訊於鄭伯。因此使鄭國化解
　　　　了被滅亡的危險。事見《左傳·僖公三十三年》。

〔註38〕虞、芮是指虞國和芮國。《史記》〈周本紀〉云：「西伯陰行善，諸侯皆來決平。
　　　　於是虞、芮之人，有獄不能決，乃如周。入界，耕者皆讓畔，民俗皆讓長。
　　　　虞、芮之人，未見西伯皆慚，相謂曰：「周人所恥，何往為？只取辱耳！」遂
　　　　還，俱讓而去。司馬遷：《四史——史記》，宋、裴駰集解，文化圖書公司，
　　　　1970年臺版，第20頁。
　　　　又，《詩經》〈大雅·文王之什·綿〉有詩云：「虞、芮質厥成，文王蹶生。」

〔註39〕賈生即賈誼，西漢人。任梁王勝太傅，後梁王勝墜馬死，賈誼自責為傅無狀，
　　　　常哭泣。一年多之後竟亡。《漢書》卷四十八有傳。

自戴案以來奔走聯莊之辛苦，有如這般。而戴潮春黨人的勢力，自起始即熾盛，有如得天之助，令人無法僅以己力抗之，必得藉聯合作戰的方式方有可為。只是時運多舛，人事紛岐，勇士難求，孤掌無力！

> 口舌已焦爛，忠孝斯感激。拔螢一周麾，鬼神齊辟易。叱咤走風雲，
> 喧呼飛霹靂。金鼓一聲振，彼軍氣為黑。誓將群妖魔，滅此而朝食。
> 寄語謀義士，勉旃事兵革。封侯本無種，年少須奮跡。不見牧羊奴，
> 勳名高竹帛。(〈祭旗日示諸同志〉)

費盡唇舌，分析利弊，曉以大義，終究啟動人心，促成合作。正如去年在倚南軒上所言：「但教友助循古風，自保一方即忠義。」(〈北投埔計議防亂事宜〉)，保衛家鄉必須自立自強，只要能一心一德，將士用命必定可以將動盪掃除，還我太平。維護地方綏靖，就是忠臣義民的表現。更何況「時勢造英雄」、「英雄出少年」，熱血男兒大應把握時機建功立業，光耀門楣！陳肇興對這一次即將出發的行動，充滿了高度的信心與期待。

這次行動，經過陳肇興的連連奔波，再得到妻兄邱石莊的大力協助，終於敲定四月二十八日六保將同日樹白旗，以應官軍。戴潮春黨人以紅旗為幟，官軍遂以白旗為幟〔註40〕，意在區別也。陳肇興約定六保同日舉白旗，即在表明與官軍一致的立場，並同時號召民眾加入反對的行列〔註41〕。

此六保究竟是指那六保？陳肇興並未明言，但關於此次舉事，《咄咄吟》中卻有〈祭旗日示諸同志〉、〈祭旗後一日六保背約〉、〈山中遣悶〉、〈殉難三烈詩〉四題共十二首詩的相關記錄，述其人事，亦抒其情懷。如此的大篇幅，顯見六保合約對陳肇興個人衝擊之巨大。吳德功及蔡青筠之《戴案紀略》兩部作品中亦皆取材自陶村之作，並增添見聞，詳書此事，足資參考。茲尋出各村鎮行政堡區的歸屬，製成「史載參與六保舉義各區地名彙錄對照表」，俾便考察。

〔註40〕蔡青筠《戴案紀略》語：「莊民為自保計，雖非甘心從賊，亦與入會。賊給紅旗，賊來樹之，賊退官到，又樹白旗。曾帥（按：指提都曾玉明）見賊頑固，知不可理喻，遂招延海濱之地，凡屬泉人皆應命赴鹿大營領『義民』白旗。」林晟入見戴潮春曰：「……二十四莊及各地白旗，皆作對頭……」可見在當時，白旗代表官軍，紅旗代表戴黨，已是雙方及社會大眾互相認同的共識。

〔註41〕見蔡青筠《戴案略紀》，第6、18、19頁。臺灣文獻叢刊第206種，臺北：臺灣銀行經濟研究室，1962、8。

表4　史載參與六保舉義各區地名彙錄對照表

史載地名	清代行政區	今日所在區域
1. 南投保	南投保	南投縣南投市、名間鄉
2. 北投保	北投保	南投縣草屯鎮
3. 沙連保	沙連保	南投縣集集、竹山、埔里鎮，鹿谷、魚池、水里鄉等
4. 集集莊	沙連保	南投縣集集鎮集集、和平二里
5. 林圯埔	沙連保	南投縣竹山鎮竹山、中正等里
6. 五城（註1）	沙連保	南投縣魚池鄉新城、水社、中明、大林、武登村
7. 武東保	武東保	彰化縣田中鎮、員林鎮社頭鄉、南投縣南投市、名間鄉
8. 牛牯嶺	武東保	南投縣名間鄉、南投市
9. 許厝寮	武東保	彰化縣社頭鄉山湖、埤斗、清水等村
10. 沙仔崙（註2）	東螺東保	彰化縣田中鎮沙崙里
11. 武西保	武西保	彰化縣員林、溪湖鎮，埔心、永靖、社頭、田尾鄉

◎依據文獻：

陳肇興《陶村詩稿》、吳德功《戴施兩案紀略》、蔡青筠《戴案紀略》、洪敏麟《臺灣舊地名之沿革》第二冊（下）

註

1：五城是新城、水社、貓口蘭、司馬鞍、銃櫃五個聚落的統稱。均屬於今日魚池鄉境內。

2：沙仔崙今稱「舊街仔」，屬今田中鎮沙崙里；雍正初葉有漳籍墾戶林廖亮開墾於東螺溪北岸，建沙仔崙莊。至乾隆末年發展為繁華街肆。道光三十年（1850）濁水溪大氾濫，毀街過半，光緒二十四年（1898）濁水溪再度大汎，街毀殆盡，其間又慘遭回祿之禍，居民紛紛遷移田中央建新街，因以「舊街仔」稱名沒落後的沙仔崙。

　　綜合諸家所記，此次參與聯莊的地區包括有：沙連保、南投保、北投保、牛牯嶺、沙仔崙、集集莊、許厝寮、林圯埔、五城等地，其中之沙連保、南、北投保俱已甚明，餘則為較小之村鎮。綜合表中所列各所在區域，便可清晰的歸納出合約舉事之「六保」，指的是：沙連保、南投保、北投保、武東保、武西保、東螺東保。

　　這六個保區橫跨了現今的南投縣、彰化縣，區域範圍十分遼闊，可見這是一次極大規模的聯莊反擊行動，因而事前的連繫與計畫必定十分勞神耗力。也由此可以體會長久以來，苦無應者的陳肇興，在聯莊成功之時，欣喜過望

的心境，而這的確也是在他持續積極努力之後所獲致的重大成果。

　　陳肇興為聯莊禦敵所付出的努力，除了前述已提及之口舌費盡，奔波勞碌之外，其實尚有散金求士，破產購錐之舉。在六保起事之前，陳肇興亦曾數次言及，包括：

　　　　壯士鄙雕虫，千金買一劍。（〈詠懷〉之四）

　　　　投膠莫止黃河濁，破產難求博浪錐。（〈寄林翰文舍人〉之三）

　　　　破產購一錐，報國心空切。（〈自許厝寮避賊至集集內山〉）

　　　　金盡囊空愁日暮，兒啼妻病怯宵寒。（〈除夕〉之一）

觀察以上所列四詩句中，〈詠懷〉之四與〈除夕〉之一所言，當是指陳肇興本人，前者是自我心志的表白或期許，後者則是愁苦於家庭經濟的困窘。而「破產購一錐」語當亦指其自身，而非他人，試觀其上下文：

　　　　自顧流離中，有生不如勿。破產購一錐，報國心空切。至今一回首，
　　　　精神猶恍惚。（〈自許厝寮避賊至集集內山〉）

其在「自顧」與「回首」之中，應是破產購錐於己身，卻無用武之地，方感落寞悲切。唯有「破產難求博浪錐」語之意義是破一己之財產，欲以求能人高士之共謀。此詩寄予沙連保舉人林鳳池，正欲邀請他能領導群眾，同謀共事。故此一句即言勇士之難求，以顯林鳳池之可貴，豈不宜乎？若置以言己，則恐怕不當！綜觀上述所見，則陳肇興為圖謀舉業計，當是曾經散金求士的。

　　再觀六保合約舉事相關四詩中，言及破金之句，亦可得見如下三者：

　　　　牛酒犒農民，團練謀在昔。……傾家購力士，有錐不得擊。（〈祭旗
　　　　日示諸同志〉）

　　　　爭功不少熊羆將，懸賞偏求蟣虱臣。（〈祭旗後一日六保背約〉之三）

　　　　養客千金盡，防身一劍無。（〈山中遣悶〉之四）

　　此處所列三題詩句，俱言六保舉義一事，與前文所列述者相較，若以比例言之，則顯然十分懸殊。並且此處所列，句句皆是外求破財，或犒賞農民，或購力士，或懸賞，或養客。由此可見，在這次六保合約的促動上，或者說在長期謀求對抗的過程上，陳肇興是多麼投入！他費神、勞力、散金在所不惜，只為了「誓將擒妖魔，滅此而朝食」（〈祭旗日示諸同志〉）。陳肇興並非富家之子，亂世之時，更為艱難，避居山野時，「悲歌聊度日，不敢怨清貧。」（〈山

居漫興〉之一）、「有巧任從兒輩乞，無錢長替內人愁」（〈七夕示內〉），除夕團圓亦尚且憂心「金盡囊空愁日暮，兒啼妻病怯宵寒。」（〈除夕〉之一）。在經濟並不充裕的情形下，尚能為理想而不計代價，陳肇興這種為所當為的精神，也就倍顯可貴了。

1. 參與人員

要進行聯莊，首先需尋求地方仕紳的認同支持。徐宗幹治臺時曾言道：

> 聯莊一事，祇在得人，尤宜識人，而莫要於善用人。〔註42〕

> 臺地向稱浮動，官民一氣，則日久相安。弭盜息爭，緝奸除暴，全在各鄉總理人等公正無私，實心任事，作官吏指臂之助，為朝廷忠義之民。〔註43〕

早在戴潮春黨騷動初起的同治元年二月二十二日所召開的倚南軒之議，便可見得彰化各仕紳名流齊聚一堂，據陳肇興〈北投埔計議防亂事宜〉一詩所載人氏率皆六保義首，包括：北投埔望族林錫爵、沙連保舉人林鳳池、北投保舉人簡榮卿、北投保貢生洪玉崑，及各巨姓頭人。透過地方領袖的聚首合議，六保彼此相互依存的態勢已然具備了雛形。

陳肇興等人憑藉著真誠執著的精神，在六保區域中聯合了許多有志一同的朋友，約定起事。參與此役的人數，應當十分龐大，陳肇興詩中便云：「袒臂呼來近萬人」（〈祭旗後一日〉）。只是這些民間英雄的名號，無法悉數得知，今僅就陶村所記，及吳德功、蔡青筠《戴案紀略》兩作，彙集製成「**史載參與六保舉義人員名錄**」，助傳其芬芳義行。

表5　史載參與六保舉義人員名錄

姓　名	地籍	身份	下　落	備註
1. 陳肇興（陶村）	彰化	舉人	一家四散，幾遭闔門之禍。	
2. 邱位南（石莊）	彰化	舉人	（散敗）	註1
3. 林鳳池（文翰）	沙連保	舉人	（散敗）	
4. 簡化成（榮卿）	北投保	舉人	（散敗）	

〔註42〕見徐宗幹《斯未信齋文編‧寄嘉義丁令述安書》，第100頁。臺灣文獻叢刊第87種，臺北：臺灣銀行經濟研究室，1962、8。

〔註43〕見徐宗幹《斯未信齋文編‧論各屬總理鄉約》，第87頁。臺灣文獻叢刊第87種，臺北：臺灣銀行經濟研究室，1962、8。

5. 陳貞元	沙仔崙	廩生	在沙仔崙兵敗，家宅為戴黨燒燬。	
6. 陳上治（熙朝）	沙連保	生員	兵敗孤身逃脫，家產一無所有。	
7. 廖秉鈞	福建永春	生員	兵敗被俘，見潮春，喝之跪，大罵不屈而死。	
8. 陳雲龍	南投保	義首	引兵惡戰經旬，始稍歇敵鋒。	
9. 吳聯輝	南投保	貢生	（引兵惡戰經旬）	
10. 陳捷三（月三）	牛牯嶺	義首再裕族弟	引兵惡戰經旬，始稍歇敵鋒。	
11. 林錫爵	北投保	義首	家破資罄，幸族大力戰，僅足自守。	
12. 蕭金泉	武東保	賊渠	背約，率眾攻許厝寮。	註2
13. 陳耀山	許厝寮	義首	兵潰被執，怒罵，被刮面爬背寸磔之。	
14. 陳再裕	集集	義首捷三兄	兵困被執往斗六，大罵不屈，仰藥而死。	
15. 吳信娘	集集	再裕妾	破家被殺。	
16. 陳番	集集	再裕子	破家被殺。	
17. 陳天成	集集	再裕子	破家被殺。	
18. 陳祥	集集	再裕子	破家被殺。	
19. 菊花	集集	再裕婢	破家被殺。	
20. 不詳二十餘人	集集	再裕親友	破家被殺。	
21. 林克安	沙連保	生員	驚悸而死	

*依據文獻：陳肇興《陶村詩稿》、吳德功《戴施兩案紀略》、蔡青筠《戴案紀略》。

註：
1：邱位南、林鳳池、簡化成、吳聯輝四者於依據文獻中，未明載其下落。然日後仍得見各人之活動，故暫以（）列述推想之可能下落。
2：許厝寮居民以蕭姓為大宗，至今猶然；且蕭金泉率眾倒戈攻擊許厝寮，或即以其地緣之近，從而疑其即許厝寮人，隸武東保。茲暫存此以待詳考。

　　有將近萬人共同參與的義舉，聲勢必然十分浩大，如果一切皆依預期計畫進行，順利呼應官軍，將是中部地區回歸官方體系的重大勝利。可惜事與願違，浩大的聲勢，卻成為重大的慘敗！在「史載參與六保舉義人員名錄」

中所列知的人物，合計雖僅四十餘人，只是近萬人中的極少數，但這些奮勇參戰及慘烈犧牲的人士之表現，卻是萬人義勇兵的縮影，是標幟著此次義舉將流傳青史的千秋英烈。而各文獻中首次見及有關於六保舉義諸人事的記錄，便是在陳肇興《陶村詩稿》之《咄咄吟》中。考諸約當同時的丁曰健《治臺必告錄》及林豪《東瀛紀事》二作俱未見提及。

　　或許在某些角度而言，這可能不是一次重大的起事，況且又未能報捷，不足受到重視。但是自始至終親身與役的陳肇興，深刻感受到了護鄉保家，聯手奮勇的豪氣；親身體驗了背約倒戈，死號哀呼的驚悸；更耳聞目睹了出師未捷，報國捐軀的英雄忠義，凡此驚天泣鬼的殺伐，無一不令人動容！陳肇興以其第一手的筆觸，寫下了自己當時當事的體會，更為同袍弟兄留下了一頁丹心，受到後人永久的敬仰，真乃「戴案詩史」也！

　　六保合約舉義在士紳義民合作中展開了全面的行動。清廷領有臺灣之後，於康熙二十六年（1687）始開科取士，迄於光緒二十一年（1895）割讓臺灣為止，二百零八年間，今南投縣境內共考取文科舉人三位，即曾大源、林鳳池、簡化成〔註44〕。其中除曾大源早已於嘉慶十五年（西元1810）謝世〔註45〕外，當世之林鳳池、簡化成二位舉人，都一同投入了這場聯莊之役。加上彰化舉人陳肇興、邱位南、貢生吳聯輝、廩生陳貞元、生員陳上治、廖秉鈞等共有至少八位取得功名者共襄盛舉。一群在社會上擁有一定地位的意見領袖之加入，可見得這次義舉受到了地方士人高度的重視。故而前一年七月陳肇興曾有〈寄林文翰舍人〉七律三首〔註46〕寄予林鳳池，力邀其出馬合作，詩中所言「大廈真非一木支，……先鞭望汝快驅馳」二句，對於期望林鳳池策馬馳援的表示，最為殷切。而這句話似乎也最能表達陳肇興當時積極尋求聯莊對象的心聲。

　　除了士人階層的振臂響應外，地方群眾領袖的共襄盛舉，使這次舉義的聲勢倍增，也使局勢在後來得以延續，甚至在慘敗之後，還能自守支持，吳德功記此事便言：

〔註44〕據林文龍《南投文教・本縣境內文科舉人》，第32頁。南投：南投縣政府，1995、6。

〔註45〕曾大源，沙連堡集埔（今南投縣集集鎮）人，乾隆二十四年（1759）生，嘉慶十五年（1810）以疾卒，享年五十二歲。

〔註46〕〈寄林文翰舍人〉一詩恰介於〈七夕示內〉與〈七月望後謀刺逆首不中〉二詩之間，故其寫作時間，當在七月七日至七月十五、十六之間。

> 林錫爵家亦破，幸族大力戰自守。……而陳雲龍與陳捷三，族大丁
> 多，善於撫眾，兼陳伯康、邱石莊開陳大義，故諸賊惡戰，皆不得
> 逞志，諸義莊始得安堵焉。〔註47〕

蔡青筠也記錄道：

> 北投保水道被賊堵斷，五穀無收；林錫爵以忠義撫循鄉兵，僅足自
> 守，然家資已罄於軍火矣。陳雲龍、陳捷三引兵惡戰經旬，賊始稍
> 戢其鋒，而武東山頂及沙仔崙、沙連、南北投等處方能支持，引領
> 日望官軍之來矣。〔註48〕

「族大丁多」正直指戰勢延續的主要憑藉，甚至也可以說是聯莊力量的
主體。但失敗時，便也不幸產生全家族同時殉難的悲劇，大者如陳肇興〈殉
難三烈詩〉中所詠歌的集集義首陳再裕兵敗，父子夫婦姻戚丁勇「死者共三
十餘人」〔註49〕，許厝寮義首陳耀山慘遭反噬，「一家十四口俱陷賊中」；小
者如沙仔崙陳貞元兵敗，其「家宅樓閣連雲，亦被賊所燼」，沙連保陳上治「把
守不住，孤身逃脫，家產一無所有」〔註50〕，以家族的團結合力抵抗外，所
表現的正是同舟共濟，自衛自保的社區精神。

　　而參與這次六保舉義的人士中，邱位南、林鳳池、簡化成、林錫爵，包括
陳肇興，都是前一年宴集倚南軒計議的與會人士。當時「一縣名流今日聚」，為
的是共商對策，而今同樣「一縣名流今日聚」，為的則是付諸行動的搏鬥力戰；
當時「但教友助循古風，自保一方即忠義」，是理念上的共識與期望，今日則是
攜手赴難，持刀荷槍，以身軀血汗實踐了「自保一方即忠義」的真諦。或許因
此可以說，同治元年二月二十二日倚南軒會議初步達成聯盟自保的共識，直至
同治二年四月二十八日，方才確實完成部署，產生聯莊行動的義舉。這樣的時
間不算短，這樣的行動可謂浩大，但當意外出現時，打擊也就分外沉重。

〔註47〕見吳德功《戴施兩案紀略》，第40頁。臺灣文獻叢刊第47種，臺北：臺灣銀
　　　　行經濟研究室，1962、8。

〔註48〕見蔡青筠《戴案紀略》，第46頁。臺灣文獻叢刊第206種，臺北：臺灣銀行
　　　　經濟研究室，1962、8。

〔註49〕集集義首陳再裕一族，各書所載殉難人數不一。陳肇興〈〈殉難三烈詩〉之二〉
　　　　詩序中明言「同時殉難者：妾吳氏並子六人，其餘姻戚丁勇死者共三十餘人」；
　　　　吳德功、蔡青筠《戴案紀略》俱言「共二十八人」。茲以陳肇興與這些人皆互
　　　　為交友，且同時參加此次行動，所記當為一手資料，故取以為據。

〔註50〕陳貞元、陳上治事俱見蔡青筠《戴案紀略》，第46頁。臺灣文獻叢刊第206
　　　　種，臺北：臺灣銀行經濟研究室，1962、8。

3. 失敗原因

（1）仕紳百姓，立場不一

富戶大族與科舉社群的利益相一致，卻不一定與升斗小民的考量相吻合。前者期望獲得穩定的局勢、有力的政府，以確保財富與功名的保障，他們與政府之間是「命運共同體」。「因此，每逢官方欲推動地方性事務時，他們往往欣然響應，熱心參與，和官、民之間皆保持密切的關係。」〔註51〕士大夫與經濟、政治層面均佔有一席之地的世家大族，不僅紛紛積極投入地方事務，彼此之間也往往存在著相互依存的關連。北投埔林錫爵、北投保簡化成、洪玉崑、沙連林鳳池、彰化邱石莊、陳肇興以及各巨姓頭人，若非富戶大族即是科舉社群。以北投埔首富林錫爵為首宴集倚南軒一事，正是社會名流的一次大會合，即使陳肇興本人也歡喜高唱著「一縣名流今日聚」（〈北投埔計議防亂事宜〉）。第二年的六保合約舉義，便主要倚賴著這些世家大族才得以成軍。

然而黎民百姓祈求豐衣足食，但求免於恐懼。他們厭惡生活的過度壓力，官吏政治的腐敗、地主豪強的剝削、生命財產的威脅、積鬱難伸的怨憤，都會促使他們善於掩飾不滿，甚至勇於反抗。戴潮春黨因受官員不當壓迫而結黨自保，在迅速擴張勢力的過程中，民眾支持的踴躍，正是不滿情緒的反映。加以清政府在臺灣的管理著重防範與壓抑，每每有械鬥民變發生，便習於以民治民的分化手段，民間百姓多有不滿。這是一股隱性的「官逼民反」情緒。這樣的暗流存在於廣大沈默的百姓之間，平時不易察覺，難以控制，也才會發生六保起事時，聯莊多仕紳，倒戈多民眾，甚至後繼無援的窘境。這樣的暗流也是善於自保的，身家性命的安全維護，是匹夫匹婦最基本也最重要的訴求，才會產生「官來豎白旗，賊來豎紅旗」的騎牆行為。當士大夫痛陳高義的同時，百姓群眾心中也各有其打算，正是人人心中都有一把尺，各有立場，各有作為。陳肇興在牛牯嶺辛勞奔走近一年，得到的卻是「痛哭流涕，卒無應者」（〈祭旗日示諸同志〉），民心未必附官，應是內在真正的原因。

陳肇興被世家大族所帶來的群眾假象迷炫了。當富戶大族同聲一氣地支持官軍的同時，同情或支持戴黨，以及不滿政府者的群眾化為隱性，成為在暗中較勁，甚至是在最後關頭破壞合約協定的力量來源。一旦起事，有人出

〔註51〕見施懿琳、楊翠編《彰化縣文學發展史》（上），第63頁。彰化：彰化縣立文化中心，1997、5。

面帶頭，兩方力量同時爆發，便產生「袒臂呼來近萬人，誰知一敗等灰塵」（〈祭旗後一日〉）的錯愕，並且遭遇「請援無人空斷指，倒戈有約誤同盟」、「關山舉目無相識，欲避豺狼更倚誰」（〈祭旗後一日〉之一、之二）的窘境。六保舉義失敗的最主要原因，或許正是在此。

（2）同盟倒戈，臨陣敗亂

六保合約舉義籌劃甚久，但終究淪為敗局，直接的導火線在於同盟的臨陣倒戈，令人措手不及，陣腳大亂。陳肇興〈祭旗後一日〉一詩題目所示「六保背約，縱匪反噬，熸陷義莊無數」，即直指失敗主因，這是戰場上最痛恨的事情，所謂「明槍易躲，暗箭難防」，今日信誓旦旦的親密戰友，怎知到了明日，卻忽而轉身揮刀向己，頓成敵對？〈祭旗後一日〉之一云：

> 請援無人空斷指，倒戈有約誤同盟。昨朝骨肉今讎敵，如此人心絕
> 可驚。

多麼痛苦可怕的話語！而這卻是造成慘重死傷的要因啊！所有努力的心血，多少寶貴的生命從此化為烏有，浩大的聲勢也灰飛煙滅，正是「袒臂呼來近萬人，誰知一敗等灰塵」（之三）。造成六保舉義卻一敗等灰的倒戈叛將，在陳肇興〈殉難三烈詩〉之三詩序中提及「以蕭姓背約反噬」，此蕭姓即是吳德功所言之武東保蕭金泉，由於蕭金泉的背約「率眾攻擊許厝寮」，方使陳耀山「一家十四口俱陷賊中」。蕭金泉是可以確知的倒戈叛將，除此之外，則尚未能確定是否有其他反叛者。集集義首陳再裕的失敗，吳德功、蔡青筠所載俱言乃因「賊目陳永明、陳輝、楊目丁〔註52〕殺入其家」所致。只是陳永明等人是本屬於戴潮春黨？抑或反噬倒戈？則尚無從確知。

（3）後援無繼，兵潰四散

害群之馬顛覆了勝利的美夢，孤軍獨戰則成了受到圍困威脅者的惡夢。陳肇興〈祭旗後一日〉之詩題中所稱「獨山頂一帶尚守前盟」，指的便是陳捷三等人的經旬惡戰。所幸以其族大丁多，終究能予拖延，並挫敵鋒，在此過程中的困苦恐懼，將是與日俱增的壓力。但不幸者如陳再裕之孤軍受困，終

〔註52〕楊目丁，吳德功、蔡青筠《戴案紀略》兩作皆錄為「黃目丁」。然陳肇興〈六月十八日大戰濁水〉詩曾云：「誰提長劍斬楊么（原註：賊帥姓楊），一旅居然破峒苗。」此事吳德功有載，並記云：「時賊渠楊目丁率眾遍行，蹂躪諸義莊……（陳）捷三乘勝擒斬楊目丁，以祭其兄陳再裕……。」故而所謂之「楊么」即楊目丁，亦即殺入陳再裕家中之賊渠。蔡青筠所言「黃目丁」當沿用自吳德功所記，而吳德功所記之「黃目丁」，恐為「楊目丁」之誤。

至被俘身亡，蔡青筠記之甚詳：

> 集集義首陳再裕招屯番力戰，家眷在城內，賊目陳永明、陳輝、楊
> 目丁殺入其家，再裕之妾吳信娘，子陳番、陳天成、陳祥，婢菊花
> 及莊丁計二十八人俱被殺。再裕聞訊，痛切心髓，急欲報仇；孤軍
> 深入，被困不脫。賊擄之到斗六獻功（按：時戴潮春移營於斗六），
> 不屈，仰藥死。〔註53〕

滅門之仇不共戴天，任何人都無法忍受，陳再裕的心情和行動，都是人間至
痛的反應。只可惜既缺乏佐近的援助，又沒有後援的突圍相救，孤軍一支，
愈陷愈深，終至掉入對方陣式，生綁受擒，不僅未能報仇雪恨，甚至犧牲殉
難。

許厝寮義首陳耀山兵敗原因之一，也頗類似陳再裕之情形，蔡青筠記曰：

> 武東堡背約，賊渠蕭金泉率眾攻許厝寮。義首陳耀山拒之，連戰數
> 日，救不至，賊乘風縱火，耀山兵潰被執。〔註54〕

陳耀山身受三重重擊，既受同盟倒戈的意外之禍在先，又遭遇獨戰數日救兵
遲遲不至之苦在後，甚至到最後敵方乘風火攻，陳耀山之損失，已恐非人力
所可挽救，徒嘆我為魚肉，而任人宰割，壯烈赴死。

（4）各懷深機，未盡同心

陳肇興在〈祭旗後一日〉詩中即言：「孤臣力盡唯拚死，同輩機深轉議和。」
（之四），有人主戰拚死，有人主和議談，各有打算，步調不一，又如何能發
揮既有的實力呢？況且六保合約之舉，不論在幅員上或人數上，都可謂龐大，
所謂「人多口雜」的現象，便容易出現。陳肇興言其個人「一身報國唯憑膽，
萬口由人任剝皮」（〈祭旗後一日〉之二），此詩句雖在表達毀譽由人的心境，
但同時也顯示出意見不易整合的情形。參與合約行動的各莊心思不一，利益
有別，早已為六保舉事的結果預先埋下了一枚炸彈。

六保聯莊，必是以地方村莊為主要聯合單位，但陳肇興〈祭旗後一日〉
詩中曾言「爭功不少熊羆將，懸賞偏求蟻虱臣。」（之三）似乎重金之下未必
有勇夫，並說：

〔註53〕見蔡青筠《戴案紀略》，第 46 頁。臺灣文獻叢刊第 206 種，臺北：臺灣銀行
　　　　經濟研究室，1962、8。
〔註54〕見蔡青筠《戴案紀略》，第 46 頁。臺灣文獻叢刊第 206 種，臺北：臺灣銀行
　　　　經濟研究室，1962、8。

群盜連山苦未平，幾回痛哭募鄉兵。千金散盡供奔走，萬劫逃來更
死生。（〈祭旗後一日〉之一）。

連山遍野俱是戴黨徒眾，詩人多次為此召募鄉勇。陳肇興千金早已散盡，奔
走已然付出，但得到的結果，卻仍然是萬劫歷險，九死一生。費心召募所得，
竟是如此不堪，則是否所募之鄉勇重利輕義，以致輕然諾，循苟且，順勢依
人，不恥忠貞，做出所謂的騎牆派作為呢？若果真如此，戰場上倒戈向己之
事，背信反約之舉，棄械逃亡之行，必將一一發生，而事先所有的計策謀畫，
也恐將紛紛停擺。無怪乎敗逃山野的陳肇興長聲嘆曰：

不用書生策，孤軍竟〔註55〕受圍。有人謀棄甲，獨我賦無衣。去住
多拘束，行藏有是非。撫膺三嘆息，萬事與心違。（〈 山中遣悶〉之
二）

未依原訂計劃進行，致使孤軍更加無援，口氣之中似乎頗表不滿與惋惜；當
戰勢吃緊時，竟有棄甲之謀，怎不令人扼腕？這都不是舉義之前所能完全料
想得到的！

4. 殉難英烈

戰場失利之後，驚號哀絕，四散奔逃的苦難隨之而起，〈祭旗後一日〉諸
詩中，陳肇興提到了自己在敗逃過程中是「雞犬亂鳴疑賊至，蟲蛇共處囓身
多」（之四），這真是草木皆兵，杯弓蛇影的逃亡生活的寫照啊！隨時充滿了
恐懼與危險，卻又不只是一朝一夕而已。陳肇興「潸然獨步空山裏，無食無
眠已浹旬」（之三），一連十多日在荒山之中，無食無眠地踽踽而行，可憐的
陳肇興，內心咀嚼著失敗的苦果，身軀又必須忍受著逃亡的饑渴與危險，而
這樣的悲苦，其實也是當時戰火之下百姓的痛楚：

焚掠連村生氣促，驚呼到處哭聲悲。關山舉目無相識，卻避豺狼更
倚誰？（之二）

戴軍所到之處，往往擄掠燒焚，哀鴻遍野。陳肇興敗陣奔逃，卻又無人可依！
戰爭的可怕，干戈的災禍，不禁令人舉目問天，垂頭低泣啊！眾多苦難中，
尤其以廖秉鈞、陳再裕、陳耀山的英武不屈，最為感人！陳肇興並且特地寫
作〈殉難三烈詩〉歌詠其義行，以傳之後世，共為景仰！

〔註55〕此字楊氏本以次各本俱作「更」字，茲據鄭喜夫《陶村詩稿全集》校訂，依
原刊本改為「竟」字。南投：臺灣省文獻會，1978、6。

（1）廖秉鈞

其記廖秉鈞詩詠曰：

> 倉皇書記孰堪親，草澤今來劉道民。白首參軍剛草檄，青衿報國竟
> 捐身。十年落拓無知己，一死從容絕可人。引頸銜鬚猶罵賊〔註56〕，
> 膠庠正氣未沉淪〔註57〕。

廖秉鈞並非臺灣本地人，遊學來臺，參與六保聯莊舉義奮勇不落人後。《雲林
縣采訪冊・沙連保》之「兵事」錄其小傳，記曰：

> 廖秉鈞，永春州庠生〔註58〕，遊學來臺，入沙連主於例貢生陳慕周家
> 〔註59〕。為人倜儻不群，氣概自高，尤工書法。壬戌戴逆煽亂，孝廉
> 林鳳池率諸生陳貞元、陳上治、林克安等倡舉義旂，邀秉鈞同事。

遊學來臺的生員廖秉鈞，入宿儒陳慕周家，慕周子陳上治追隨林鳳池舉義，
本在沙連辦局〔註60〕的他亦慨然響應。遇此變亂而仍能留守襄助，沒有遠走
高飛，其情已甚感人，更何況尚與逆賊大戰，至不幸兵敗被執。陳肇興在該
詩詩序中，述其當時情景：

> 軍敗，被賊擄去，見戴逆，呵之跪，罵曰：「我天朝秀才也，豈跪爾
> 無賴賊哉！」卒不屈而死。

真是堂堂正正，浩氣凜然，令人肅然起敬！《雲林縣采訪冊》中亦述道：

> 秉鈞被執，戴逆呵令跪，秉鈞挺立叱曰：「我乃天朝秀士，豈屈膝爾
> 無賴賊哉？」指賊怒罵，聲情激烈。賊令殺之，臨刃面不改容。時
> 五月初旬，賊殺秉鈞於斗六門營。〔註61〕

〔註56〕此詩亦見錄於倪贊元：《雲林縣采訪冊・沙連堡・藝文》之中，題名曰〈廖秉
　　　鈞殉難〉其中「引頸銜鬚猶罵賊」一句，《雲林縣采訪冊》中作「尤」字，與
　　　《陶村詩稿》各版本皆異，或當為誤字。見倪贊元《雲林縣采訪冊》，第171
　　　頁。臺灣文獻叢刊第37種，臺北：臺灣銀行經濟研究室，1962、8。

〔註57〕此字史文本，臺銀本，先賢本俱誤作「論」字。今據鄭喜夫《陶村詩稿全集》
　　　校訂，依原刊本改正為「淪」字。南投：臺灣省文獻會，1978、6。

〔註58〕據林文龍先生相告，廖秉鈞似非永春人，而為永定人。據傳其墓在今竹山鎮
　　　石回窯圓山公墓，墓碑上即銘刻「永定」二字。

〔註59〕陳慕周，林圯埔街人，咸豐年間例貢生。見林文龍《南投縣鄉土大系——文
　　　教篇》，第12頁。南投：南投縣政府，1995、6。

〔註60〕見吳德功《戴施兩案紀略》，第39頁。臺灣文獻叢刊第47種，臺北：臺灣銀
　　　行經濟研究室，1962、8。

〔註61〕見倪贊元《雲林縣采訪冊・沙連堡・兵事》，第165頁。臺灣文獻叢刊第37
　　　種，臺北：臺灣銀行經濟研究室，1962、8。

廖秉鈞慷慨激昂，義正辭嚴的英容偉貌，宛若浮現目前，陳肇興讚其「引頸銜鬚猶罵賊，膠庠正氣未沉淪。」正是廖秉鈞臨死不懼，傲然挺立形象的最佳寫照！

（2）集集義首陳再裕家族

集集義首陳再裕家族遇害殉難一事，〈殉難三烈詩〉之二記之甚烈，其詩云：

> 獨從境外建旌旄，格鬥連山血濺袍。張嶧一門都鬼錄，繆彤諸弟盡人豪。通夷助我軍猶壯，罵賊憐君氣不撓。何日歸元親舐舌，愁雲望斷斗門高。

六保舉義之初，陳再裕在五城（在今南投縣魚池鄉境內）招服內山原住民，戰績頗佳，陳肇興在詩序中述道：

> 集集義首陳再裕，與予謀義舉，在五城擒逆番，檄諸屯團鄉勇，同日樹幟，軍聲甚壯。

陳再裕招屯番力戰，馳檄樹幟，壯大了六保投誠的聲威，使六保舉義取得了初步的成果，故而陳肇興詩云：「獨從境外見旌旄……通夷助我軍猶壯。」

但隨後親人家族在城內遇害的消息傳來，使得痛徹心扉的陳再裕，丟下一切既有的成果，揮軍直入，一心只為報仇雪恨而已。或許就因此而不能冷靜應敵，遂陷溺被擄，陳肇興言其後之遭遇：

> 兵敗被擄，在斗六罵賊不屈，仰藥而死。同時殉難者：妾吳氏並子
> 六人，其餘姻戚丁勇死者共三十餘人，蓋得禍為最酷云。

戴軍擒陳再裕到斗六大營獻功〔註62〕，恨不得手刃逆匪的陳再裕，不僅不能為親人報仇，甚至擒擄於戴黨手下，內心憤恨之氣，無可消除，寧可飲毒求死。臨死大罵，毫不屈服，正是豪強骨氣，英雄本色，即如陳肇興所言：「罵賊憐君氣不撓」，陳再裕臨強不屈的正氣威勢，最是令人敬仰！

陳再欲一家乃水沙連望族，家族主要以今名間鄉為根基。陳再欲與牛牯嶺陳捷三家為同一宗族，關係密切。陳再欲不幸慘死戴黨手中，其後陳捷三曾力戰群敵，力擒首腦，摘心祭兄。宗親情感之深厚，可見一斑。而陳再欲一門親兄弟，亦個個傑出。依其後人口述道：

> （陳家）老大早夭，老二再欲，老三再月官至中順大夫，老四再悅

〔註62〕見蔡青筠《戴案紀略》，第46頁。臺灣文獻叢刊第206種，臺北：臺灣銀行經濟研究室，1962、8。

官至鎮國將軍，其墓塚兩旁有犬、馬塚。據說乃由大陸回臺探親時帶回，當時因請假不准，乃裝瘋後得回。

陳再鑾乃兄弟中排行第五，清朝時官至昭武都尉。其子春波官至進士。〔註63〕

顯然陳氏兄弟幾乎個個顯赫，即使舉家移往內山發展的陳再欲，依然是地方領袖。六保舉義時他登高一呼，以集集義首的身份率眾掃敵，地位重要。名間陳家勢力之大，也可由其家宅窺知。至今名間鄉　下村大岩巷仍保有當年（約 1850 年）由陳再鑾起造的宅第。這座佔地兩千五百多坪的三合院，「正身十一間，左右廂各十七間，左右護龍各三道」，偌大家宅所顯現出來的氣勢，彷彿正訴說著過往輝煌的家族歷史。

（3）許厝寮義首陳耀山

許厝寮義首陳耀山。與陳再裕有類似的遭遇。陳肇興與他交誼甚厚，在六保舉義中大力支持，但下場卻最為悲慘。陳肇興在〈殉難三烈詩〉之三的詩序中述之甚詳：

> 許厝寮農民陳耀山，自去歲逢亂（按，即同治元年戴潮春事件），挈眷依耀山以居兩載，供應甚厚。予謀義旗武東、西一帶，耀山鼓舞居多；樹幟後，手刃一賊。以蕭姓背約反噬，一家十四口俱陷賊中。耀山怒罵不屈，賊以鐵爪爬其背，小刀割其面。臨刑，妻子跪祭，猶飲酒三杯，了無怖色。

真所謂威武不能屈的好漢，令人動容啊！陳耀山雖然只是一介農民，但他持正義，多鼓舞，臨凌遲，不屈懼的表現，在任何一個時代都是令人飲淚禮敬的勇士，陳耀山真乃一大丈夫也。而其妻子臨危不亂，氣態從容，亦是女中豪傑，誰說匹夫匹婦俱無知？陳耀山夫婦的作為，恐怕是許多肉食貴胄者，所難以企及於萬一的吧！

陳肇興對陳耀山別有一番感情。除了逢亂投靠之恩外，尚有鼓舞參與之誼，回憶過往，倍顯二人情誼之深厚。陳耀山不僅在詩序中對陳耀山事蹟描述尤為詳盡，更多達三次直呼其名，既去其尊姓，亦略其字號，這都是其他詩作中未曾出現的情形，二人感情之親近，在不自覺中流露而出，已是不言

〔註63〕見陳俊傑、黃國晉編《南投縣歷史民宅普查案——期末報告》（下），第 23 頁。南投：南投縣立文化中心，1999、6。

可喻了。但正因情感深摯，面對好友淒厲而死，家族俱陷而毀的結果，陳肇興內心除了敬重，還有的是無限的悲傷與沉痛。〈殉難三烈詩〉之三紀念陳耀山之詩云：

> 草野何曾計立功，投鋤荷殳〔註64〕亦從戎。身經俎醢心彌赤，死別妻孥淚不紅。兩載亂離憂患裏，一家縲絏戰爭中。傷心八口歸何日，鬼嘯狖啼恨未窮。

草莽出英雄，身死丹心在。六保舉義殉難義民中，便屬陳耀山之死狀最為淒慘，爬背割面，誰能忍受？吳德功、蔡青筠甚至言其為賊「寸磔之」〔註65〕，爬背割面已是體無完膚，寸寸裂磔或讓肢體分散，真是生者何罪，死時須得如此下場？戴黨與陳耀山究竟有何深仇大恨，非用如此之酷刑不可？抑或嗜血成性，已到喪心病狂，凌遲俘虜，以為取樂的地步？陌路聞之，也將痛心掉淚，然死者已矣，生者何堪？戴案未了，恐懼如影隨行，生靈仍然塗炭。看著好友一家於朝夕之間，兩隔陰陽，陳肇興不免因此擔憂自己一家八口的安危，究竟要等到何時，才能完全脫離恐懼的生活呢？

廖秉鈞、陳再裕，陳耀山同樣選擇了樹白旗以應官軍，卻同樣不幸為戴軍所擒，以身相殉，並且同樣大義凜然，臨暴不懼，甚至慷慨不屈。他們在世時，生命氣勢滂薄，相信死後也必然精魂不滅！在戴軍多行不義的同時，如殉難三烈般無辜而正氣充沛的魂魄，或許在冥冥之中，已正彙聚成無形的推手，將戴黨徒眾推向窮途末路，並帶領官軍百姓走出黑暗，迎向光明大道！而事實上，同年年底，戴潮春便為官軍獲斬，黨眾從而逐漸敗潰，烈士們的鮮血，終於得到了代價！

陳肇興為三位民間英雄鋪寫詩傳，既表達其敬重懷念的心意，也同時為後世留下了可貴的戰地事蹟，成為補充史志不足的最佳材料。連橫《臺灣詩乘》所錄，便是最佳的明證，其文云：

> 戴潮春之役，用兵三年，南北俱擾；余已考之檔案、參之野乘，載之《通史》。而山陬海澨忠義之士，身死而名不彰者，不知其幾何人。近讀伯康之集，見有〈殉難三烈詩〉，足補吾書之闕，急為錄入。〔註66〕

〔註64〕 此字臺銀本、先賢本、史文本俱誤做「芟」字。今依鄭喜夫《陶村詩稿全集》校訂，據原刊本改正為「殳」字。南投：臺灣省文獻會，1978、6。

〔註65〕 磔，分裂肢體的酷刑稱磔，即車裂。

〔註66〕 見連橫《臺灣詩乘》，第176至177頁。臺灣文獻叢刊第64種，臺北：臺灣銀行經濟研究室，1962、8。

由此可見，陳肇興作品之號為「戴案詩史」，其來有自。

5. 其他與役義士簡傳

殷難三烈英偉堅正，令人敬佩！而參與六保舉義的其他人員，同樣出生入死，奮勇抗敵，各有可歌事蹟。茲除邱位南，林鳳池、簡化成已有專章論述，不再冗贅外，其餘便就所知部分分述各人簡歷如后：

（1）陳上治

陳上治，字熙朝，沙連保林圯埔街（今南投縣竹山鎮）人，生於道光二十八年（1848年），卒於民國二年（大正二年、1913年），享年六十六歲。清咸豐三年（1853年）生員，同治元年（1862年）曾加入舉人林鳳池所領導的「林圯埔保全局」，共同保衛鄉里。此次六保舉義，陳上治依然跟隨林鳳池一同響應，在林圯埔大戰戴軍，竭智盡力，終至「把守不住」方才「孤身逃脫」，但已「家產一無所有。」〔註67〕，其舉家保鄉之精神，真乃不可多得。

（2）林克安

沙連保林圯埔街人，生員。此次六保舉義響應地方起事，同林鳳池一起出兵，可惜兵敗，「驚悸而死」。

林克安，蔡青筠《戴案紀略》作「林克柳」。吳德功《戴施兩案紀略》與林文龍《南投鄉土大系——文教篇》俱作「林克安」，茲從之。

（3）陳貞元

沙仔崙（在今彰化縣田中鎮）人，生員。同治元年（1862）彰化城陷於戴潮春黨，陳貞元參與林鳳池號召成立之保全局，齊力護鄉保民。同治二年六保舉義，陳貞元在沙仔崙力抗群雄，其「在沙仔崙之家宅樓閣連雲，亦被賊所燬。」〔註68〕。所幸家雖燬，人仍在，陳貞元日後仍持續為抵抗戴潮春徒眾而不斷努力。

（4）陳雲龍

南投保大族義首，領軍參戰不遺餘力。六保舉義，民軍不幸潰敗，戴軍攻勢猛烈，唯獨陳雲龍、陳捷三尚能據守牽制，惡戰經旬，最後終使諸義莊得以不陷入戴黨手中。戴案長期擾民，陳雲龍奔走抵制，十分積極，後丁曰

〔註67〕見蔡青筠《戴案紀略》，第46頁。臺灣文獻叢刊第206種，臺北：臺灣銀行經濟研究室，1962、8。

〔註68〕見蔡青筠《戴案紀略》，第46頁。臺灣文獻叢刊第206種，臺北：臺灣銀行經濟研究室，1962、8。

健〈會奏妥籌善後摺〉即列名襃獎上奏，文曰：

> 儘先補用守備陳雲龍……該員等於逆首嚴辦、呂梓滋事案內〔註69〕，
> 兩次帶兵夾擊攻破賊巢，擒斬首逆，並分路搜挐餘匪，焚燬各逆莊，
> 洵屬出力。……陳雲龍擬請以都司儘先升用，先換頂戴。〔註70〕

陳雲龍因此榮獲上諭：「著以都司儘先陞用，先換頂戴。」其後官至斗六都司。

（5）吳聯輝

南投保人，貢生。熱心地方事務，戴潮春事件之時帶領鄉勇，出入多役，頗受倚重，後丁曰健〈親赴彰化內山督軍，勦滅全股踞逆摺〉述其功勞，列名請獎，文曰：

> 貢生吳聯輝……該義首等，率勇集團，隨軍攻勦，或堵截要路，開
> 挖地道，均能不避艱險。所向有功，實屬最為出力之員。……吳聯
> 輝擬請給五品銜。〔註71〕

吳聯輝因此獲賞五品銜。日後亦積極於鄉里諸事，如同治三年（1864）即主事改建南投藍田書院（在今南投市區），提倡地方文教。六保舉義時，吳聯輝與同為南投義首的陳雲龍，並肩揭竿而起，聲勢十分壯大。當賊兵揮銳陳雲龍退守，連日惡戰之時，想必吳聯輝也必然同為此役苦戰經旬才是。

（6）陳捷三

陳捷三，字月三，牛牯嶺人，光緒十六年（1890）貢生。六保舉義，陳捷三率領鄉勇團練，奮力死守牛牯嶺，惡戰經旬。蓋牛牯嶺地勢險要，是棄是守，影響甚大，吳德功便分析道：

> 沙連牛牯嶺既樹白幟，已據斗六之背，又得南、北投以為犄角。戴
> 逆已進退維谷。

> 六堡之樹白幟，牛牯嶺首當其衝。然地勢據山為固，以高擊下，

〔註69〕嚴辦、呂梓為戴潮春黨羽。同治二年五月都司徐榮生、蘇吉良率軍搜緝各莊匪類，陳雲龍亦帶兵協擊，致使呂梓乞降，嚴辦破軍，並擒斬賊魁無數，嘉義一帶道路始通。事見吳德功、蔡青筠：《戴案紀略》兩作。唯丁曰健奏摺中稱「呂梓」，吳、蔡《紀略》中卻皆稱「呂仔梓」此或為正名與俗稱之別而已，非為二人。分見臺灣文獻叢刊第47、206種，臺北：臺灣銀行經濟研究室，1962、8。

〔註70〕見丁曰健《治臺必告錄》，第524頁。臺灣文獻叢刊第17種，臺北：臺灣銀行經濟研究室，1962、8。

〔註71〕見丁曰健《治臺必告錄》，第488頁。臺灣文獻叢刊第17種，臺北：臺灣銀行經濟研究室，1962、8。

勢如破竹。尤得陳捷三為人精細多謀，善撫壯士，而糧米充裕，

故與賊惡戰數十陣，而得保全義莊。甚矣！行軍者，以地勢為要

也。〔註72〕

牛牯嶺僅是一座丘陵，海拔高約二八四公尺〔註73〕，然放眼四面，坡緩地闊，
便因此而得居高臨下之優勢，成為兵家必爭之處。陳氏為牛牯嶺大族，陳捷
三便以其熟悉地理，族大丁多，兼以善於撫眾，配合避居而來的陳肇興、邱
位南之開陳大義，將士用命，緊守牛牯嶺，致使諸賊雖急攻猛戰，亦經旬而
不得逞志。可說是六保舉義民軍潰敗中，最值得驕傲的碉堡。

　　陳捷三為水師遊擊陳捷元之弟〔註74〕，兄弟二人皆精猛多謀，在戴案期
間，帶軍兵與戴軍周旋，屢聞捷信，實不可多得。蔡青筠曾讚揚二人：

　　捷元兄弟素得士心，器械精良，糧米充足，故守則無缺，戰則有功。

　　自軍興以來，大小數十戰，少有敗衄。〔註75〕

一門雙傑，青年才俊，戰守有成，功在鄉里。陳捷三後來保舉四品藍翎，並官
至鹿港水師遊擊。〔註76〕

（7）林錫爵

　　北投保人，家境優沃，富甲一方，積極參與鄉務。先於同治元年仲春，
邀請名流宴集倚南軒，共議防亂在前；繼有同治二年孟夏舉義參與六保起事
在後。當時年僅二十餘歲〔註77〕，即能深體忠義，挺身而為北投保義首。林
錫爵資財甚厚，但六保舉義時戴軍勢盛，竟使其輸財如流水，至「家資已罄
於軍火」的地步〔註78〕。幾乎可謂破家的林錫爵，卻仍力求自保，內以忠義

〔註72〕見吳德功《戴施兩案紀略》，第 40、43 頁。臺灣文獻叢刊第 47 種，臺北：臺
　　　　灣銀行經濟研究室，1962、8。
〔註73〕據林文龍《南投鄉土大系——地理篇》第 83 頁。南投：南投縣政府，1995、6。
〔註74〕據吳德功《戴施兩案紀略》載曰：「時，內地髮匪未平……陳捷元本彰化牛牯
　　　　嶺人，武生，以平髮匪有功，積官至遊擊。聞彰化亂耗，乃請帶勇回臺協勤。」
　　　　參見第 27 頁。臺灣文獻叢刊第 47 種，臺北：臺灣銀行經濟研究室，1962、8。
〔註75〕見蔡青筠《戴案紀略》，第 49 頁。臺灣文獻叢刊第 206 種，臺北：臺灣銀行
　　　　經濟研究室，1962、8。又，衄，挫敗也。
〔註76〕見吳德功《戴施兩案紀略》，第 40 頁。並蔡青筠《戴案紀略》，第 46 頁。臺
　　　　灣文獻叢刊第 47、206 種，臺北：臺灣銀行經濟研究室，1962、8。
〔註77〕見林黃河〈北投埔恆隆堂紀略〉，第 284 至 311 頁。《南投文獻》第 36 輯，
　　　　1990、6。
〔註78〕見蔡青筠《戴案紀略》，第 46 頁。臺灣文獻叢刊第 206 種，臺北：臺灣銀行
　　　　經濟研究室，1962、8。

摯誠撫循鄉兵，同舟共濟，外以族大丁多，互為輸援，強自堅守故園不退，以待官軍。其輕財報國，固守鄉里的精神，實令人感佩。

林錫爵為了參與六保舉義，曾經十分左右為難。因為林夫人洪氏是戴黨大將洪欉（俗稱「洪六頭」）的姊妹，林錫爵與洪六頭係「舅仔姊夫」的姻親。然而在戴黨徒眾屢次強勢攻打林氏族人聚居的北投埔、月眉厝等莊時，林錫爵便毅然率領鄉勇，保衛家鄉，高舉白旗，以應官軍了。更不惜大義滅親肅清洪欉餘眾，終至官拜奉政大夫，藍翎知州，卒諡穆忠。

（8）陳肇興

陳肇興在六保起事過程中，非常積極奔走，因此當民軍潰敗時，對他而言，也是一次重大的打擊。看到同袍志士一一殉難捐身，陳肇興以其滿腔的憤怒，亦恨不得同步相從，其詩中便曾言：

> 且喜妻賢能誓死，卻緣母在未捐身。（〈祭旗後一日〉之三）

> 母老兒兼幼，兄狂弟又愚。半生攖患難，欲死費踟躕。（〈山中遣悶〉之四）

激切之情躍於言表，但現實的牽絆，也的確令人猶豫。忠孝如何兩全？似乎也成為陳肇興內在的掙扎。然而護民報國才是他衷心不變的職志，雖然戰況不利，但他仍然與邱位南合力佐助陳雲龍及陳捷三，全力固守族莊，即吳德功所言：

> 陳雲龍與陳捷三，族大丁多，善於撫眾，兼陳伯康、邱石莊開陳大
> 義，故諸賊惡戰，皆不得逞，諸義莊始得安堵焉。〔註79〕

秉持文人本色，曉喻明義，誠智並出，以佐武事，陳肇興一本初衷，不為困頓挫折擊倒，奮起再戰的雄心，時時展現，且看其詩云：

> 到底未除圭角〔註80〕氣，夜深還自賦荊軻。（〈祭旗後一日〉之四）

> 何能破山賊，把劍屢看身。（〈山中遣悶〉之一）

> 報國心猶壯，依人氣不揚。（〈山中遣悶〉之三）

雖然烽火連天，危機四伏，卻沒有讓陳肇興因此而為之退縮，反而把劍效荊軻，期許能以自己的力量，昂揚報國，正由於這樣的信念，六保舉義失敗後，

〔註79〕見吳德功《戴施兩案紀略》，第40頁。臺灣文獻叢刊第47種，臺北：臺灣銀行經濟研究室，1962、8。
〔註80〕圭角即圭之稜角，猶言鋒芒。

陳肇興依舊持續與官民合作，力抗戴黨軍眾。

（二）六月連日大捷

六保兵敗，陳肇興及六保民軍曾困拘一段時日，勉力支持以與戴軍抗衡，並「引領日望官軍之到來」〔註81〕。這段時日內，陳肇興除了有〈祭旗後一日〉、〈山中遣悶〉、〈殉難三烈詩〉直敘六保失利的慘痛失意外，尚且可見〈種菜〉、〈圍中得石莊書，卻寄〉二詩，聊表激動過後的情緒。〈種菜〉中曾透露出消沉落寞的神態，且看其詩云：

> 問天咄咄首頻搔，學走空山日一遭。壯歲功名輕馬革，此時性命輕鴻毛。不求聞達安吾拙，能報干戈讓世豪。且向村翁分半畝，自將種菜教兒曹。

亂世生命如螻蟻，才拙力弱難聞達。六保失敗，戴黨久未能除，或許讓陳肇興因而興起消極的想法，情願放棄馬革功名，拱手且讓世豪，只想平淡平實地種菜育兒就好。只是這樣消沉的陳肇興，很快便又恢復了鬥志；從而迎接即將展開的六月大捷。

1. 重燃鬥志

既憂國傷時，亦期盼早聞捷信，〈圍中得石莊書，卻寄〉中，邱石莊來信力邀陳肇興再度合作，紙短情長，似乎因而燃起了肇興內在的樂觀：

> 摐金伐鼓戰方酣，何處飛來紙一函。豺虎悲君投有北，鯤鵬勸我共圖南（原註：書中約縶南投以通大路）。山川計遠言難盡，家國憂深意尚含。為告奇兵天外至（原註：時適有屯丁來援），月中捷信定連三。

即使戴黨氣勢正盛，但好友仍持續綢繆佈局，又有援兵適時來助，失意的戰況中，不斷地露出曙光，陳肇興相信王道必興，勝利即將連三到來。而在義民兵將的不屈不撓奮戰下，四月二十八日的失敗，在經過短暫的沉息後，便於六月中下旬，猛烈地展開了反攻，並且連戰皆捷，迭創佳績。

據蔡青筠記錄，這段期間「賊渠楊目丁引賊黨各處蹂躪鄉村，凶無人理。陳捷三合義民數千縶沙仔崙，與賊大戰。」〔註82〕六保兵敗之後，得逞的戴

〔註81〕見蔡青筠《戴案紀略》，第47頁。臺灣文獻叢刊第206種，臺北：臺灣銀行經濟研究室，1962、8。

〔註82〕見蔡青筠《戴案紀略》，第48頁。臺灣文獻叢刊第206種，臺北：臺灣銀行經濟研究室，1962、8。

黨囂張狂妄，四處擄掠。民眾不甘受到暴虐，紛紛重整旗鼓，再敗再戰。

2. 大戰濁水斬敵帥

牛牯嶺陳捷三在與諸戴軍戰經旬，立穩腳跟後，義不容辭地以其餘力，親率民軍數千人挺進沙仔崙（在今彰化縣田中鎮沙崙里），駐兵鏖戰。至六月十八日兩軍交鋒於濁水溪，炮火沖天，嘶聲震地，展開了一場激烈的廝殺。

當時戴黨兵員銳利，民軍難抵。沙仔崙義首陳貞元，隨即引莊兵出營助陣；加以水沙連陳上治亦引兵由南面包抄夾擊，在多方合力，全員進攻之下，戴軍漸靡，終感不支。這一次的激戰濁水溪，陳肇興亦身在民兵之列，親身見證了這次勝利的戰役，寫下了〈六月十八日大戰濁水〉一詩：

> 誰提長劍斬楊么（原註：賊帥姓楊），一旅居然破峒苗。掃盡欃槍歸
> 浩劫，築成京觀不終朝。人因戰苦酬神助，我為俘多乞命饒。寄語
> 先聲如破竹，乘勞須趁馬蹄驕。

濁水溪之役，正如陳肇興所言，是六保失敗後，民兵義軍的一次重大勝利。陳肇興在文字之間一掃前番的沮喪落寞，不僅顯露出對勝利戰果的興奮，也對下一步驟的規劃，有了關心的建議！此戰最大的成果是陳捷三生擒戴軍首領，摘心祭兄，蔡青筠有生動的描述：

> 捷三乘勝沖鋒〔註83〕，遇楊目丁於陣，舉刀劈之，生擒以歸，斬首
> 摘心，以祭其兄陳再裕。

陳捷三果然是條好漢，為六保受屈的百姓出了一口氣；也終於為慘遭滅門的族兄陳再裕報仇雪恨。而不僅陳捷三生擒敵帥，立下首功，義勇民兵們也同時斬殺並俘虜眾多戴黨軍眾，高唱凱旋。蔡青筠謂陳捷三「斬賊首四十餘級」，陳肇興〈六月十八日大戰濁水〉原題標示「斬首百級」，真是溝壑橫屍，哀哀戰場啊！在官軍的立場而言，這是一次大勝利，將當初六保戰敗時「焚掠連村生氣促，驚呼到處哭聲悲。」（〈祭旗後一日〉之二）的慘烈情狀扭轉為現今「掃盡欃槍歸浩劫，築成京觀不終朝」的凱旋場面，對殉亡傷苦者是一種告慰，對奔逃無辜者也是一種鼓舞與振奮！

陳肇興也感受到了大敗戴軍的快慰，詩歌中他以「一旅居然破峒苗」一語，表達了對陳捷三個人功勞的推崇，弱勢的義勇之軍，擊潰強霸的戴軍，語氣中似乎有著不可思議、意料之外的驚訝與喜悅。

〔註83〕沖鋒之「沖」字，恐為誤字，當作「衝鋒」才是。

的確，回想六保義舉失敗時，眾多友朋弟兄的傷亡，以及鄉親百姓的苦難，而今能看到殺敵祭首，以謝亡靈，敵眾橫陳，取命相償，令人稍感安慰！但對方再如何為非作歹，也是一條寶貴的性命。陳肇興素來關心生命，當民軍正在酬神慶功的同時，他獨自站在人道的立場上，悲憫地祈求著受俘待決的眾多戰犯能獲得饒恕，解除死令！這是多麼柔軟慈悲的心靈呀！

陳肇興雖然恨其為亂，與之敵對，但僅是就事論事；若站在「人」的立場，則視眾生平等，因而也才能視仇如親，將心比心，珍惜生命，雖然他在〈祭旗日示諸同志〉中曾經立言：「誓將擒妖魔，滅此而朝食。」但其意在鼓舞心志，息戰綏靖，並非要將戴軍一一趕盡殺絕。因此看到斬首百級，俘擄眾多時，陳肇興內在有著喜悲交錯的心情。但他決非婦人之仁，從而外在行為上，他一方面因不忍多傷生靈而為戰俘乞命，一方面催促領軍者當趁此破竹之勢前進，讓天縱之浩劫，能早日收息。畢竟終止爭戰，回歸和樂平靜的生活，才是大家真正的終極期待，也才是身為一個「人」，最有尊嚴的生存方式。

3. 收復南投街

果然，沙仔崙濁水溪之役振奮了合約舉義失利的六保聯軍，重新再度合力反擊。當時敗退的餘眾，散歸後蟠踞南投，攻打附近諸多義莊。陳捷三乘勝追擊，與陳雲龍率領數千名義兵前進清勦，南投士紳吳聯輝親招南投街鄉民作為內應，裏應外合，突破戴軍重圍，斬殺八十五人，對脅從之眾，則一人未傷，漂亮收復南投，遍插白旗。

唯此處吳德功所載進攻次序為：先北投，後南投，吳氏所寫較簡略。蔡氏所記較詳細。若放諸實際地理觀察，陳捷三先戰於沙仔崙（在今彰化縣田中鎮沙崙里）濁水溪畔，捷報後順勢北上肅清餘眾。當先遇戴軍阻擋於南投，待收復南投後，方得繼續揮軍北上北投，合南投義民之力，克服北投。此一路徑當較合理。

反之，若先攻北投，再克南投，恐怕事倍功半。當然，在義軍以破竹之勢進攻之時，南、北投的先後收復，只在短期之內便完成，故而吳德功《戴案紀略》所載便未細究，此亦不無可能。然再觀陳肇興二十一日〈收復南投街連日大捷〉之緊接於六月十八日〈大戰濁水斬首百級〉之後，並在〈二十九日攻克施厝坪等處〉一詩之前，若以時間上來衡量，亦以二十一日復南投，次而攻北投，二十九日大克施厝坪為順當合理。因此以時間與空間兩方面同時

考察，蔡青筠《戴案紀略》允為詳細合理，茲取用之〔註84〕。

對於這一次有限度流血的軍事勝利，陳肇興讚聲連連，以〈收復南投街連日大捷〉為題，一連寫作四首詩歌，表達內心欣喜快慰的感受，例如：

> 一旅團鄉勇，連朝戰伐頻。破家欣得士，克敵不傷人。感激由忠孝，
> 招攜仗搢紳。壺漿及簞食，犒賞敢言貧（之一）。

> 軍令如山立，出門三五中。攻心師馬謖，守法學曹彬。但使擒元惡，
> 休多殺一人。古來稱善將，無敵是行仁（之四）。

陳肇興稱讚這一次舉事的成功，乃得力於紀律嚴明的仁者之軍，以及忠孝成仁的紳士義民。前者指的是由陳捷三所率領的鄉勇民兵，後者指的是吳聯輝所帶領響應的南投街民，而兩者其實本來就都是六保合約時的盟友。在被戴軍圍攻多時後，再度攜手，外破重圍，內解其勢，內外呼應，避免重蹈了六保舉義時，孤軍無援的覆轍，因此而創出佳績。在簞食壺漿中，軍民一家親地互道感謝與恭喜。

在品嚐勝利甜美的同時，陳肇興最激賞的還是「克敵不傷人」的得士之喜。陳捷三的英勇聲譽並非浪得虛名，陳肇興的破家相從，也從而感到值得。陳捷三並非嗜殺之武夫，兩軍敵對中，不以京觀為炫耀，除其暴而已矣。對脅從之眾能悲憫寬容以待，已是十分可敬！陳肇興在沙仔崙濁水溪之捷時，為俘虜乞命的諫言，在進攻南投街時，得到了擴大的實踐，居民既得安堵，戴軍亦有反正的機會。〈收復南投街連日大捷〉之四，讚美這支義勇軍最是具體，他認為自己參與的這支民軍做到了古來兵家所注重的兩大要求：

（1）攻心為上，兵戰為下

陳肇興提出馬謖以為師法，認同馬謖曾經提議的建言。《三國志·蜀志》卷九〈馬良傳附馬謖〉注引《襄陽記》載道：

> 建興三年，（諸葛）亮征南中，謖送之數十里，亮曰：『雖共謀之歷
> 年，今可更惠良規。』謖對曰：『南中恃其險阻，不服久矣。雖今日
> 破之，明日復反耳。今公方傾國北伐以事彊賊，彼知官勢內虛，其
> 叛亦速，若殄盡遺類，以除後患，既非仁者之情，且又不可倉卒也。
> 夫用兵之道，攻心為上，攻城為下，心戰為上，兵戰為下，願公服

〔註84〕此事可分見吳德功《戴案紀略》第40頁、蔡青筠《戴案紀略》第48頁。臺灣文獻叢刊第47、206種，臺北：臺灣銀行經濟研究室，1962、8。

其心而已。」亮納其策，赦孟獲以服南方，故終亮之世，南方不敢
復反。〔註85〕

最高明的戰術，在折人於不戰之先；即若不然，亦當力求服敵之心，一如諸
葛亮納馬謖之言，七擒七縱孟獲，方保南疆，再不復反，攻心才是可長可久
之計。且當今戴黨徒眾多是無知循從的百姓或羅漢腳，罪不致死，與其洩恨
殺絕，冤冤相報，不如刀下留情，以德報怨，寬容招撫。既使枉死道上少增怨
魂，亦使惡民歸順，護莊保國，長治久安。所謂「仁者無敵」，正是克復南投
街的民軍最榮耀的表現。

（2）軍令如山，軍紀嚴明

捷三兄弟領軍的隊伍之所以「少有敗衄」〔註86〕，或許這便是其中重要
的原因。出兵之前明告軍規，三令五申；出兵之後，嚴格規範，不逾尺度。如
同曹彬當年唧命攻破金陵城，生俘李後主，卻仍嚴戒所屬，不得胡妄焚殺，
傷及無辜，盡力地做到保順安良，人民自然夾道歡迎，敵人亦將感恩致敬。
陳肇興參與的這支隊伍，攻入南投街後，真正做到了軍不擾民，一夕易幟，
且看其詩云：

　　市肆欣無恙，家家戶不扃。雞聲千店白，鬼火萬山青。（〈收復南投
　　　街連日大捷〉之三）

這是多麼難得的景象啊！街市無恙，門戶不閉，黎明換白旗，暗夜遠山青。
想到這幕情景，也該是領兵及從軍者最驕傲的一刻了！既能以攻心服人自許，
又能自律自守，嚴明紀律，便能真正做到「但使擒元惡，休多殺一人」的理
想。

陳肇興在詩中以「善將」、「無敵」來稱許這次戰役的將領和行動，不僅
表達了對收復南投街一役的滿心肯定，也由此揭櫫其個人對用兵行武的理念，
正是在於期望能夠實踐古人所示「武，止戈也」的真諦。或許這也可用以明
白在過去一年中陳肇興何以致力於「口舌已焦爛」（〈祭旗日示諸同志〉）的奔
走工作之部分理念了！

兩軍交鋒，傷亡在所難免，雖在突破重重包圍之時，造成戴軍八十五人

〔註85〕見《四史──三國志》，第 2047 頁。文化圖書公司，1970 年臺版。
〔註86〕吳德功《戴案紀略》載道：「捷元（捷三）兄弟素得士心，……，自軍興以來，
　　　　大小數十戰，少有敗衄。」見第 49 頁。臺灣文獻叢刊第 47 種，臺北：臺灣
　　　　銀行經濟研究室，1962、8。

在格鬥中喪命，部分建築，如分縣衙署，亦為炮火所燬，即〈收復南投街連日大捷〉之三云：「破竹誇前隊，哦松憶舊廳（原註：分縣衙署已燬）〔註87〕」。然而民軍終究肅清戴軍陣地，光復了南投街，為官軍取得了一個重要的據點。我們無從得知〈圍中得石莊書，卻寄〉詩中所言，邱石莊議邀陳肇興「約縶南投以通大路」的計畫，是否與二十一日收復南投街有關？但透過親身參與戰役，陳肇興表達了以國家興亡為己任的關懷，並未置身事外，並未真如〈種菜〉詩中所言「壯歲功名輕馬革」。濁水溪大捷、南投街大捷，都讓捨身力抗的陳肇興，一再地堅定對官軍的信心，故而〈收復南投街連日大捷〉之三云：

> 穴蟻逃何處，鴉巢此日焚。旗從紅白判，兵自朔南分。風鶴驚宵柝，
>
> 龍蛇鬥陣雲。來蘇僉父老，應悔拒吾軍。

南投街從此白旗飄揚，戴軍亦因此受阻中斷。陳肇興昂然地相信，堅定支持官兵的民眾，必得光明，而支持戴黨的百姓，或許也要感到慚愧後悔了！

4. 攻克施厝坪

民軍挾著南投街報捷的餘威，由陳捷三、陳雲龍領軍，陳肇興亦隨同隊伍，繼續進攻北投，當時林錫爵自北投率鄉勇逆擊助攻，南投吳聯輝亦引兵前來會戰，一時之間，軍聲大震。已力抗數日的賊匪連連敗陣，於是退守施厝坪。民軍緊追不捨。施厝坪所在地橫山與牛牯嶺同為八卦山臺地的一部分，二地相距不過三、五公里。戴軍退守至此，不啻為天助民軍。蓋義首陳捷三，正是牛牯嶺人，人事地理的熟通，給予他擊敗對方的最大憑藉。他所運用的方法，便是陳肇興〈二十九日攻克施厝坪等處〉詩中所指出的：

> 搗穴千山暗，焚巢萬馬屯。……日落烽煙迴〔註88〕，風吹鼓角繁。

原來「暗夜火攻」，便是陳捷三的妙計。他憑藉著對人事地理的熟悉，夜間派人秘密放火焚燒戴營，使之措手不及，驚駭潰逃，民兵於是趁此而入，克復施厝坪〔註89〕。並趁勢由陳捷三與陳雲龍分兵徇收臨近村莊，與陳肇興所言「乘勞須破竹，慎勿貸遊魂」（〈二十九日攻克施厝坪等處〉）的想法相合。

至此而言，民軍在同治二年六月中下旬一股作氣的連番進攻之下，已快

〔註87〕分縣衙所在地即今南投國小，現已毫無遺跡可尋。

〔註88〕楊氏本以次各本，包括史文本，俱誤作「迥」。茲據鄭喜夫校訂，依原刊本改作「迴」字。

〔註89〕施厝坪在今南投縣南投市，其中東施厝坪隸屬於武東里，西施厝坪則分屬武西里、鳳鳴里。此即為清代施厝坪及其附近區域，分屬武東堡、武西堡的遺蹟。

速收復了六保合約舉事時所失陷的大部分區域，包括了沙仔崙（屬東螺東保）、南投保、北投保，施厝坪及鄰近村莊所在的武東保、武西保，在六月十八日至二十九日這不到半個月的時間內，六保已收復五保。五保的收復，對於力抗戴黨的官軍及義勇們正是一大鼓勵，也是陳捷三、陳肇興等人長久奔波奮發，捨生報國的重要成果。陳肇興在攻克施厝坪之後寫道：「從茲寒賊膽，直可達軍門。」（〈二十九日攻克施厝坪等處〉）便是對官兵民軍的最後勝利，有了更堅定樂觀的期待。在樂觀的期待中，我們似乎也感受到了陳肇興那充滿希望與鬥志的眼神，六月連日大捷解救了許多苦於水火的百姓，並且也向全面的和平，向前昂揚邁進了一大步。

5. 再克集集

當民軍連戰皆捷之際，在埔里社戴軍聞訊大駭，於是擁眾聚於集集莊，企圖大舉反攻。陳雲龍得知，便與陳捷三協同於七月下旬，率領義民五千餘人猛攻集集莊，兩軍皆死戰不退。此時水沙連舉人林鳳池適時引兵來助，與前番民兵合力夾擊，戴軍力不能擋，被民軍斬首百餘級，勢挫大敗，引陣退紮於水社（在今南投縣魚池鄉水社村）。這又是一次軍民合作的大勝利，陳肇興亦隨軍親赴集集討伐，並寫下〈攻克集集斬首百餘〉，述及殺戮戰場上的悲慘：

> 驚呼千戶亂，殺戮一時忙。語及蒼生際，前溪鬼泣瘡。（之一）

戰場上刀劍相逼，驚逃呼號，猶如煉獄。蒼生何苦，新魂舊鬼相泣數瘡？本是同胞，卻相互殘殺，實在可悲！然而早日平息爭亂，似乎也才是讓生活重新開始的唯一方法，集集內山是水沙連要地，戴軍有備而來，志在必得，若民軍失敗，集集為戴黨所據，使其得以互相連通，恐怕非百姓之福，陳肇興雖然悲憫於眾生生命的無常，但非常時期，須有非常做法，集集之役的勝利，在感嘆之外，仍是欣慰的，其詩便云：

> 莽莽千山外，蕭條剩幾村。敵人真破膽，壯士未歸元。濁水烽相照，珠潭壘尚屯。沙蟲成底事，寂寞竟無言。（〈攻克集集斬首百餘〉）之二）

集集本是內山深林，世外桃源。此時頓成殺聲震天的戰場，戰後則成為屍橫遍野的鬼域。本來強霸蠻橫的戴軍，在民兵的威力掃蕩下，如今倖存者驚嚇破膽，已亡者身首異處。則如今仍為戴黨一員者，何不想一想：冒險犯難，所戰何事？干戈興兵，是何成就？以之反問受斬者或許也將無言以對，寂寞向

荒山了！

　　民軍攻克集集之後，合約舉事卻失敗的六保，至此方才全部歸官。換句話說，六保合約舉義的行動，至此終於成功。自四月二十八日起事至七月二十二日以後，其間將近三個月的時間，六保敗而復勝，失而復得，這一次有賴民軍合力攻克集集，使六保得以實現共樹白旗的理想，真可謂是遲來的勝利。並且集集莊的回歸清軍，使六保投誠的意義，得以明白的顯現出來，因為六保聯莊的版圖由沙仔崙所在的彰化平原，延伸到了集集莊所處的南投內山，這一條線幾乎橫面切斷了臺灣西部山陵區域，連通南北往來的一大部分交通。對於已佔領彰化城，又已移營斗六積極力圖擴張的戴潮春勢力而言，實在是一項重大的阻礙，因為它將使濁水溪以北的戴黨部眾，無從與濁水溪以南的斗六主營互通聲息，影響可謂大矣。

　　失守集集的戴軍，深知六保易幟的嚴重性，力圖闢通蹊徑，於是在不久之後的八月，重新集結數千同黨徒眾，自外包圍集集莊，再度引發緊張情勢。陳肇興有〈聞集集被圍〉一詩紀其聞訊：

　　　見說烏山峻，貓兒打草來。縱橫群盜至，征戰幾人回。已失山川險，
　　還聞倉廩開。明朝期一戰，努力仗群才。

詩中對於戴軍再起，毫不以為意，對於即將發生的戰鬥，更充滿了期許團結再造功勳的樂觀。果不其然，兩軍二度交烽，戴軍之慘敗尤甚於前役。同樣在陳雲龍、陳捷三、林鳳池的分頭領兵下，進行三方夾擊。猛然的攻勢下，戴軍亦拚死力戰，聲勢銳利。此時陳捷三之兄陳捷元亦引六保兵眾來助，終於力挫敵威，斬首二、三百人，致令濁水溪盡染血赤，全軍大勝，鞏固了集集莊的安全，六保歸官，因此不再動搖，聯莊舉義至此終於底定。

　　再戰集集莊時，民軍斬殺敵人的數目，各有不同。陳肇興有〈再克集集，溪水為赤〉一詩，明言「俘斬二百餘級」。吳德功《戴施兩案紀略》亦言：「俘斬二百餘級，溪水為赤」，文字與陳肇興詩題所示相同，或即轉錄自陳肇興。然蔡青筠《戴案紀略》卻說道：「是役殺賊三百六十餘人，溪水盡赤」其中「溪水盡赤」一語或仍沿用自陳肇興，但「三百六十餘人」此一數字則為獨出，其與陳、吳氏之不同，是由於別有所據，後出轉精？抑或「斬俘」一語之意義有別？即俘擄斬首者有二百餘人，合殺亡斬首者共三百六十餘人？然則戰場慘亂，此當為概略數字而已。

　　再克集集時戴黨志在必得，拚死而來，不惜背水一戰，民軍亦矢志護莊，

全力固守，其戰況之激烈，自當可想而知，而傷亡之人數，亦相對增加。陳肇興在〈再克集集溪水為赤〉詩便對連番戰鬥，累累白骨寄語尤多：

> 戰鬥緣何事，紛紛死不休。干戈民自擾，骨肉爾奚尤。野燒連村起，溪濤帶血流。番黎知報國，我輩況同仇。（之一）

> 昔讀高人傳，入山恐不深。誰知猛虎穴，轉在桃花林。地僻王章廢，天高劫運沈。寥寥人境外，白骨已成岑。（之二）

閱讀此詩，眼前盡是一片燒殺景象，白骨如山，血流成河，慘不忍睹！這樣你死我活的無休止的戰鬥，究竟所為何事？青山綠水竟成血土紅河，骨肉兄弟卻是干戈相向，屍骨層疊的代價，著實是太高了！

集集百姓懍於此次戰役的傷亡過於慘重，於是在收埋屍體之後，擴建戰場所在的濁水溪旁大眾爺祠祭拜，至今一百三十多年來，仍於每年農曆八月二十三日舉行盛大祭典，誠心遙祭過往魂靈！大眾爺祠旁相傳已高齡七百餘年的大樟樹，至今依然高大青翠，它正是人間興衰離合的最佳見證！筆者至此走訪時，恰是一個陣雨頻頻的午後，急驟的雨聲，彷彿重演著當年戰場上廝殺吶喊的淒厲，望著大眾爺的威儀，令人不禁凜然心驚；而雨後清新的大地，襯托集集小鎮的和平寧靜，則分外令人感到可貴與珍惜！

在尋求收復六保的過程中，陳肇興曾感慨於貧病無成，年華逐漸老大，其〈孤憤〉一詩已顯出此意，詩中所言甚為明白：

> 學書學劍兩無成，投筆今朝為請纓。……恩仇未報家先破，貧病交侵命已輕。（之一）

> 談來戰伐人皆勇，說到流亡我尚愁。卜式家財逾十萬，輸將已罄漫徵求。（之二）

> 年華荏苒髀生肉，戎馬消磨頷有鬚。……海濱耆舊凋殘盡，誰向黃公問酒鑪？〔註90〕（之三）

貧病破財，老大無成，陳肇興的詩意中有感慨，似乎也有一些著急。即使如卜式般的富有，長期輸財，也有金盡無著的時候；而眼見國亂未定，仁人君子又有誰能不傷逝憂心呢？故而在感慨聲中，陳肇興其實更著急於如何奮力報國，除敵平亂，隨著民軍連戰皆捷，其內心捨生報國的意志，彷彿堅定了

〔註90〕《世說新語・傷逝》記曰：「晉王戎曾與嵇康，阮籍酣飲於黃公酒鑪。嵇康既亡，戎再過此店，為之傷感。後人遂用傷感憶昔之詞。」

許多。〈雜感〉之中便如此說道：

> 舊業已全廢，蒼生猶未蘇。請纓思報主，悔不熟陰符。（之一）
>
> 逐客猶投北，狂瀾孰障東。撫膺空自負，潦倒愧英雄。（之二）
>
> 鬼泣沙中火，人歸夢裡家。古來志溝壑，死國是榮華。（之三）

期望以更有效的方式平定亂局，是其內在的想望，將為國捨生效命視為榮耀，陳肇興為民謀國的心志，並沒有真正的動搖過，因此對既是好友，也是同志的邱石莊，陳肇興表述了自己志在謀國而不圖功的態度和作為：

> 狼奔豕突遍鄉閭，幾度思君淚滿裾。兩載離鄉分手後，萬金酬士破家初。身非食肉工謀國，志不圖功少上書。今日相逢倍惆悵，頭鬚白盡為軍儲。（〈南投喜晤邱石莊〉）

報國唯憑一寸丹心，並非逐利而行，陳肇興在其〈感事述懷五排百韻〉中即云：

> 苦將王命論，勸與聖人珉。險阻嘗方盡，艱難計又成。牧羊招卜式，
> 屠狗覓荊卿。感激根忠孝，連環仗戰爭。一身渾是膽，眾志遂成城。
> 夜草陳琳檄，朝拋仲子纓。挺從抽棘制，田共荷戈耕。不料功名際，
> 由來禍患并。世人皆欲殺，吾道本艱貞。飲血重交戰，飛書再建旌。
> 丹心爭一寸，白髮任千莖。

詩中所述，便是陳肇興一、二年來所作的一切努力，既本儒心，以忠孝化民；也投筆從戎，以武戰止戈。然而以文士行武路，雖有建功機會，並非人人可成，其不盡順遂，所在多有。陳肇興在戴案興起後第二年秋冬即自我嘲謔道：

> 貧極拋鄉井，饑來賣鼎鐺。產空前日破，棋是別人贏。科第成風漢
> 〔註91〕，衣冠變老傖〔註92〕。呼冤多杜宇，醫　少鶺鴒。（〈感事述
> 懷五排百韻〉）

一場戰亂，使得家貧人窮，功名耽擱，甚被視為瘋漢異類；破產助陣，功勳歸於他人。一介文士，欲求戰功，似乎一半在人，一半在天，人間的不平，在亂世中尤其彰顯。即如陳肇興〈感事〉中所言：「死是眾人功一將，戰場從古不平多」（之二），所謂「一將功成萬骨枯」，似乎自古而然。陳肇興雖然亦因此

〔註91〕風漢即瘋漢。唐《玉泉子真錄》載：「劉蕡，相國楊公嗣復之門生也。對策以直言忤時，中官尤所嫉妒。中尉仇士謂楊公曰：『奈何以國家科第放此風漢及第耶？』」

〔註92〕南北朝時，南人鄙稱北人為「傖」。

而頗生慨嘆，但仍然一再地表示以其登科之身，當義不容辭的投入官軍行列。在陳肇興而言，將門功名雖不一定可得，但衛國的枯骨，也是另一種的榮耀，並且也只有繼續齊心努力，才有成功來到的一天。

三、末期

六保收復成功以後，清軍討勦戴黨亦捷報頻傳，日見佳績。同治二年冬天，被戴黨盤佔多時的彰化城，終於在官軍會師力攻之下光復，重新回到清政府的懷抱，丁曰健上奏報捷，言之甚詳，其〈會師克復彰化暨貓霧地方並各要隘摺〉敘述了這高歌凱旋的歷史過程：

> （十一月初二日）是日自午至中，范義庭等各帶兵勇到城奮擊，該逆抵死抗拒，相持三時之久，轟斃多名，各逆繞莊四竄。臣曾玉明派守備曾大鏞等會同追捕，斬馘二百餘級，就勢直勦彰城，城上鎗砲雨下。時交酉刻，臣等飭軍收隊，飽食以待。漏下三鼓後，臣等麾軍復攻彰城，該逆乃攖城固守。忽城中伏火舉發，烈燄燭天，前所密派之線民，當經早到，候外兵直搗，打開城門。臣曾玉明督同曾雲峰等首先從西門而入，臣丁曰健同時督軍從北門而入。城內匪徒狂奔東門而逸，官軍追斬四百餘名。……遂於十一月初三日卯刻將彰化縣城克復。〔註93〕

戴黨大營彰化城為官軍收復，直是戴案以來最重要的勝利，為所有的官民百姓帶來了光明在即的無窮希望，令普天大眾精神為之振奮。

清官軍於十一月初三日克復彰化城，此一歷史事件在丁曰健《治臺必告錄》上報奏摺中，已言之甚明。又，林豪《東瀛紀事・官軍收復彰化城始末》亦載曰：

> 十一月，林占梅受降入城，約為內應，遂進軍彰化北門。……初三日，林占梅前鋒林忠藝、林尚等攻入彰化北門。

亦明言彰化城之收復在十一月初三日〔註94〕。然而，吳德功與蔡青筠《戴案

〔註93〕丁曰健《治臺必告錄》第440、441頁俱可見。又林豪《東瀛紀事・官軍收復彰化城始末》第38、39頁。臺灣文獻叢刊第17、8種，臺北：臺灣銀行經濟研究室，1962、8。

〔註94〕首先進入彰化城者非林占梅。兵備道丁曰建奏摺及吳德功《戴施兩案紀略》已駁正甚明矣。臺灣文獻叢刊第17、47種，臺北：臺灣銀行經濟研究室，1962、8。

紀略》兩作都將此事繫於十二月初三日。觀諸吳、戴二氏之作，述史及此俱由「冬十月」一跳而至「冬十二月」，其十一月之史事完全付之闕如。而克復彰化城又當事十一月起始之初三日，將之置於林占梅率軍攻勦劉葭投（在今臺中市龍井區）及林文察率兵會攻斗六二事之間亦無大誤。因此筆者認為：吳德功、蔡青筠之繫年於十二月當是筆誤，或者是印刷排字之差誤所致，宜改正為「十一月」才對。

（一）協軍勦匪

清軍與民兵的聲勢，較之從前已更加銳不可擋。陳肇興便隨軍乘勝追擊。陳肇興具函力邀水沙連父老共同舉戈討伐，或許在連日多捷的信心助長下，陳肇興〈代東沙連諸紳士〉也顯得格外明朗有力：

> 自請長纓後，鄉農競舉戈。野番猶報國，我輩況登科。不有同仇賦，其如眾論何？牧羊招卜式，屠狗得荊軻〔註95〕。烽火通珠嶼，旌旗出苧蘿〔註96〕。曾傳書慷慨，豈意歲蹉跎。白馬搖鞭去，黃巾帶甲過。一時驚寇至，萬口遂言訛。昨日聞橫海，將軍是伏波〔註97〕。高冠彈獬豸〔註98〕，巨浪淨黿鼉〔註99〕。賊膽寒韓、范〔註100〕，人心仰牧、頗〔註101〕。會須投筆硯，慎勿誤巖阿〔註102〕。竹帛功名重，桑榆際遇多。前途期努力，洗耳待鐃歌〔註103〕。

〔註95〕《史記》卷八十六〈刺客列傳‧荊軻〉：「荊軻即至燕，愛燕之狗屠及善擊筑者高漸離。荊軻嗜酒，日與狗屠及高漸離飲於燕市。」第421頁。狗屠即是以屠狗為業的人。陳肇興詩中言「屠狗得荊軻」其意應為「狗屠得荊軻」，但為與上句「牧羊招卜式」相對仗，故而將狗屠改易為「屠狗」。

〔註96〕苧蘿即苧蘿山，在今浙江省諸暨縣南。相傳為西施的出生地。

〔註97〕橫海，形容十分龐大。桑榆，日所入之處。
伏波，漢代將軍名號，漢武帝時，路博德，漢光武帝時馬援，皆為伏波將軍。

〔註98〕獬豸，傳說中的獸名。漢代楊孚《異物志》云：「北荒之中，有獸，名獬豸。一角，性別曲直。見人鬥，觸不直者。聞人爭，咋不正者。楚王嘗獲此獸，因象其形，以製衣冠。」清代御史及按察使，補服前後皆繡獬豸圖案。

〔註99〕黿，大鱉，背青黃色，頭有疙瘩。鼉，一稱揚子鱷，體長四至丈餘，四足，背尾鱗甲，力猛能壞堤岸，皮可冒鼓。

〔註100〕韓范乃宋代韓琦與范仲淹之合稱。《宋史》卷三二一〈韓琦列傳〉曰：「琦與范仲淹在兵間久，名重一時，人心歸之，朝廷倚以為重，故天下稱為「韓范」。

〔註101〕戰國時代趙國將軍，李牧、廉頗皆以戰功著名，號稱名將。後世因以「頗牧」作為大將的通稱。

〔註102〕巖阿，乃山窟邊側的地方，此指水沙連。

〔註103〕鐃歌為軍樂，行軍時於馬上奏之，通謂之鼓吹。

陳肇興以身作則，力邀沙連諸紳士同仇敵愾，共赴鄉難，戴軍蜂起雖可驚可怕，但勇將領軍，王師將至，天道昭彰，小人難逃，曲不掩直，邪不勝正。在人心仰望之際，投筆負戈，保衛美麗的家園，齊心努力，不僅建功立業，也才能開創更美好的明日。陳肇興在具柬力邀鄉紳的同時，本身亦已持續投入戰役。官軍的這一次勝利，親與攻略的陳肇興有〈克復林圯埔在軍中偶興〉一詩記及此役：

> 鼟鼓連朝響未殘，軍中猶自著儒冠。師因累捷威聲壯，民為初降號
> 令寬。幾處負隅〔註104〕猶拒命，頻年殺賊不逢官。元戎誰有書生
> 膽，鑿險絕幽路百盤。

此時戴軍雖未盡消滅，但官威日盛，各地陸續收復，並且每每官軍所到之處，皆能保順安民，即令脅從於戴營之百姓，亦不與較，故而民眾簞食壺漿以迎王師的情景，亦多有可見。

例如，同治二年十月丁曰健帶兵旋進牛罵頭（在今臺中市清水區），即下令嚴戒軍士：凡鄉民襟間有掛白布條者即為良民，脅從者不究。軍聲因此大振，民間歡聲載道。又，林占梅引兵三千進紮山腳（在今臺中市龍井區），大軍所到，旌旗鮮明，大旗上書：「保順安良」四字，凡未投順，秋毫無犯。地方父老見之咸舉手歡呼曰：「今日方得再見天日。」至有泣下者。所有脅從皆洗心革面，簞食壺漿以迎王師。再有曾玉明攻入彰化城時，即禁兵不許妄殺平民，違者以軍法從事。先前順從戴黨的村莊聞之，皆薙髮來降。大軍所到，秋毫無犯。脅從之人重見天日，歡聲雷動。

官軍因累戰多捷，亦對情勢更具鬥志與信心。即如陳肇興詩中所言「元戎誰有書生膽」般，披戴儒冠，卻豪膽如天，登高歷險亦不落人後，更何況一秉正氣，戴軍衰敗之際，又如何能相比？縱使仍有餘眾未清，但在詩句堅定的語意中，陳肇興彷彿以其自身如虹的士氣，預告了戴黨即將完全潰敗的結局！

戰局愈到末期，愈加不能懈怠。克復林圯埔之後，陳肇興立即隨軍經由鯉魚尾穿山至斗六門，透過深林小徑，行軍至斗六。這條山間小道上，據守著頑強的戴軍，不時忽而殺出，但似乎對官軍並未形成威脅，陳肇興在其

〔註104〕負隅應為負嵎。負，背也；嵎，山曲也。負嵎謂三面無慮，只擋一面。《孟子·盡心篇下》：「有眾逐鹿，虎負嵎，莫之敢攖。」後世因稱據險以抗曰負嵎。

〈自水沙連由鯉魚尾穿山至斗六門〉一詩中反多著眼於山道景色的描述，
其詩云：

> 一線羊腸路，東南鎖鑰存。地連滄海盡，山壓陣雲昏。落日沙連渡，
> 秋風斗六門。誰知遺毒螫，群盜尚蜂屯。（之一）

> 翠篠千山陡，黃雲四塞開。軍真天上降，賊自穴中迴。玉石迷崑火，
> 烽煙接礮臺。何時擒首惡，躍馬拂雲來。（之二）

大隊人馬經由山間僻靜的羊腸小徑，到達繁榮的斗六門，這或許是一次急迫
的行軍，也可能是一次秘密的軍事行動，更或許是最佳捷徑。據陳哲三研究
指出：

> （水沙連）真的廣義要包含名間、中寮、南投、草屯之山區。真的
> 狹義只指日月潭中及潭畔之邵族的社之所在地，即水沙連社、水裏
> 社、水社。但同治光緒年間的水沙連，卻是竹山，鹿谷。〔註105〕

並且其大作中也明文指出：《陶村詩稿》中有〈羅山聞警間道斗六門入水
沙連途中口占〉、〈大坪頂〉、〈水沙連記遊〉、〈自水沙連由鯉魚尾穿山至斗六
門〉四題之詩，其中所提及之「水沙連」指的「都是今天的竹山。」據此而
論，陳肇興此次行軍的路線，當是：

> 水沙連→竹山→鯉魚尾（今南投縣竹山鎮西南方鯉魚里）→穿山→
> 斗六門（今雲林縣斗六市）。

此一路線與同治元年〈羅山聞警，間道斗六門入水沙連途中口占〉中所呈現
的路線類似，當年為避亂而行走的山徑路線，據其詩文所示當是：

> 斗六門（今斗六市）→牛觸口（即觸口山）→水沙連（今竹山）。

此兩條路線起點與終點恰為相反，乃一來一往之路徑。但經由鯉魚尾所穿越
的山陵，恐怕不是觸口山，而是地理位置較為接近的鯉魚尾山。如此一來，
這兩條山徑恰為梭形圖上的上、下兩線。觸口山海拔高度約為三三一公尺，
鯉魚尾山海拔高度約為三六二公尺，兩者高度相差不多，皆屬於丘陵山地。
但以竹山與斗六門之間的最短距離而言，則經觸口山一途，幾乎可為竹山至
斗六門的直線距離，若經鯉魚尾山，則是繞道而行。

　　穿山繞道的急行民軍目的地斗六門，正是戴潮春繼攻佔彰化城後，移師

〔註105〕陳哲三〈「水沙連」及其相關問題之研究〉，第35至69頁。《臺灣文獻》49：
　　　　2，1998、6。

盤據的帥營。在收復彰化城之後，清軍精銳部隊直指斗六門，鄰近民軍均協同會約，準備直搗黃龍。當初連莊投誠的六保，便在其範圍之內，陳肇興、陳捷三等人，亦義不容辭協同攻討。《咄咄吟》中便有〈自林圮埔進師〉一詩記述了此次大軍攻戴營的壯舉。在詩題中，陳肇興簡述了此次進行的路線乃是：民軍自林圮埔進師，與官軍會約，由溪州底攻擊斗六，取勝之後，越日襲取東埔蚋（在今南投縣竹山鎮延平里一帶），亦獲勝。其詩歌則描述了當時的概況與心情：

> 夜半椎牛〔註106〕召鄉里，雞鳴蓐食〔註107〕千人起。搖旗撞鼓入蠻鄉，伐竹編橋渡濁水。長驅轉戰若無人，逐北追亡如捕豕。殺氣朝橫獅子頭，降旛夜豎鯉魚尾。忽聞李愬入蔡州〔註108〕，一軍欣欣色然喜。請纓直走伏波軍，探穴爭擒猛虎子。是時官軍擁賊壘，馬鞭一擲風披靡。有如逐鹿獵平原，彼持其背我角犄。列炬一聲光燭天，千村萬落無荊杞。

　　從詩中推知：這支義軍來自於沙連保義民，夜半召會，黎明即起，千人之軍，精神飽滿，浩浩蕩蕩的出發。早上從今日竹山鎮獅子頭山出發，一路橫渡濁水溪，長驅轉戰，將戴軍擒捕追逐。晚上即已豎旗駐紮於今日竹山鎮鯉魚里的鯉魚尾山。當然，「朝橫」、「夜豎」可能只是誇張形容，但至少應是於短時間之內，由獅子頭與鯉魚尾所在的沙連保內，各莊結集鄉勇，急行會約，之前的〈代束沙連諸紳士〉一詩，或許正是為了此一會約而發，詩末「前途期努力，洗耳待鐃歌」之語，在於期許士紳百姓鼓舞振作，整裝待發，語氣之間似乎透露了戰爭的即將發動。

　　也因此聞知如唐代平息藩鎮有功的李愬將軍般的清廷大軍亦拔隊南下，不覺人人喜形於色，軍心大振，個個摩拳擦掌。果然兩方交戰之時，殺聲震地，火光沖天，戴軍負嵎頑強抵抗，民兵官軍則以犄角之勢全力夾擊，戴軍陣營步步後退，棄城潰敗。戴營附近抗官附從諸莊，亦一一勦清夷平，不留殘餘，斗六於是攻破，白旗高揚，萬民同歡。但美中不足的是，戴黨首領戴潮

〔註106〕椎牛即殺牛。

〔註107〕蓐食，意指早晨未起在寢席上進食。

〔註108〕李愬，唐代人，字元直，有謀略，善騎射。元和年間藩鎮割據，十年淮西節度使吳元濟造反，朝廷派遣裴度宣慰懷西行營，以李愬為鄧州節度使，率兵討伐。十二年，李愬率軍夜襲蔡州，生擒吳元濟，懷西因而平定。李愬因受封涼國公。新舊唐書有傳。

春,卻趁亂逃脫了,陳肇興〈自林圮埔進師〉接著說道:

> 可恨擒賊不擒王,黑夜枰中出虎兒。未能當道戮豺狼,徒向空山拾
> 螻蟻。此曹也是偽公侯,平日作橫苦桑梓。一朝縛出綠林中,萬姓
> 歡呼徹街市。居人歸業樂熙熙,從此一路肅清矣。

陳肇興一向主張擒賊必先擒王,如今終於直入虎穴,卻讓戴潮春在黑夜中乘隙逃脫,未能親屠虎首,頗表遺憾!所幸軍民合力之下,斬殺無數,戴黨勢力已然被逐出斗六,官軍順勢越日進取東埔蚋(在今竹山鎮延平里一帶),生俘戴軍十三人,勦除內山餘黨,從此沙連保戴案之變,終告肅清。這一次的軍民會攻大獲全勝,已使戴黨失去了根據地。

如今四路官威大振,八方義民響應,情勢大好,士氣暢旺,擒拿首腦戴潮春已是指日可待。從陳肇興充滿自信的詩歌結語中,我們已然見到光明在望,凱歌預奏了!

擒拿戴潮春,成為攻克斗六之後最重要的工作,陳肇興依然持續與官軍配合,一鼓作氣追勦潰眾,翻開丁曰健〈克復彰城斗六並攻克山路抗莊擬即移師赴嘉搜捕到郡接印摺〉中即提到陳肇興參與勦匪的行動:

> 獨恐潰逆竄走水沙連等處,潛入番界,追捕必稽時日。當飛飭舉
> 人陳肇興、義首陳捷三、陳雲龍等鼓舞義民出堵二八水地方,飭
> 鹿港同知興廉前赴寶斗,傳諭七十二莊鄉民出堵官地廳地方,以
> 斷斗六潰黨逃入番地之路。……而斗六土圍,經水、陸兩提督臣
> 會商,立飭關鎮國、白瑛等軍,遂於十一月十八日夜半攻克。該
> 處附近抗莊,亦多毀平。唯逆首戴萬生乘隙逃脫,賴二八水、官
> 地廳各路義民堵截,不致竄入番地。……刻下首逆戴萬生並各股
> 首,雖乃聚集潰黨,或恃險負嵎、或憑巢死抗,而彰、斗克復。
> 義民響應,賊勢窮蹙。四路軍威大振,釜底游魂,不難擒獲。……
> 並派紳士中書林鳳池、舉人陳肇興、蔡鴻猷、職員蔡謙光等率團
> 分繫要隘,以資策應。〔註109〕

從奏摺當中可以很清楚看到,在圍勦斗六的過程中,陳肇興與官軍協同調度,合力擒敵的積極行動。水沙連本即是陳肇興、陳捷三等人連莊時熟悉的區域,即令屬於東螺東保的二八水,也是六保合約舉事時的一部分,清軍之倚重陳

〔註109〕見丁曰健《治臺必告錄》,第446至448頁。臺灣文獻叢刊第17種,臺北:
臺灣銀行經濟研究室,1962、8。

肇興等人，不僅在於他們保鄉愛國的熱忱，也同時由於他們對當地環境的熟悉與對民眾相當程度的號召力，清官軍以其王者之師，名正言順平亂，民兵以其區域資源助官，兩者的相輔相成，造就了雙贏的局面。由於官軍的全力掃蕩，以及陳肇興等民軍的分紮堵截有成，完全阻遏了入山通道，使得戴潮春潰黨完全無法竄入內山番地，義首民兵在這次戰役中，實在功不可沒。而陳肇興雖然未見有明顯的戰功，但從奏摺中屢屢提及而言，他應當具有相當程度的民兵領袖地位才是，甚受官軍倚重。

從丁曰健的奏摺中，可以清楚看到六保成功收復之後，陳肇興已完全與官軍合流，配合官方指揮，協力勦肅戴黨。這些是繼同治元年三月十六日奉憲命前往南、北投聯莊之後，陳肇興首次在文獻中具體可見與官方合作的記錄。前述之六保聯莊，意在各保約定同日樹白旗以應官軍，其區域投誠之意義較重。其後六保反攻，亦在民軍合力突圍相援之主力下完成，官軍似未見其主導力量。然奏摺中所述，提調即等於列屬兵備道丁曰健的指揮系統之下，或許就某個角度看，陳肇興已然實現了請纓報國的理想，此一理想的實現，應與六保脫離戴黨控制，回歸清政府，得以由官軍統一調度有關。

在六保聯莊及收復後的過程中，領兵率民有成的領袖及義首如陳肇興、陳捷三等，自當成為清軍倚重的對象。《咄咄吟》中自始便可常見陳肇興並不得志的感嘆，如其所曾云：「人自趨炎吾耐冷」（〈消夏雜詩〉之七）、「破產購一錐，報國心空切。……豈不思請纓，空手難為烈。」（〈自許厝寮避賊至集集內山〉）、「報國有心欣得間，請纓無路且偷閒」（〈花朝喜聞官軍羅山大捷〉），這些請纓無路的慨嘆，在六保光復投官之後，已不復見，取而代之的則為已然請纓的豪壯，試觀其詩語：

學書學劍兩無成，投筆今朝為請纓。（〈孤憤〉之一）

請纓思報主，悔不熟陰符。（〈雜感〉之一）

自請長纓後，鄉農競舉戈。野番猶報國，我輩況登科。（〈代東沙連諸紳士〉）

豈為封侯始請纓，從知殺賊即名士。……黃塵滾滾向東飛，看我下車攖猛虎。（〈玉潭莊與黃實卿明經夜話〉）

請纓直走伏波軍，探穴爭擒猛虎子。（〈自林圮埔進師〉）

陳肇興直接從事於官軍系統之下，滿懷抱負之情溢於字裡行間。而隨著官軍

連捷、戴潮春就擒,陳肇興對自我「加鞭策駑駘」(〈奉憲命往南北投聯莊遇亂〉)的奮力報國期許有了欣慰,而天下百姓與之相同的「早掃妖氛慰倒懸」(〈元旦〉)的願望,也終於將要實現了!

(二)戴潮春伏誅

在軍民合作日密,而戴軍內部分歧日遽的情況下,戴潮春黨眾終究逐漸衰落了。《戴施兩案紀略》中明白記載道:

> (同治二年十一月)二十一日,偽東王戴潮春逃竄武西堡,七十二莊張三顯說執而獻之,旋斬於北斗溪。

> 春觀眾心不附,乃挈眷與死士數十人逃投七十二莊張三顯家中。因曾元福前任北協,春為稿書,令苦苓腳虜生邱萃英往張三顯家說之。顯亦懼罪,力勸春自首,許以保護其妻子。妻許氏亦懼誅,共勸之。是日,三顯以肩輿坐潮春至北斗。……丁道叱令陳捷元推出斬之。〔註110〕

然而當時臺澎兵備道丁曰健呈報朝廷的內容卻不是如此,丁曰健〈會奏生擒偽東王戴萬生等勦滅巨股會匪彰屬西南大路肅清摺〉記載歷程云:

> 自(十二月)初五至初八等日,派署臺灣城守參將關鎮國……、監生曾韞玉等各帶兵勇二千名,分為五路勦燬目宜山、江毛社、丙郎莊、社頭崙仔〔註111〕等處,抗莊大小四十餘處,殺賊無算。生擒偽軍師黃雜先等二十一名正法。其餘望風歸順,張厝莊之蕃籬盡撤。

> 初九日寅刻,各軍攻張厝莊,鎗炮環施……相持六時之久,賊勢不

〔註110〕見吳德功《戴施兩案紀略》,第47至48頁。臺灣文獻叢刊第47種,臺北:臺灣銀行經濟研究室,1962、8。

〔註111〕目宜山應作目宜莊,亦作睦宜莊。周璽《彰化縣志·規制志》即記載睦宜莊隸屬於東螺保。見第48頁。
睦宜莊即今彰化縣田尾鄉睦宜村。此處地理平坦,無甚山陵,故當無目宜山。「山」應為「莊」之訛誤。臺灣文獻叢刊第156種,臺北:臺灣銀行經濟研究室,1962、8。
丙郎莊,為今日社頭鄉張厝村附近的小聚落,亦稱丙爐莊。
社頭崙仔,在今彰化縣社頭鄉崙雅村。
「江毛社」實為「紅毛社」之筆誤。該摺奉上諭即稱「紅毛社」而非「江毛社」;且在此一區域範圍內,並無江毛社,只有紅毛社,故江毛社實為筆誤或印刷校正有誤而導致。紅毛社分大、小紅毛社,實為相鄰之聚落。大紅毛社在今彰化縣田中鎮大社里,小紅毛社在田尾鄉。

支，遂於酉刻將該莊焚燬，斃匪七十餘名。戴逆率死黨數百名，冒煙突火，狂竄芊寮仔莊〔註112〕，該莊壘固壕深，抵死困守。各軍四面環攻，屢因莊內伏銃亂發，軍士多有傷亡。臣曾元福審度地勢，吏路生番地界，早經道臣丁曰健派撥官軍、義民伏堵要隘，無從竄逸（按：即前述陳肇興等人之助軍堵禦）……十一日至十七日，派令關鎮國、徐榮生飭令兵勇不分日夜輪放大砲，擊死悍賊甚多……十八日子刻，臣曾元福嚴督在事各員弁奮力猛攻，並懸重賞。各軍踴躍直前，鎗砲如雨，該莊鉛藥罄盡。時方巳正，臣丁曰健亦統所部自彰化拔隊到地，合力圍攻。各路兵勇，一齊躍濠突圍而入。見戴逆身穿黃衣〔註113〕，繞遁於竹林之內，經陳朝忠、林文光、曾登貴、勇首林得勝等將戴萬生擒獲，洪鍾英等亦縛董九仙至營。……當提戴萬生在營會訊，極刑處死。〔註114〕

兩者說法有同有異，大抵上，戴潮春是在七十二莊，即在今彰化縣社頭鄉廣興村的芊寮莊、張厝莊一帶作最後的掙扎，而後於官營所在的北斗處決。惟此中最受爭議者乃戴潮春究竟是為誰擒獲一事。《戴案紀略》言為張三顯執獻官軍，丁曰健奏摺則大書其率軍圍捕之功，彼此頗有出入。其實兩者之間的是非，林文龍先生〈「刑期無刑」匾及其他〉〔註115〕一文已有明白析論，丁曰健奏摺是有誇大己功的不實敘述，「刑期無刑」〔註116〕一匾是最好的證明。

〔註112〕張厝莊，即今彰化縣社頭鄉張厝村。芊寮仔莊在今社頭鄉廣興村，訪諸當地，現今多數居民仍習稱芊寮仔莊。

〔註113〕戴潮春被迎入賊黨佔據的彰化城後，自稱偽大元帥，還歸四張犁故里後，稱為東王，旋赴南北投，沙仔崙，水沙連等處派餉。見林豪《東瀛紀事·賊黨縣彰化縣》，第 5、8 頁。臺灣文獻叢刊第 8 種，臺北：臺灣銀行經濟研究室，1962、8。

又其〈叢談上〉記錄：「戴逆至水沙連派餉，以紅旗數對前導，使偽軍師繡衣朱履，佩劍執拂，騎馬先行。偉男子數十人，手執大刀，稱偽保駕大將軍，簇擁轎前。逆之衣服乘轎皆黃色，後有赤腳男、婦數十隨行，偽稱宮監宮娥蓋戴潮春起事後，即以帝王自居，胡妄行儀。」見第 59 頁。

〔註114〕見丁曰健《治臺必告錄》，第 450 至 452 頁。臺灣文獻叢刊第 17 種，臺北：臺灣銀行經濟研究室，1962、8。

〔註115〕見林文龍《臺灣史蹟叢論》下冊《風土篇》，第 141 至 152 頁。臺中：國彰出版社，1987、9。

〔註116〕「刑期無刑」匾乃南投縣草屯鎮月眉厝龍德廟之古匾，今已列入國家三級古蹟保護。龍德廟位於該鎮碧峰里碧山路 1158 號。

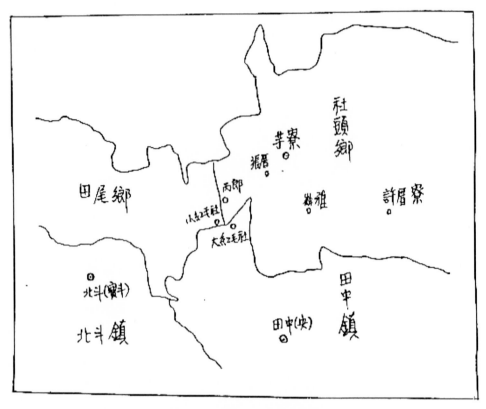

圖 2　戴潮春末期區域圖

　　於此可再舉一例，證明吳德功之說可能較為真確。據邱萃英後裔家藏之
《瑚璉邱氏族譜》抄本〔註 117〕中之記載：

> 二十四世五叔祖國現公，……生三子，其三子元集，字師杏，亦字
> 拔卿，號陶庵，官章萃英，由府學補廩。同治二年癸亥冬，獻戴逆
> 有功，加五品藍翎，候選訓導。光緒丙子歲貢生。

私傳家譜之正確性往往很高，況且與《戴施兩案紀略》等文獻記載相合。則
戴潮春受勸說而被執獻官軍，則可進一步印證了。

　　自從彰化城淪陷而在外流亡將近兩年的陳肇興一家，終於可以重回故里
了！重新收復的彰化城面貌，正如丁曰健所言：「彰化城內被賊蹂躪，將屆兩
年，滿目瘡痍」，劫後初歸的陳肇興也同樣目睹了這滿目瘡痍的變色彰化，他
寫下〈亂後初歸里中〉五首記述了當時見聞感想：

〔註 117〕見林文龍先生藏《瑚璉邱氏族譜》抄本之影本。瑚璉在今彰化縣永靖鄉瑚璉
　　　　村，舊名苦苓腳。

一別山城已兩年，初歸猶自怯烽煙。荊榛塞遍來時路，幾度停輿不
敢前。（之一）

平蕪一望綠連天，白骨槎枒尚滿田。莫道近鄉情更怯，來人相對也
潸然。（之二）

滄桑回首總傷情，舊日樓臺一望平。僮僕不知陵谷變，向人猶問定
軍城（原註：時定軍城已燬）。（之三）

定軍山下草萋萋，幾處頹垣臥蒺藜。鄉里到來偏不識，卻教輿子問
東西。（之四）

敗垣圍井長黃花，日落寒煙繞郭斜。莫問舊時王謝宅，尋常百姓已
無家。（之五）

五首絕句透露出來的，不僅是近鄉情怯，還有更多的淒涼悲愴。山川已改，
白骨無收，榛莽頹垣，何處尋家。平地起爭亂，鄰里俱流散，定軍山城滄桑
裏，舊日樓臺影無遺。不論何人見及故居此景，恐怕都無法不發出傷感無奈
的唱歎。陳肇興在詩語之中，道出了欲進還退，既傷且痛的微妙心情。但可
喜的是，局勢已漸漸平定，更重要的是，終於可以回家，重新開始平靜團圓
的生活了。

（三）文獻中所見戴案期間殉亡人數

無情的戰爭所帶來的死傷慘重，陳肇興在作品中已屢屢提及，在同治元
年時，有詩云：

紅旗蔽白日，刀戟相低昂。……殺人但聞聲，烏能審其詳。（〈奉憲
命往南北投連莊遇亂〉之四）

莽莽乾坤劫運開，如蛾赴火萬人來。腥風十里笳聲亂，陰雨千山鬼
哭哀。（〈感事漫興〉之三）

骷髏塞斷人煙白，戰血銷殘野火紅。（〈感事漫興〉之六）

但見陣雲飛，川原日流血。……殺人如亂麻，街衢堆白骨。（〈自許
厝寮避賊至集集內山〉）

到了同治二年秋天，依然殺聲四起，遍地橫陳。君不見其詩曰：

戰鬥何時已，溪邊骨似麻。裹屍無馬革，啄肉有烏鴉。……（〈雜感〉
之三）。

> 戰鬥緣何事，紛紛死不休。……野燒連村起，溪濤帶血流。……（〈再克集集〉之一）

> 寥寥人境外，白骨已成岑。（〈再克集集〉之二）

> 昆明劫起血成河，猿鶴沙蟲委逝波。（〈感事〉之二）

戴潮春事件期間，臺灣西部儼然已是海外酆都，人間鬼域，到底在戴案二年期間，有多少人因而身亡呢？根據丁曰健上奏之〈克復彰城斗六並攻克山路抗莊擬即移師赴嘉搜捕到郡接印摺〉中報載：

> 查此次戴逆倡亂以來，竄陷彰、斗二城，蔓延淡、嘉兩屬，滋擾三百餘里，誘脅二十餘萬人。除前經官軍剿辦，臣單師迅入彰境，先期大張撻伐。克城之夕，即會同鎮臣督飭各軍痛加誅戮；提臣林文察、曾元福等軍取道嘉義，乘彰城克復後半月，攻破斗六以及附近斗六各路抗莊，斬殺無算。〔註118〕

這份奏摺中所言「誘脅二十餘萬人」是指加入戴潮春天地會的群眾人數，若以清末（1905）全臺灣總人數三百多萬人來計算，則平均每十五人中即有一人加入戴黨，比例不可謂不高。但奏摺中，並未提及確實傷亡人數，僅以「大張撻伐」、「痛加誅戮」、「斬殺無算」之語概括描述戴黨慘遭殲滅的情況。

　　若尋訪記載戴案最為詳細的《東瀛記事》、吳德功、蔡青筠《戴案紀略》兩作，及丁曰健《治臺必告錄》中則往往可見各大小戰役傷亡情況之敘述。雖然傷亡數目難尋，但在此仍據以收羅彙整，分別就官兵與戴黨此敵對雙方各自人員死傷情形，製作「**戴案期間陣亡殉難官兵員勇統計簡表**」及「**戴潮春黨徒眾死亡人數統計簡表**」，以便進一步體會在明確時空中戰爭之慘烈。

表6　戴案期間陣亡殉難官兵員勇統計簡表

（自同治元年三月彰化淪陷至同治二年十二月戴潮春伏誅止）

事　由	人數	時　間	地　點	備註
1. 彰化城陷殉難文武官員并兵丁	98	同治元年三月二十日	彰化城	
2. 彰化斗六失陷續查陣亡殉難文武官員	50	同治元年三月二十日至九月十七日	彰化、斗六	

〔註118〕見丁曰健《治臺必告錄》，第447至448頁。臺灣文獻叢刊第17種，臺北：臺灣銀行經濟研究室，1962、8。

3. 彰化城陷被害家丁	43	同治元年三月二十日	彰化城	註1
4. 臺鎮城守營陣亡兵丁	93	同治元年	嘉義縣斗六等處	
5. 臺協安平水師營陣亡兵丁	175	同治元年	嘉義縣斗六並彰化縣大墩等處	
6. 澎湖水師營陣亡兵丁	35	同治元年	彰化縣白沙墩	
7. 嘉義邦碑大營被溪水掩斃兵丁	18	同治元年	嘉義邦碑	
8. 傷亡屯丁	8	同治元年	嘉義縣斗六等處	
9. 嘉義防勦打仗陣亡義首	11	同治元年	嘉義	
10. 總兵曾玉明率攻竹圍陣亡兵士	30餘	同治二年二月	秀水、後港仔莊	
11. 戴案內陣亡傷斃臺灣水陸文武員	25	同治二年	彰、嘉等地	
12. 臺鎮中營陣亡兵丁	93	同治元年、二年	嘉義縣南靖邦碑及埔心無影厝莊等	
13. 臺鎮左營陣亡兵丁	85	同治元年、二年	嘉義縣邦碑斗湖仔內並斗六及彰化縣梅仔厝莊等	
14. 臺鎮右營陣亡兵丁	59	同治元年、二年	嘉義縣碑斗湖仔內及斗六小埔心等處	
15. 嘉義營陣亡兵丁	182	同治元年、二年	嘉義斗六營盤及各莊	
16. 南北陣亡兵丁	275	同治元年、二年	嘉義縣斗六，彰化縣水裡港等處	
17. 臺郡籌防局陣亡兵丁	79	同治元年、二年	派往臺、嘉、鳳各莊途中	
18. 壯勇	213	同治元年至四年	臺地各處	註2
19. 壯勇	417	同治元年至四年	北斗海豐崙、北勢湳等	
20. 率團助戰義首	18			
21. 澎湖廳志載戴案陣亡官員兵勇	225			
總計	2232餘人			

*依據文獻：
1. 丁曰健《治臺必告錄‧請卹清單》
2. 吳德功《戴施兩案紀略》卷下〈合建忠烈祠名單〉。
3. 蔡青筠《戴案紀略》。

註：
1：彰化城陷被害家丁人數，丁曰健〈請卹清單〉上報 12 名，而吳德功《戴施兩案紀略》言：「家丁黃彬死者四十餘人，文武衙門書役死者三、四十名。」
2：丁曰健〈請卹清單〉中有綜合同治元年至同治四年一并上報之人員名單，因無從區分其年分，茲乃錄存之。

表7 戴潮春黨徒眾死亡人數統計簡表

（自同治元年三月彰化淪陷至同治二年十二月戴潮春伏誅止）

時　間	地　點	人　數
同治元年三月二十日	彰化城	數百人（註）
同治元年五月二十八日	嘉義白沙墩	87 人
同治元年五月十三日	大甲	312 餘人
同治元年六月二十日	鹿港	250 餘人
同治元年八月十七日	彰化白沙坑	400 餘人
同治元年九月	土庫街	100 餘人
同治二年二月	樹頭莊馬稠莊	數百級
同治二年六月十六日	沙仔崙濁水溪	40 餘人
同治二年六月十六日	南投	85 人
同治二年七月二十二日	集集莊	100 餘人
同治二年八月	集集莊	360 人
同治二年十月二十七日	梧棲港	100 餘人
同治二年十二月十三日	大甲	120 餘人
總計		2500 餘

*依據文獻：
1. 林豪《東瀛紀事》。
2. 吳德功《戴施兩案紀略》。
3. 蔡青筠《戴案紀略》。

註：本表以死亡人數眾多之戰役為取錄對象，其餘從略。

　　這兩份製表意在呈現當時雙方人員折損的概況。在臺灣兵備道丁曰健上表請卹清單中所見，乃有幸成為官方統計上奏表彰的人員，其中多為清軍編制中的官員兵丁，次為部分壯勇義首（指殉難官兵簡表中之第9、17、18、19、20項），其比例約為三比一。

　　而事實上，抵抗及平定戴案的過程中，各地方民眾自動自發組成的義勇保衛隊，如六保聯莊之各方民軍，其捨生赴死之慘烈，並不下於正式軍隊。但得以名列於奏表，上報皇聽者卻寥寥可數。就如六保舉義中殉難的廖秉鈞、陳再裕一族、陳耀山一家，不僅丁曰健〈請卹清單〉中遍尋不著，林豪《東瀛紀事》亦付之闕如，即令是吳德功《戴施兩案紀略》，亦是閱讀陳肇興《陶村詩稿‧殉難三烈詩》之後，方才增補采錄。著史之不易，此又見一例矣！而民間為保家衛國犧牲性命的無名英雄，真是不知凡幾！若再加上無辜遭受燒殺擄掠，淫虐殘害的黎民百姓，則更加無法算計。

　　再就戴黨徒眾而言，表中所列乃其犖犖大者，一次戰役，動輒百人以上斃命，甚至二、三百人同時橫屍，如此景象，實非「恐怖」二字足以形容！況且戴黨徒眾分散各地，一時作亂，史錄無法周全，所可見者，已有如此慘重的傷亡，更何況實際情形，必將有更多人數死亡。且諸文獻中常見以「死傷無算」、「難以數計」、「斃賊無數」……等語彙描述戴軍橫陳溝壑景象，這些不是明確數據的文字，顯示出戴黨徒眾死亡人數將可能數倍於統計之數目。

　　綜合兩表觀之，官軍民兵與戴黨徒眾的傷亡人數，頗為接近，而戴軍則略高一些，可見雙方付出的代價都很高。這些統計數字，雖然無法精確顯示出戴案期間確實死亡的人數，但在概念表現上則真是呼應了陳肇興曾經說過的：

　　　　戰鬥緣何事，紛紛死不休。干戈民自擾，骨肉爾奚尤。（〈再克集集〉）
皇天在上，后土在下，生民何辜啊？為什麼同一塊土地上的同胞手足竟要互置死地而不休止呢？

　　六保地當中臺灣平原前往內山之要隘，其失而復得的過程中充分展現了臺灣子弟不屈不撓的剛勇精神；民間英雄們捨生戰鬥，寧死不屈的形象，尤其表現了令人動容的凜然正氣。六保合約舉義的終底成功，預告了戴潮春事件的即將落幕，同時也為臺灣史再添可歌可泣的光榮史頁。

　　世局紛亂的事件期間，詩人陳肇興與六保民人並肩合作，日則奔波抗戴，夜則秉筆賦詩，越發彰顯臺灣人堅忍剛毅的精神，與士大夫胸懷家國的抱負。

與諸多騎牆附勢的人們相較，尤其顯得難能可貴，無怪乎林豪特別以「潔身」稱許他，《東瀛紀事》中曾特別提到：

> 時彰屬諸生多入賓賢館，或強受偽職。惟舉人陳肇興、歲貢生王孚
> 三潔身遠遁（原註：肇興旋招集內山義民以拒賊，事載陶村詩集中）。
> 〔註119〕

陳肇興心志堅持之可敬，由此可見一斑。

《陶村詩稿》是文獻中記錄此役的最早，也最確切詳實的作品。陳肇興以其親身觀察、敏銳心思與優越文筆，為山巔草莽間的臺灣，忠實書寫下動人的遭遇。陳戀烈為《陶村詩稿》所作之〈題詞〉詩曰：

> 一卷新詩百感生，經年避寇賦長征。壯懷不作偷安計，又向桃源起
> 義兵。（之一）
>
> 數載書生戎馬間，杜陵史筆紀瀛寰。采風若選「東征集」〔註120〕，
> 咄咄吟中見一斑。（之二）

正貼切地讚揚了陳肇興的義行，及其詩史之筆的價值。當年杜甫以詩紀史，體貼伸張了安史之亂荼毒黎民之悲苦；而今陳肇興身隨戎馬，秉筆側記經歷戴潮春事件之點滴，大補史志之不足。兩人雙雙以「詩史」稱譽詩壇，隔海相互輝映，允為佳話。陳肇興一介書生雖終未立下彪炳戰功而封爵受賞，然而其咄咄史筆亦以其萬鈞之勢，稱譽臺灣詩壇，成就戴案詩史之雅名，已足以垂芳千古而不朽。

第三節　陳肇興儒士性格的顯現

陳肇興在戴潮春事件期間，一直堅持援官抵抗的立場，他站在政府這一方，這是十分明顯確定的。但對於二年戴案期間的所見所聞，使他並非只是一昧鄉愿的媚附於官軍，他的觀察與思想，有了由保守而轉趨活躍的變化。

陳肇興在戴案期間的立場，一言以蔽之，便是以「報國忠君」四字為中心的士大夫立場。咸豐三年（1853）補博士弟子，咸豐九年（1859）高中舉人，一直努力於功名的陳肇興，早已是在大清皇朝體制下取得社會地位的士

〔註119〕見林豪《東瀛紀事・叢談（上）》第58頁。臺灣文獻叢刊第8種，臺北：臺灣銀行經濟研究室，1962、8。

〔註120〕《東征集》，清初藍鼎元作，集朱一貴事件期間所作書檄論紀諸文，為其親身參與之實錄。

人。經過長期儒家思想為主的科舉教育薰陶，陳肇興有著濃厚的儒士性格。在戴潮春起事之前，這樣的性格，早可聞見，但在戴案發生之後，其言行則表現得更為明顯。

何謂「儒」？除了是以儒家思想為主要修身準則外，儒者的特色為何？學者狄百瑞（William T.de Bary）曾經把「儒」定義為：

> 具有宗教狂熱般的使命感，以捍衛傳統文化為己任，即使犧牲個人性命也在所不惜，自視（也被視）為文化菁英，而非社會既得利益階級的代言人。〔註121〕

陳肇興亦以儒士自詡。卷七尚只見其自稱為書生，「誰知抱甕者，原是一書生」（〈山居漫興〉之五），未見以「儒」字相冠。卷八則不僅有二次仍稱書生：

> 不用書生策，孤軍竟受圍〔註122〕。（〈山中遣悶〉之二）

> 元戎誰有書生膽，鑿險緣幽路百盤。（〈克復林圯埔〉）

更在此一第八卷裡集中出現頻頻以「儒」稱己的詩句，包括有：

> 破屋荊榛地，儒冠老病生。（〈人日〉）

> 壯志輕豪俠，虛名誤腐儒。（〈雜感〉之一）

> 夫子方當路，迂儒幸不阮。（〈感事述懷五排百韻〉）

> 鼙鼓連朝響未殘，軍中猶自著儒冠。（〈克復林圯埔〉）

稱儒詩句大多出現在枕戈待旦，兵馬倥傯的階段，不僅表示他不忘士子本色，也似乎藉著金戈鐵馬的生活，讓陳肇興更深刻思考並實踐儒士的意義。

戴潮春起事帶來的混亂、殘酷與現實，在在考驗著人們既有的觀念與理想，王寇之別、正邪之分、是非曲直，都似乎有了不同的考量，匹夫匹婦為求自保，各有其生存之道；身為大清舉人的書生陳肇興，在此非常時期，則有其內心堅定的信念與自我的理想，支持著他持續投入危險的對抗工作。這些信念與理想，除了明言道出之外，其實也在他所取法詠頌的古今人物身上意識或無意識的得到了反射。就《咄咄吟》中所述，便可從三方面加以分析考察：

〔註121〕見狄百瑞（William T.de Bary）〈中國知識份子的角色與地位〉，摘自余英時等著《中國歷史轉型時期的知識份子》，第18頁。臺北：聯經出版社，1993、6，初版第二刷。

〔註122〕此字楊氏本以次各本俱作「更」字，茲依鄭喜夫《陶村詩稿全集》校訂，依原刊本改正為「竟」字。南投臺灣省文獻會：，1978、6。

一、矢志忠貞，取法古人

陳肇興作品，常取古人典故入詩，其戴案期間所作詩歌，尤為如此。以心理現象而言，人們在文字語言中出現的人事，往往是其內在取向或者潛意識認同的一種外在表徵。因此，作家在詩文之中，所運用取譬的人事，也應該可以成為作家深層意識或內在性格上，相當程度的一種代表。戴潮春事件是陳肇興生命歷程中十分特殊的一段時期，而在此兩年之中，他也留下了較之以往，甚至是以後都更為詳盡豐富的詩歌創作，統計《咄咄吟》中所曾經入詩的歷史人物，應該可以進一步解析其思想取向，茲就引用次數超過一次者，製作「《咄咄吟》引用歷史人物統計表」，俾見其端倪。

表 8　《咄咄吟》引用歷人物統計表

次數	人　物
11	黃巾
9	杜甫
4	荊軻、采薇（伯夷叔齊）、卜式（牧羊奴）
3	管寧（遼海客）、李白（李謫仙）、周亞夫（條侯）、祖逖（祖生）
2	弦高、孫賓石、魯仲連、彌衡（正平）、陶潛、溫嶠、賈生、三閭（靈均）、阮籍、李牧、廉頗、管仲、樂毅、虞集、班彪、劇孟、應瑒、劉禎

從「《咄咄吟》引用歷史人物統計表」中可以十分清楚的看出，其中有許多傳統儒家士子推崇的人物，尤其提及次數在四次以上，高居排行榜前五名的歷史人物中，除了以反派的黃巾賊比喻戴潮春之外，其餘的四者為杜甫、荊軻、采薇（伯夷、叔齊）、卜式，無一不是傳統儒生的擁戴者。特別值得一提的是榜首杜甫，陳肇興不僅在片言隻字中屢屢取以自況，更集綴杜詩，累句成篇，作成浩浩二十首的〈感事述懷，集杜二十首〉（詳參第五章第二節：「〈感事述懷，集杜二十首〉出處一覽表」），這是其他被引用的歷史人物，所望塵莫及的，陳肇興神交杜甫，習而追之，以為偶像的傾向，實是不言可喻。詩聖杜甫是中國詩壇上典型的儒家主義詩人，陳肇興多言且以之喻己，自然也因此在潛移默化中成就其儒家思想的根柢。杜甫對陳肇興的影響，是絕對巨大的。除了杜甫之外，圖窮匕現的荊軻、輸財助邊的卜式，以及首陽采薇的伯夷、叔齊，同樣在不同時刻成為陳肇興追摩的前賢。這四類時代各異的人物，卻有二項共同的特點：

1、始終堅定支持既有朝廷。

2、篤志排拒外來騷亂勢力。

因此可見在對朝廷的態度上，杜甫相信「北極朝廷終不改，西方寇盜莫相侵」（〈登樓〉）；伯夷、叔齊力諫「以臣弒君，可謂仁乎？」（《史記‧伯夷列傳》）而恥食周粟；卜式直言國難之時，「賢者宜死節，有財者宜輸之」（《漢書‧卜式列傳》）〔註123〕，他們都對既有的王室朝廷，表達了不容轉移的堅定信仰。即使是荊軻以衛國人氏效力於燕太子丹，但在其重諾酬知己中，也以其生命表現了同前列諸賢一樣的高度純粹的忠誠。

在傳統君權制度中，這是最佳的士大夫典型，是臣民百姓應有的理念。同樣生活於君權社會的陳肇興，也有對天子朝廷濃厚的忠愛之情。因此才會「翰將已罄漫徵求」（〈孤憤〉之二）、「長饑學伯夷」（〈七月望後謀刺逆首不中〉）。也由於堅貞不移的認同，因此才會「自愧杜陵空痛哭」（〈寄林文翰舍人〉之三）、「夜深還自賦荊軻」（〈祭旗後一日六保背約〉之四）。凡此種種比擬，就如同他對友人表白的心聲一樣：

> 世人皆欲殺，吾道本艱貞。……丹心爭一寸，白髮任千莖。（〈感事述懷五排百韻〉）

愈是凶濤狂逆，愈顯志道堅正，任憑白髮蒼茫，也要爭存方寸丹心，對於業已取得功名的士人而言，則往往格外有一份對國家的使命感，甚至是感激之情，陳肇興〈詠懷〉之二便透露了這樣的涵意：

> 寒色上枯桐，涼颸吹古柳。仰視浮雲飛，白衣變蒼狗〔註124〕。感此百慮并，思君行役久。披榛采芳蘭，榛多莿傷手。不惜妾手傷，但念君情厚。千里一寄贈，誓永不相負。

此詩表達了堅貞不移的心志，世事滄桑，但念君情，妾手多傷，絕不相負。妾與君正如臣與君，滿心相許，犧牲奉獻，乃理所當然，亦心甘情願。即如他在〈董逃行〉中之言：

> 白晝磨牙嚼行旅，誰其殺之吾與汝，上書九重報天子。

殺敵除害以報天子，正是忠臣良民應有的良好表現。陳肇興在顛沛流離中，始終不移其身為大清朝廷臣民的立場，當然也就不會投效戴黨了。

〔註123〕見《四史——史記、前漢書》，第 364、1013 頁。臺北：文化圖書公司，1970、3 臺版。

〔註124〕杜甫〈可歎〉：「天上浮雲如白衣，斯須改變如蒼狗。」白衣蒼狗，亦作白雲蒼狗，比喻世事變幻無常。

　　另外，從「《呱呱吟》引用歷史人物統計表」看來，還有一項有趣的現象。即在前八名中，除了以反派黃巾賊比喻戴黨，以詩仙李白讚喻好友，皆不予相論外，其餘六名恰恰是兩兩成雙成套，且均為一前一後，一靜一動。放觀該表人物之所在，便可看到：杜甫、采薇、魯仲連均集中出現在同治元年；而荊軻、卜式、祖逖則集中出現在同治二年，並且都未出現在六保起義之前。唯一例外的是荊軻，但除了有一次出現在同治元年三月，其餘亦均遠跳至六保舉義之後出現。從此一現象中可見得六保合約舉義，是戴案期間陳肇興生命中的重要分界點，同時在其意識思想及立場行動上，產生了標界的作用。

　　在六保舉義之前，陳肇興最早嚮往的人物是荊軻與弦高，時間是在同治元年三月十六日戴案初起，他初奉憲命前往南、北投聯莊，內心充滿激昂報國情操的時刻，其詩言道：

> 弦高犒秦師，荊軻度易水。緬彼市井兒，樹立乃如此。(〈奉憲命往南北投聯莊遇亂〉)

學習像弦高一樣的機敏，自發護國，也效法像荊軻一樣的從容，慷慨報君。陳肇興並未期望統兵御將，高坐虎皮，而是期許個人能視國如家，不計損益，並以此與市井百姓共勉。但是此一高昂的壯懷猶如曇花一現，緊隨著在聯莊途中遇亂，陳肇興一改而為杜甫、采薇、管寧的追慕者，如同杜甫的悽愴拾橡，悲歌當哭；伯夷叔齊的遠居山野，采薇恥粟；管寧的避走遼海，四處為家，綜合起來，其實不也就是六保舉義之前的陳肇興形象嗎？甚至在提及二次以上前期人物，包括義不帝秦的魯仲連、採菊東籬的陶潛、憂憤卜居的屈原、慨論王命的班彪，類皆偏向時不我予遺世獨善，但仍心繫蒼生，曉發義理，作為較沉潛的特點，而這些也都是陳肇興前期的一部分。

　　前期的陳肇興和大部分老百姓一樣，被動地接受時局變化，在戴黨日益盛熾的過程中，有心而無力地嘆息。只是有別於匹夫匹婦的，是他對朝廷王師的堅正志節，就像杜甫、伯夷、叔齊、魯仲連一樣的明確。當彰化城淪陷之後，戴潮春大肆封賞群臣，攏絡士人，曾設立賓賢館，收納宿儒文士，身為社會上少數得取舉人功名的陳肇興，自是收攏的對象，但他卻能堅持留在深山內地，從事危險的反抗行動，而不願回彰化貪圖一時的爵祿。林豪曾以「潔身」二字稱揚陳肇興〔註125〕，而這正是其儒士風範的表現，也是其心志專一，

〔註125〕見林豪《東瀛紀事·叢談（上）》第 58 頁。臺灣文獻叢刊第 8 種，臺北：臺灣銀行經濟研究室，1962、8。

立場堅定的結果。

　　六保舉義之後，陳肇興在詩歌作品中，引用的人物有了明顯的改變，名列前茅的是荊軻、卜式、祖逖，此三者的形象特質與前期三賢大異其趣。易水渡寒的荊軻、慷慨捐輸的卜式，以及聞雞起舞的祖逖，皆可謂為充滿活力的行動派，出入武局的戰鬥者。除此之外，後期詩歌中可見的班超、韓琦、范仲淹、李愬、馬謖、曹彬、劇孟、樊噲亦多為沙場名將，增添了作品中武鬥蕭颯的氣息，如果說前期作品的氛圍是比較柔軟的，那麼後期便是剛硬的。而後期的陳肇興正如猛虎發威般，改悲歌為干戈，易采薇為征戰，將沉潛的慨論王命化為豪壯的王師北定，陳肇興的內心積極強硬起來了，他的立場沒有變，只是從前期「而今干戈滿平地，滄海橫流何處避？」（〈相逢行，贈曾汝泉〉）的悲愴，一振而為後期「黃塵滾滾向東飛，看我下車攖猛虎」（〈玉潭莊與黃實卿明經夜話〉）的豪邁，這樣的轉變不是令人欣喜嗎？

二、持節守義，詠讚今人

　　常言道：「英雄惜英雄」。一般而言，見人之短易於見人之長，人們所真心讚揚的對象，也往往便是其內心理想的具體化呈現。《陶村詩稿》中陳肇興綜合古今，論事詠賢之作甚多，若除去應酬往來、詠史論今之作，其詠讚當代賢人善士，共有十五位，而《咄咄吟》中便佔了十一位，且官宦與平民幾乎各佔其半。這些被詠讚的對象，各有其事蹟，也同時顯現了陳肇興獨具的眼光與崇尚的品格，茲列製「《陶村詩稿》詠讚當代人士一覽表」，俾便論述。

表9　《陶村詩稿》詠讚當代人士一覽表

詩　題	名姓	身份	事　蹟	卷次
1. 大水行	董文	木匠	大水泛濫，董文傾囊救人，存活男女百餘人。	卷二
2. 礦溪三高士詩	洪壽春	詩人	糊紙為業，大隱於市，詩逸品高。	卷二
3. 礦溪三高士詩	蔡推慶	畫工	妙畫入神，睥睨風塵，海外第一。	卷二
4. 礦溪三高士詩	林先生	隱者	慨施方略，助修堡圳，功成不居。	卷二
5. 十八日秋雁臣司馬殉節大墩	秋曰覲	淡水同知	戴案起，殺賊力竭，斷頭殉難。	卷七
6. 孔觀察殉節詩	孔昭慈	臺灣兵備道	戴黨陷彰化城，仰藥殉節。	卷七

7. 鈕貳尹殉節詩	鈕成標	南投縣丞	戴黨陷彰化城執之，猶大罵不屈而死。	卷七
8. 聞斗六失陷總戎殉節	林向榮	臺灣鎮總兵	斗六糧盡援絕，戴黨破城，不屈仰藥死，一門忠烈。	卷七
9. 羅山兩男子行	林炳心	米戶	從林向榮領義民守斗六，營破被執，大罵不屈而死。	卷七
10. 羅山兩男子行	許益	莊民	從林向榮領義民守斗六，營破被執，大罵不屈而死。	卷七
11. 王副戎殉節詩	王國忠	水師副將	斗六久困，帶兵突圍求援，力戰被執，大罵不屈而死。	卷七
12. 顏協戎殉節詩	顏常春	遊擊	戴黨破斗六城，巷戰力竭而亡。	卷七
13. 殉難三烈詩	廖秉鈞	秀才	六堡起義兵敗被擄，罵賊不屈而死。	卷八
14. 殉難三烈詩	陳再裕	義首	六堡起義兵敗被擄，大罵不屈仰藥，一族皆死。	卷八
15. 殉難三烈詩	陳耀山	農民	六堡起義一家陷賊中，被執大罵不屈，爬背割面而死。	卷八

　　彰化地區發展歷史悠久，賢士無數，而戴潮春擁眾起事後，攻城掠地，官兵百姓死亡之慘烈，足以驚神泣鬼。陳肇興在難以數計的見聞中，特為此十一位人士專篇詠詩，必是震於其行，深感於心，無限尊崇，滿懷哀敬，方才歌詩以悼之。綜觀表中《咄咄吟》所詠十一人，俱為因戴潮春事件而死難的人士，他們主要環繞於三個慘烈的戰役：首為彰化城淪陷，次為斗六門破城，再為六保起義失敗。

　　其中彰化城與斗六門的為戴潮春黨攻佔，同屬戴潮春事件中的重大事件，亦即兩方對戰中，清軍的重大失敗。但此二役，陳肇興皆未親與，故其詩筆所及，俱為聞訊所得而有敬於心。若六保起義失敗一事，則是陳肇興自始至終，親身參與。同袍戰友的死難，都是他痛心入骨的傷楚，在民兵獨力起義，不一定為當道矚目的情況下，陳肇興含淚和血為蒙難弟兄寫下了一頁史詩。

　　陳肇興《咄咄吟》所詠讚的十一位人士中，有六位官軍，五位百姓。可見得陳肇興取擇人物入詩，並非為了附媚當道，歌功頌德，誠然以其內心的感動與尊敬，藉由詩歌的詠嘆而表達其推崇之意，並引以為模範，使之流傳青史。若再延伸合觀卷二所寫四首詠詩皆為平民而作，便更可見得陳肇興對品格德行的關注，遠遠高過於對身份地位的認同。雖然卷二所詠人士的

超俗高逸有別於《咄咄吟》中的壯烈英勇，但其內在品格的高尚則是一致的。

若以事件分類，則述彰化城淪陷者有三位官軍，未有百姓詠詩；斗六門失陷所詠最多，包括有三位官軍，二位百姓；至六保起義則未詠官軍，而獨詠三位百姓。其中彰化城之役，與斗六門之圍，都是以官軍與戴軍的攻防對陣為主，因官軍失策力盡大敗。六保起義則是義民聯莊，有意識有規畫地抗衡戴黨，因同盟背約而功敗垂成。

前後二者的性質不同，其官民詠讚的比例或許也因而有異。其中詠斗六門烈士的作品，不僅最多，也最綿長。《咄咄吟》中詠讚當代人士之詩歌，陳肇興俱以律詩的形式出之，唯一的例外，便是紀念斗六失陷殉難的林向榮與羅山兩男子，此二篇詩歌皆以長達三十句以上的歌行體詠讚之，由此可見斗六失陷一役，給予陳肇興十分深刻而沉重的感受。

陳肇興用以詠讚當代人士的詩歌數量，雖然十分有限，大約只佔《陶村詩稿》全部四六四首詩作中的 3%而已，但這些有感而發，深會於心作品，卻應該足以代表陳肇興在此一時代中的社會認同取向，及其心目中理想典型的標準。分析當代人士受詠讚的特色，應該有助於從側面加強對陳肇興內在深層性格的了解才對。

（一）殉難官軍

《咄咄吟》中所詠歌的殉難官軍共有六位，半數殉於彰化城淪陷之初，半數殉於斗六門失守之時，其英勇忠義的表現，則同樣得到上表奏請議卹，受到來自朝廷的褒揚，吳德功《戴施兩案紀略》卷下名單中錄之甚明〔註126〕，浩浩忠烈，昭昭鑑天。從六位官軍的殉難事蹟中，大約可以得到二點類同的特色：

1. 鞠躬盡瘁，死而後已

這六位官軍皆亡身於任上，以大清朝受命官員的身份與戴黨對抗，直至勢窮力竭而後以身殉職，沒有一人曾經中途脫逃，更沒有一人曾經易服改節。在勢力消長急遽轉換，騎牆取媚紛紛充斥的時刻，鞠躬盡瘁，死而後已的表現，更顯得難能可貴，令人尊敬。

〔註126〕見吳德功《戴施兩案紀略》，第 60 頁。臺灣文獻叢刊第 47 種，臺北：臺灣銀行經濟研究室，1962、8。

　　戴潮春黨羽坐大，地方為之動搖，知縣雷以鎮（江蘇常州人）不能制。
臺灣兵備道孔昭慈（字雲鶴，山東曲阜人，進士出身），聽聞擁護戴黨的民眾
四起，愈演愈烈，於是馳蒞彰化辦理會黨，以戴軍肆擴不能止，因此檄召當
時的淡水同知秋曰覲（字雁臣，浙江山陰人，副貢出身）來彰會辦。孔昭慈曾
任鹿港同知，咸豐六年（1856）陞任臺灣知府，又任臺灣兵備道；秋曰覲於咸
豐十一年（1861）以前也曾任彰化知縣。二人從前皆曾任職於彰化〔註127〕。
至此，戴潮春事件已驚動臺灣高層統治者合力會辦，非同小可。秋曰覲同知
雖為跨地來助，但其唧命出兵，未見輕忽，甚至身先士卒，成為戴潮春事件
的第一位犧牲者。

　　淡水同知秋曰覲殉節日期，各家所載日期並不一致，陳肇興《陶村詩稿》
為最早的記錄，其《咄咄吟》中有詩〈十八日，秋雁臣司馬殉節大墩〉一首，
明確記載秋曰覲乃是三月十八日殉節。其次為光緒乙未（1895）之後，彰化
吳德功整理出版之《戴施兩案紀略》載道：

> 十七日曰覲手執雙鐗殺開血路，甫出竹圍，遇其跟丁貓仔鹿手執大
> 刀來犯。秋公力舞雙鐗遮架數十合，後賊眾合圍，始遇害。

吳德功的記載中，秋曰覲遇害殉節於三月十七日。再後，鹿港蔡青筠完成於
民國十三年（1924）的《戴案紀略》中述及秋曰覲殉節始末時言：

> 十六日，秋丞視勢不佳，率親丁奮勇殺出。為首一賊名貓仔鹿，前
> 充縣署跟丁，被秋斥革者，故從賊復仇，手舞尖刀來犯。秋丞揮雙
> 鐵鐗擊之，大戰二十餘合，眾寡不敵，兵漸靡，秋始思逃，陷潭漳
> 中。群賊環攻之，遂遇害。

據蔡青筠所記，秋曰覲當殉節於三月十六日。以上三者時代愈後，述之愈詳，
秋曰覲殉節日期卻愈提前。究當以誰為是？實難判定。然而三者之中，唯有
陳肇興以壯盛之年，親身經驗戴潮春事件，與秋曰覲同一時代，且在最接近
事件發生的時間內寫下歌詠紀悼之作，故筆者以為，陳肇興所言當較可能為
秋曰覲殉節日。

　　秋曰覲的殉節正是「出師未捷身先死」，因此陳肇興詠秋曰覲，起首便
言：

> 越境偏將死事勤，英雄肝膽迴超群。威行虎豹聲如震，血灑郊原氣

〔註127〕見周璽《彰化縣志·人物》，第783至788頁。臺灣文獻叢刊第156種，臺
　　　　北：臺灣銀行經濟研究室，1962、8。

奪雲。(〈秋曰觀臣司馬殉節大墩〉)

三月十八日，秋曰觀的殉難正式宣告了彰化城的危急，二十日，彰化城終於淪陷，戴軍大舉馳入城內，文武各官皆立即被拘於金萬安局內。其中南投縣丞鈕成標，當時亦在城內協防，因其平日治安孔急，「曾奉檄清莊搜賊，咸名流聞，賊恨之。執見股首鄭玉麟。」〔註128〕故此時戴軍首擒之以報復，因勤於職守，反遭賊恨，可謂之循吏啊！陳肇興在詩詠中便以「荒陬思德政，涕泣遍山村」(〈鈕貳尹殉節詩〉)二句，道出了地方民眾對此一剛健勤政地方官的感懷與哀悼，畢竟，也只有認真清明的好官，才能讓人民產生如喪考妣的傷痛啊！

而數日之後，孔昭慈見外援不至，絕望飲藥，以在任臺灣兵備道之身死於戴黨盤踞的彰化城內！彰化一陷，情勢逆轉，胥役兵勇加入戴氏天地會者固然不少，見風轉舵，致助戴求活者，更是屢見不鮮。初如城民王萬內應戴軍入城，再如彰地某同知之頓首稱拜於潮春者，甚至如堂堂彰化知縣雷以鎮，不僅未與彰城同存亡，甚至以其持齋帶《金剛經》遁入菜堂，求一己之苟活〔註129〕。與這類人士相較之下，不僅秋曰觀的力竭戰死、鈕成標的為人報復都顯得嶔崎英偉；即使是頗受非議的孔昭慈〔註130〕，也至少未見其俯伏稽首，而顯現了可貴的光芒。

至於斗六攻防戰，則更為淒慘。臺灣鎮掛印總兵林向榮〔註131〕，自同治

〔註128〕見林豪《東瀛紀事，賊黨陷彰化縣》，第5頁。臺灣文獻叢刊第8種，臺北：臺灣銀行經濟研究室，1962、8。
〔註129〕彰化城民王萬，與戴黨密約內應，三月十九日夜三更與同夥開東門，引軍入城，戴黨遂據彰化城，此與知縣雷以鎮事俱可同見於吳德功《戴施兩案紀略》第6、7頁；蔡青筠《戴案紀略》第5頁。
又：林豪《東瀛紀事·賊黨據彰化城》云：「某同知見戴逆頓首曰：『今世界在兄，但清官如某，乞賜矜恤！』戴逆慰勞之。是夕備酒慶賀，某與某亦預焉，未幾縱回鹿港。守備游紹芳、呂千總亦脫回鹿港。」見第6頁。此事吳德功《戴施兩案紀略》亦有類似紀錄者，曰：「前任知縣高廷鏡、馬慶釗，潮春書『清官放回』四字，送之鹿港。」見第七頁。則《東瀛紀事》所言中之「某與某」或許即是高廷鏡與馬慶釗(四川人)之脫漏。臺灣文獻叢刊第8、47、206種，臺北：臺灣銀行經濟研究室，1962、8。
〔註130〕蔡青筠《戴案紀略》曾評論道：「孔道雖仕臺有年，然平日微歌選色，未攖鉅艱；其所為行跡，故老類能言之。觀其用人之柄鑿，可見其識之昏庸。況乎全師盡出，曾無後顧，其敗也宜。」見第4頁。臺灣文獻叢刊第206種，臺北：臺灣銀行經濟研究室，1962、8。
〔註131〕林向榮，金門人。戴潮春事件期間，曾力解嘉義之圍。

元年七月出兵進紮斗六不久，即為戴黨斷絕糧道要地，困守無援〔註132〕，至殺戰馬，採樹子，煮鞋皮為食，軍士枵腹而戰。副將王國忠忍飢冒死於前鋒帶勇，力破重圍，欲以求救，親率所部三十二人衝鋒，為戴軍包圍，寡不敵眾，先後陣亡。王國忠曾力諫林向榮勿屯兵於斗六在前，又入死突圍求援斷命在後，其行蓋同於其名，真乃國之忠也！《雲林縣發展史・人物傳記》有王國忠小傳，錄之如下：

> 王國忠，嘉義人，由武生充伍，累官署澎湖右營游擊。慷慨勤奮。
> 咸豐三年，臺灣林恭之役，奉檄以戍兵四百赴臺，連戰皆捷，事
> 平，以功累陞至安平協水師副將。同治元年春，彰化戴萬生事起，
> 城邑不守，奉檄以水師百人，由海道赴嘉義，其黨陳弄、嚴辦等
> 拒戰，屢卻之。九月，從總兵林向榮進軍斗六門，敵圍之數重，
> 糧道斷絕，全軍皆陷，國忠潰圍血戰，力竭被執，不屈死。事聞，
> 賜卹如例。〔註133〕

為全城軍民死裡求生，即使在絕處，仍以副將之名銜，一馬當先，捨命一搏，丹心浩氣，令人動容，陳肇興便因此讚曰：

> 血自披肝瀝，聲從斷咽聞。海濱從大節，合讓此人尊（〈王副戎殉節
> 詩〉）。

王國忠尊於長，忠於職，鞠躬盡瘁，至死方休。因其能自重於職，殫智竭慮而不畏怯，更使人敬重，林豪亦曾讚揚其行曰：

> 國忠本嘉義人，所部健兒，賊所素憚，亦豈無自全之術？乃其言
> 云：「吾計不從命也。然終不忍棄主帥而獨生，且必欲殺數賊而後
> 死焉。」嗚呼！古所謂守死善道，仁之至，義之盡，如國忠者，
> 殆其人歟？〔註134〕

〔註132〕林豪《東瀛紀事・斗六門之陷》記曰：「秋七月林向榮，灑淚出兵、進駐斗
六門，兵勇入街屯札。副將王國忠曰：『屯城外則聲援可通，屯街中如鼠入
穴底，賊若四面合圍，何以禦之耶？』又不從。」見第30頁。臺灣文獻叢
刊第8種，臺北：臺灣銀行經濟研究室，1962、8。
〔註133〕見《雲林縣發展史・人物傳記》，第10～38頁。雲林：雲林縣政府，1997、12。
〔註134〕見林豪《東瀛紀事・斗六門之陷》，第34頁；又，林豪稱此處稱王國忠為
嘉義人，《雲林縣發展史》傳記亦如是言。唯吳德功《戴施兩案紀略》第28
頁稱王國忠為同安縣人。未知孰是？抑或王國忠祖籍為福建同安縣，因移
民長居臺灣嘉義？臺灣文獻叢刊第8、47種，臺北：臺灣銀行經濟研究室，
1962、8。

正因為對自我的強烈責任感，王國忠的犧牲，贏得了後人無限的崇敬！

而就在王國忠等勇士殉難的當天夜晚，叛將潘永壽等引戴軍入城，已腹空力弱多日的兵士，多不能戰。游擊顏常春等官軍獨與戴軍短兵相接，巷戰爭鬥，終至力竭身亡，《雲林縣發展史‧人物傳記》有顏常春小傳，錄之如下：

> 顏常春，籍貫不詳，官安平水師營游擊，後陞參將。同治元年，戴萬生軍起，馳援斗六，旋大營失陷，力戰身亡，時在同年九月也。〔註135〕

這種拼戰到最後一分力氣的精神，令人不得不為之肅然起敬，陳肇興之詩歌即特別讚頌其至死不屈的豪氣：

> 一例沙場死，將軍獨豪氣。死猶懷印綬，危不放腰刀。授命真無忝，
> 當官更不撓。千秋留碧血，應共斗門高。（〈顏協戎殉節詩〉）

顏常春至死仍緊握腰刀殺敵，深懷印綬不棄，如此的盡忠職守，不負君命，讓陳肇興不禁以「無忝」、「不撓」二語來讚美，顏常春真是死得驕傲啊！而在戴軍破入斗六門的同時，總兵林向榮立即仰藥而死，不願敵方刀箭沾其身血，絕援孤守兩個月的斗六城，終於潰不可收，身為主帥的他，以「城在人在、城亡人亡」表示了他的負責，也令人同感敬重！

2. 寧死不屈，盡忠保節

陳肇興所詠讚的六位官軍，均慘死於戰亂之中，而分別各有二位共透過三種方式致之，即孔昭慈與林向榮的仰藥自盡，秋日覲與顏常春的力竭戰死，鈕成標與王國忠的被執斃命。

秋日覲，史書稱其「威武素著」、「剛健精明」〔註136〕，因所部林日成倒戈相向，導致困陷賊人包圍之中。不得已手執雙劍，殺開血路，平日跟丁貓仔鹿竟反持大刀來犯。秋日覲終因戴黨徒眾合圍，利刃齊加，氣絕身亡。不幸的是死後仍不得全屍，貓仔鹿竟斬下秋公頭顱，提見戴潮春獻功〔註137〕，

〔註135〕見雲林縣政府編《雲林縣發展史‧人物傳記》，第10～37頁。雲林：雲林縣政府，1997、12。

〔註136〕見吳德功《戴施兩案紀略》，第5頁。臺灣文獻叢刊第47種，臺北：臺灣銀行經濟研究室，1962、8。

〔註137〕林豪《東瀛紀事‧叢談（上）》記曰：「優人貓仔鹿者，逸其姓名，為秋司馬家丁，甚見寵用。大墩之潰，鹿首先斫斷秋丞丞級，以獻戴逆。」見第58頁。臺灣文獻叢刊第8種，臺北：臺灣銀行經濟研究室，1962、8。

嗚呼哀哉！生前親受兩度背叛，已然痛心，死後身首異處，歸魂如何安寧啊？陳肇興言其「殺賊猶期為厲鬼，斷頭還不到將軍」，指的正是此一慘絕的時刻；而秋日覲至死忍痛拚命大戰不休，亦贏得了詩中所言：「九重他日逢褒卹，青史千年姓氏芬」的崇敬。同是力竭戰死的顏常春，雖未如秋日覲之不幸，但其堅忍以戰，氣絕力盡猶不罷休，則與秋日覲一樣令人哀敬！

鈕成標為戴軍所擄，不憂不懼，被執往見嗜殺的股首鄭玉麟〔註138〕，猶自高聲怒罵不屈，視死如歸，浩氣凜然，無怪乎陳肇興詩歌盛道：

> 死亦尋常事，如君浩氣存。但知危授命，不向虜求恩。篆卸忠尤盛，
> 官卑節彌尊。荒陬思德政，涕泣遍山村。（〈鈕貳尹殉節詩〉）

這是多麼傲骨凜然的形象阿！士可殺不可辱，官可卑志節不可不高。鈕成標所代表的正是大清官員傲然不屈的正氣呀！而忍飢無助，突圍被擄的王國忠，也同樣挺立不屈，大罵戴軍，戴潮春欲屈之使跪，他即凜然直稱「將軍之頭可斷，而將軍之膝不可屈」〔註139〕，並同其所部十八人，皆寸磔於寶斗溪畔，慘遭凌遲而死〔註140〕，陳肇興言其「臨危猶殺賊，到死不忘君」正是對他秉忠堅忍，至死不撓的大勇表示嚴肅的敬意。雖道戰爭無情，死乃常事，有何可驚？然死有重於泰山，亦可輕於鴻毛。臨受死亡威脅而仍得氣態凜然，慷慨昂揚者，絕非貪生怕死之輩，亦非人間之可常見，其堅忍不屈的精神，最是得以「死而不亡」的主要質素。

孔昭慈與林向榮俱為當時最高指揮官者，後來均以仰藥自盡結束其生命。孔昭慈在戴黨陷彰化城的過程中，似乎未見其謀略，先期專寵勇者施九挺，竟至外援無應；幕友汪寶箴屢屢獻計勸諫，又杜耳不聽，延宕時機，頗有剛愎自用之嫌，以至林豪、吳德功、蔡青筠之評語皆不佳。陳肇興詩中所言：「獨闢盈廷議，提師出海東」所指或當謂命令秋日覲帶兵出勤於大墩一事，若此則孔道雖獨闢眾議，卻是一大失策，而詩中此言乃似褒實貶。但孔昭慈亦非一無可取，否則又如何能夠入祀大清帝國京師昭忠祠呢？彰化淪陷後，

〔註138〕吳德功《戴施兩案紀略》載道：「營兵多泉州人，若被執見鄭玉麟皆殺之；若見潮春皆釋之。」見第7頁。臺灣文獻叢刊第47種，臺北：臺灣銀行經濟研究室，1962、8。

〔註139〕見吳德功《戴施兩案紀略》第30頁。臺灣文獻叢刊第47種，臺北：臺灣銀行經濟研究室，1962、8。

〔註140〕王國忠等十八人遭寸磔棄屍溪畔，土人封尸為墳，稱「十八將軍墓」，禱者皆應。《東瀛紀事》言此事。

朝廷撫卹文武各員，根據同治元年五月十一日奉上諭，文中述及對孔昭慈之給卹曰：

> 臺灣道孔昭慈於彰化城陷時，率眾力竭受傷，旋即殞命。……臺灣
> 道孔昭慈，從優照守備例，給卹銀三百兩，應得襲蔭，由吏部辦理
> 等因。

又，同治元年閏八月初三日上諭：

> 臺灣道孔昭慈嗣，又奉旨入祀京師昭忠祠，乃再入祀地方府城昭忠
> 祠。〔註141〕

　　從以上同治皇帝的實錄，可見出朝廷之撫卹甚優，而其得卹理由，在於孔昭慈曾於彰化城淪陷時率領民眾相抗，至力竭受傷，不治殞命。這樣的說法不僅與《戴案紀略》兩作有異，也與最早完整記錄戴案的《東瀛紀事》之仰藥說不同。則孔昭慈究竟是仰藥自盡？抑或力竭受傷殞命？陳肇興〈孔觀察殉節詩〉中，則有如此的稱道：

> 千秋存大節，一死表孤忠。罵賊眥皆裂，憂民淚未終。（之一）

詩中對孔昭慈「罵賊眥皆裂，憂民淚未終」的描述，是其後各史書未曾提及的說法，但陳肇興此說必有所本才是，且恐為孔昭慈被戴黨擒執後之表現。清穆宗皇帝實錄中，同治元年夏四月二十四日上諭中曾道：

> 臺灣彰化縣會匪滋事，臺灣道孔昭慈督兵剿捕，勇丁內變，官兵被
> 害，彰化縣失守，該道尚無下落，……其啟釁根由並孔昭慈實在下
> 落，及副將夏汝賢等殉難情形，一並察明具奏。〔註142〕

若綜合同治實錄與陳肇興這二項最接近事件發生當時的第一手文獻看來，則在戴潮春黨人進入彰化城之初，孔昭慈曾經親率兵勇發奮拒賊，並且力竭受傷，等到彰化城淪陷，知勢不可挽，加以「當城圍之亟也，孔道見外援不至，寄書問汪季銘，汪答『朝聞道夕』四字」〔註143〕。所謂外援，主要指的是鹿港勇首施九挺。吳德功《戴施兩案紀略》有言：

〔註141〕見臺灣文獻會編《清穆宗實錄選輯》，第24頁，及吳德功《戴施兩案紀略》
　　　　卷下，第60頁。臺灣文獻叢刊第190、47種，臺北：臺灣銀行經濟研究室，
　　　　1962、8。
〔註142〕見臺灣文獻會編《清穆宗實錄選輯》，第19、20頁。臺灣文獻叢刊第190種，
　　　　臺北：臺灣銀行經濟研究室，1962、8。
〔註143〕見蔡青筠《戴案紀略》第6頁。臺灣文獻叢刊第47種，臺北：臺灣銀行經
　　　　濟研究室，1962、8。

先，孔（昭慈）之任鹿港同知也，寵任一勇首曰施九挺者，意以
施之族大丁多，可資倚畀。及至是，令施回鹿召勇，經旬日無一
應者。〔註144〕

因此一旦戴潮春被迎入城，大勢已去，孔昭慈便慷慨「點頭，是夕仰藥」〔註145〕，
以一死表其孤忠。

　　唯自三月二十日城陷仰藥，至四月二十四日上諭仍未能得知孔昭慈及
其他官員下落，須至五月十一日方才諭令褒卹，其間經歷將近二個月，足見
戴黨盤踞彰化城當時，勢力正達於巔峰；而官方勢力在彰化城已然呈現中
空狀態，連官員下落亦難以得知，由此亦同時可印證林豪《東瀛紀事》所
言：「時城中文武俱羈拘總局」〔註146〕。據此，孔昭慈或許也曾受羈拘於總
局之內、怒聲斥賊，而於當夜從容仰藥。觀諸孔昭慈之謀略雖非高明，但勇
於仰藥，則絕非貪生怕死之流，其或不可謂「智」，但差可謂之「忠」。陳肇
興有詩詠之曰：

　　　　不把科名鬻，清修絕代無。五年持玉尺，一網盡珊瑚。洙泗淵源遠，
　　　　乾坤節義孤。招魂感知己，剪紙幾遙呼。（之二）〔註147〕

　　孔昭慈自咸豐六年（1856）陞任臺灣知府起，至同治元年（1862）任臺
灣兵備道的當時，大約五年多的時間裡，主管了臺灣境內的許多重要事務，
包括了戴案初擾時，曾經委派陳肇興前往南、北投聯莊，禁止民眾加入戴潮
春的天地會一事，因此不論外人如何評論孔昭慈，但陳肇興對他卻因此而別
有一番知遇之情。當初旋命赴事之時，以「豈不懷艱虞，生平感知己」（〈奉憲
命往南北投聯莊遇亂〉）表達了喜遇英明的歡欣；現在卻只能以「招魂感知己，
剪紙幾遙呼」發抒知己殞歿的傷痛。在連聲「知己」當中，我們也才能明白陳
肇興的句句讚語雖有「與現實生活脫節」〔註148〕之嫌，實則，既非昧於事實，

〔註144〕見蔡青筠《戴案紀略》第4頁。又，汪季銘即汪寶箴。臺灣文獻叢刊第47
　　　　種，臺北：臺灣銀行經濟研究室，1962、8。
〔註145〕見林豪《東瀛紀事》第6頁。臺灣文獻叢刊第8種，臺北：臺灣銀行經濟研
　　　　究室，1962、8。
〔註146〕見林豪《東瀛紀事》第5頁。又吳德功，蔡青筠《戴案紀略》兩作亦皆有此
　　　　記載，分見各該書第7、5頁。臺灣文獻叢刊第8、47、206種，臺北：臺灣
　　　　銀行經濟研究室，1962、8。
〔註147〕清修言其操行潔美。玉尺比喻衡量才識高下的尺度，此言孔昭慈之身居要職。
〔註148〕見連慧珠《「萬生反」——十九世紀後期臺灣民間文化之歷史觀察》，第56
　　　　頁。東海大學歷史研究所碩士論文，1995、6。

一味討好；也不只是傳統士人，維護正統的心態而已，而是帶有濃厚「幸得伯樂」的私人情感在內。

林向榮之殉於斗六門之陷，也同樣是在內外各種因素的會集之下，而導致不可收拾的結局，使之最後亦以一死表孤忠。尤其令人感動的是，這次戰役中所多見的一門忠烈，根據《東瀛紀事》、《戴案紀略》兩作所錄，包括有：

（1）斗六城破，林向榮仰藥自盡；其妻吳氏在署聞訃，亦絕食從死；其子林張成見死者狼籍，怒吼而亡；其弟林向皋入陷戴軍，被執而殺之，此其一也。

（2）浙江補用同知林廷翰，與其子林俊辦理總局練勇等事，因赴救斗六之難，父子殉難，此其二也。

（3）北路協林得成之子、侯選同知林上達痛父之亡，募勇報仇，兵敗陣亡，亦父子同殉，此其三也。

（4）俠士劉安，欲救都司劉國標，國標不從，從容就義，劉安亦同罹於難，此其四也。

觀諸此者，浩然正氣，盈門相傳，不禁令人肅然起敬，欲以禮拜，成為戴潮春事件期間，最為忠孝矜憫，感天動地的一頁。此外，當尚有許多不及備載者，故其事後報請朝廷議卹得令：臺灣總兵林向榮開復原官，並照例賜卹；副將王國忠、遊擊顏常春、同知甯長敬等亦均予祭葬世職之褒獎表揚〔註149〕；而且透過鄉官監察御史范熙溥上奏報可，奉旨建立專祠，使浩氣長存，後世得以瞻仰敬祀。范熙溥的奏報稱道：

> 林向榮力竭被戕，受禍尤慘。一家之內，子殉其父，弟殉其兄，妻殉其夫；一軍之中，弁死其將，兵死其官。忠節萃於一門，誠堪矜憫。理合援前臺澎道孔昭慈、洪毓琛之案，請於臺灣府城建祠，並准於本籍自行捐建專祠。其同時殉難之子弟弁官等，一併附祠。〔註150〕

此篇奏報中，稱林向榮「力竭被戕」，與諸史所載仰藥說皆異，此一情況與孔昭慈事類同，或亦可引以為理解。唯其忠烈節孝並榮於斗六，令人敬泣，亦

〔註149〕見《清穆宗實錄選輯》第40頁，及林豪《東瀛紀事》第33頁。臺灣文獻叢刊第190、8種，臺北：臺灣銀行經濟研究室，1962、8。

〔註150〕見林豪《東瀛紀事》第33頁。臺灣文獻叢刊第8種，臺北：臺灣銀行經濟研究室，1962、8。

令人驕傲，地方百姓自請捐造專祠，正是對「忠」「孝」二字最高敬意的表達，亦是期望以忠孝傳家之理想的互相勉勵。

（二）義民英雄

《咄咄吟》中所述之民間英雄，共有五位，其中二位為斗六破陷時之殉難者，三位為六保失敗時的不幸者。事件期間戴黨殺人無數，十分殘暴，歷經近二年終於得戴潮春而斬之，再經二年餘方才肅清餘孽，清政府所賴以為主力的，正是民間純樸廣大的百姓同胞。若無這批不求名利，敢衝敢拚的民間英雄，戴案恐將為期更久，為禍更烈，綜觀羅山兩男子與殉難三烈，大約可得到一些共同的特色：

1. 義無反顧

五位民間英雄皆自始至終支持政府抗拒戴黨，不曾改變過立場，更絕非牆頭草兩邊倒，直是義無反顧，堅持到底的可愛與可敬。特別是他們皆非官職在身，全然是主動自發，不為利祿，但求護鄉衛民，較之於官軍的盡忠報君，則民間百姓的見義勇為，不僅同樣可歌可泣，尤其這股自發的力量，較之官軍聲討之力，實有過之而無不及，林豪《東瀛紀事》即有感而發言道：

其間義民烈士，草莽效忠，稽之前史，實未多見。〔註151〕

戴潮春事件雖在臺灣民變史上歷時甚久，但波及範圍尚未能與朱一貴、林爽文事件相提並論，其「受阻於義民乃一大原因。」〔註152〕，可見義勇民眾的舉足輕重了。陳肇興在詩集中所記人物雖然有限，卻也具體而微地呈現出民間英雄義勇豪烈的特性。

〈羅山兩男子行〉記述斗六圍城之時，嘉義米戶林炳心，及竹頭角莊民許益，協助總兵林向榮運糧抗拒戴黨，出錢出力，至死方休，詩中述其義行曰：

黑雲壓陣鼓聲死，軍中躍出兩男子。誓掃黃巾不顧身，椎牛大饗千義民。鞋中尖刀腰間箭，裂眥決戰飛黃塵。可憐糧竭援復斷，裹瘡一呼死半傷。力盡關山未解圍，軍無儋石多思叛。賊騎長驅斗六門，萬人散盡兩男存。……

〔註151〕見林豪《東瀛紀事·北路防勦始末》第 19 頁。臺灣文獻叢刊第 8 種，臺北：臺灣銀行經濟研究室，1962、8。
〔註152〕見劉妮鈴《清代臺灣民變研究》，第 328 頁。臺北：臺灣師範大學歷史研究所，1983。

此二男慷慨捐輸，散財捨命。斗六之圍慘在缺糧斷援，林炳心、許益之突出
卻就在敢與戴黨作對，冒死運糧予官軍。並且也不以運糧自大，其持刀衝鋒
陷陣，亦不落人後。以一介商人而能捐糧戰伐，赴難到底，實在難能可貴！
誠為蹈義執節，豪膽過人的英雄呀！若將之比擬漢代之卜式，亦堪稱相提並
論！林豪《東瀛紀事・斗六門之陷》中敘述了當時的情況：

> 群賊數萬，進迫城下，糧道為賊所據。……先是米戶林炳森（按：
> 即林炳心），領項買米，建議屯於石龜，可省往來腳費，至是遣炳森
> 赴石龜（按：在今雲林縣斗南鎮內南方）運糧，路梗不能達。十舍
> 娘莊、烏瓦窯莊為糧道往來要地，賊併力攻而據之，唯塗庫（在今
> 雲林縣土庫鎮）義首陳澄清殺開血路，屢運米到營，賊防之尤密，
> 遂不能達。……

> 時戴逆在內山派餉，親至城下督戰，勢更猖獗。斗六附近之石榴班
> （在今雲林縣斗六市東北）等莊與林鎮通款者，約大軍若至，咸願
> 輸米。及見賊勢浩大，遂為偽軍師劉阿屘所脅，更相率附賊，禁絕
> 接濟。洪道（按：即臺灣兵備道洪毓琛）復遣守備許黃邦帶餉銀一
> 萬兩，路經柳仔林（在今嘉義縣柳仔林）為黃豬羔所奪，黃邦被執
> 僅剩二千元，皆千總許炳所帶也。……九月十三夜，林鎮弟向梟（原
> 註：臺灣縣學生員）往海豐崙（在今雲林縣斗六市內東北）求援，
> 鄉人以向梟兵少，疑之不納，遂陷賊中。〔註153〕

陳肇興所稱嘉義米戶林炳心，林豪《東瀛紀事・斗六門之陷》稱林炳森，
《戴案紀略》兩作稱林森，確實何者為是？未能判定。然以陳肇興所錄，最
為接近於事件發生當時，可信度最大，故取用之。且稍後所稱之林炳森，其
「森」字或為與「心」字音近誤植，再後所稱之「林森」則當是文字誤漏所造
成的結果。嘉義米戶當或即是陳肇興所稱之「林炳心」。

官兵當時的處境是多麼孤危無助呀！在官軍被圍困缺錢缺糧缺援的艱苦
時期，斗六附近各莊百姓或受戴黨脅迫，或騎牆附依，或自圍不助，或落井
下石，使斗六城內官兵更加孤危無助。然而即使如此，林炳心、許益卻能不
計報酬買米饗軍，與某些以米糧為籌碼的人士，真是形成對比。

在《東瀛紀事》的記錄中，雖然只有提及林炳心，未見述及許益，但從

〔註153〕見林豪《東瀛紀事・斗六門之陷》，第30至31頁。臺灣文獻叢刊第8種，
　　　　臺北：臺灣銀行經濟研究室，1962、8。

陳肇興〈羅山兩男子行〉詩中，兩者皆相提並論而言，則二人行徑氣節，當亦相類近才是，以林炳心之作為與詩中敘述相結合，可知許益必定也是樂於捐輸助軍，赴陣殺敵，與林鎮同一陣線，在「軍無儋石多思叛」的現實詭譎中，對代表正道的官軍，為努力恢復家邦的兵民義無反顧地力助到底！

參與六保起義的殉難三烈……廖秉鈞、陳再裕、陳耀山也同樣是舉義赴難，不計代價，其行請見前節。觀諸陳肇興敘述各人行誼的詩序，可知三人早先即是支持抗拒戴黨的。陳再裕，本為當地群眾領袖，率勇拂掃，為聲援六保起義，不僅在五城（在今南投縣魚池鄉內）擒番，更傳檄諸屯團鄉勇，同日共樹白旗示誠，增強六保起事聲勢。農民陳耀山則自始支持舉義，對正邪是非了然於胸，即使同盟背約亦不為所動，立場堅定不移。尤其是來自福建永春州的生員廖秉鈞，此地雖非其故鄉，但主持正義又何須分別主客？義氣凜然，拔劍斬妖干戈行伍，血灑沙場，他也是臺灣英雄呀！

陳肇興所詠五位民間人士，俱能堅守正義，貫徹始終，給予官軍及社會正面積極的支持，前仆後繼地勉力而為，戴潮春事件方能受到約制。這些「義民」是清代臺灣社會變遷中，十分重要的秩序維護者。所謂「義民」，在清初藍鼎元《東征集‧檄臺灣民人》中曾公開宣告：「有能糾集鄉壯，殺賊來歸，即為義民。」〔註154〕義者，宜也。藍鼎元此言正乃昭告天下百姓如何作出合宜的舉動，在時勢紛亂之際，支持政府官軍，出錢出力靖難，就是正確合宜的明智之舉。這很清楚的是純粹官方立場的語氣，但用之於戴潮春事件而言，亦不無幾分道理。

清代臺灣向來多亂，所謂「三年一小反，五年一大反」〔註155〕，這樣的多亂，與政治社會制度的敗壞，有很大的關係，而不論大亂，小亂，受苦的都是百姓。即使是如戴潮春事件，殺人如麻，遍地蹂躪，起事者既不見威儀風範，又未聞建設家園的具體規畫，這不是理念成熟的革命，而是猖狂放肆的變亂。身於期間的民眾，若參加革命可能促成美好新世界的建立；若參加起事，則可能助長無間地獄的擴張。其實戴潮春案的發生也有其可憫之處，林豪《東瀛紀事‧戴逆倡亂》曾記言：

〔註154〕見藍鼎元《東征集》，第 5 頁。臺灣文獻叢刊第 12 種，臺北：臺灣銀行經濟研究室，1962、8。

〔註155〕見徐宗幹《斯未信齋文編‧請籌議積儲》，第 70 頁。臺灣文獻叢刊第 87 種，臺北：臺灣銀行經濟研究室，1962、8。

潮春家素裕，世為北路協稿識。……咸豐十一年冬，知縣高廷鏡下
鄉辦事，潮春執莊棍以獻，而北路協副將夏汝賢（原註：四川人，
武進士）猜其貳於己也，索賄不從，革退伍籍。〔註156〕

並且評論道：

嗟夫！嗟夫！使汝賢不為中飽之圖，則潮春終為下走之吏，何至生
心不軌，背地為逆，競授兄弟之香，甘為朱（一貴）、林（爽文）之
續，使民生蹂躪，文武陷沒，至於三年之久也？

　　然而事件發生之後，戴黨的所作所為並不能帶給社會正面的期待。其劫
掠橫暴的行徑，帶給群眾生命財產的嚴重威脅；驕縱妄為的小王朝，也不能
許給百姓光明的未來。當然，求生存是為人的本性，隨勢流轉，但求自保，實
大有人在，以致「雖非甘心從賊，亦與入會。賊給紅旗，賊來樹之；賊退官
到，又揭白旗」〔註157〕的現象所在多有，使戰亂的世間更顯混沌。

　　正因附眾媚俗的人很多，能夠堅正屹立的人便顯得可貴了；也因為自私
自利的人不少，能夠拋財濟眾，捨命除惡的人就顯得可敬了！而可貴與可敬
的中心，就是一份對義理的執著與實踐了。不論尊卑貴賤，不分老幼男女，
人人皆得秉義而行，成就其人生的可貴與可敬。這樣的義，不只助於官，亦
同時助於民，不只助於鄉，亦同時助於家。若以一己之力而能助於家國民人，
則不僅對人曰「義」，事實上也即是對君曰「忠」，對父母曰「孝」，對弟兄友
朋曰「仁」了，陳肇興在戴案初起時曾說道：

人生浩氣秉乾坤，報國何須權與位！但教友助循古風，自保一方即
忠義。（〈北投埔計議防亂事宜〉）

其意義正在於此。

　　綜觀陳肇興詠歎的五位義勇英雄，皆無權無位，但卻都能奔義不落人
後，《安平縣雜言》有言：「舊制：凡嘉、彰著名紳富，均為義民首，領義民
隨大軍以勦賊。」〔註158〕以之檢視五位義勇英雄，僅有族大丁多的陳再裕
為義首，其他如林炳心，乃以米戶稱之，其或經濟優渥，恐亦未臻義首之

〔註156〕見林豪《東瀛紀事·戴逆倡亂》，第1至3頁。臺灣文獻叢刊第8種，臺北：
　　　　臺灣銀行經濟研究室，1962、8。
〔註157〕見蔡青筠《戴案紀略》，第6頁。臺灣文獻叢刊第206種，臺北：臺灣銀行
　　　　經濟研究室，1962、8。
〔註158〕見《安平縣雜記》，第104頁。臺灣文獻叢刊第52種，臺北：臺灣銀行經濟
　　　　研究室，1962、8。

列；廖秉鈞雖然擁有生員功名，但渡海客居，乃以其一身助師友；再如陳耀山，也只是殷實明理的農戶；許益則更直以莊民稱之，必是一尋常百姓而已；若再兼及同時殉難的姻戚丁勇，其為匹夫匹婦，實甚明矣！可見得乾坤浩氣，人皆有之，盡忠行義，無分尊卑。而尤其在「紛紛肉食不知謀，但坐高堂唯臥治」（〈北投埔計議防亂事宜〉）的時代裡，小老百姓認真積極的作為，其實才是最踏實的忠義之道，也因此顯得格外的光輝可敬，值得大書特書，以傳其芳了。

2. 罵賊不屈

陳肇興詠讚的五位義民英雄，結局完全一致，俱為「被擄罵賊，不屈而死」，慷慨就義，不憂不懼，草莽豪氣，凜然畢現。五位人士中敘述林炳心、許益被擄之後的情形最為詳細：

> 賊騎長驅斗六門，萬人散盡兩男存；反手被縛見賊主，脅之使跪仍雙蹲。一男戟手與賊語，生不滅賊死殺汝；雙眉倒豎目如炬。
> 一男掀脣與賊言，男兒七尺報君恩，今日之死泰山尊。（〈羅山兩男子行〉）

詩中生動地描繪出二人被擄見戴潮春之後，大聲喝斥，視死如歸的形象。在戟手與掀脣〔註159〕之間，二人怒目以對，慷慨陳辭的樣貌，宛若再現。一句「生不滅賊死殺汝」，切齒道出至死不休的恨怒，生不能手刃，死也要化為厲鬼追討至絕方休。而面對戴黨軍眾，羅山二男更顯得堂堂正正，驕傲挺拔了。即使今日成為戴黨的手下敗將，但仰不愧於天，俯不作於地，上可答君恩，下可報父母，死又何懼？從正道而亡，其死重於泰山，區區小民也成浩然巨人呀！

類同的情形也在殉難三烈身上可見，廖秉鈞以身為大清秀才為榮，即使潮春怒呵，亦絕不下跪，怒罵道：「我天朝秀才也，豈跪爾無賴賊哉！」戴黨勢力再大，於理不正，於義不宜，如何跪得？陳肇興讚許其行曰：「引領銜鬚猶罵賊，膠庠正氣未沉淪。」正是對讀書人堅持志節懷抱，士可殺不可辱的高度推崇。即如羅山二男，雖非秀才，但男兒膝下有黃金，何能低頭屈膝呢？受脅之下也只能以「雙蹲」虛與逶迤，亦絕不下跪，如此的傲然風骨，令聞者無不頷首起敬，即令起事的戴軍，也同感其崇高可畏而讚頌不已，正如陳肇

〔註159〕戟手是用食指、中指指點，其形如戟。用以形容怒罵時指斥之情狀。掀脣謂開口張鬚貌。

興在詩中的詠歌：

> 觀者人人都讚美，賊亦因公頌不已。謂此死方無愧恥，不然，斗六
> 將帥多如雲，紛紛屈膝誰非死。一樣沙場白骨枯，似此從容就義無
> 倫比。嗚呼！從容就義無倫比，一節自堪千古矣。(〈羅山兩男子行〉)

戴黨正得勢，官民被擄而跪者何其多！但不死不辱者又有幾人！所謂：「恥之
於人大矣！為機變之巧者，無所用恥焉。」(《孟子·盡心》)臨危能不亂方寸，
臨死乃能守廉恥。一心堅定，持義而行；群魔狂囂，乃能端方不苟，知羞知
恥，在亂世，這樣的人，又有幾個？這樣的人不敬，又有誰可以尊敬？

　　再有陳再裕的幾遭滅族、陳耀山的慘遭凌遲，都不是常人所能忍受的痛
苦。陳再裕身負家仇國恨，被擄至戴營，猶自桀傲不馴，「罵賊憐君氣不撓」，
從容仰藥，不屈而死。諸人之中，尤其以陳耀山死狀最慘，戴黨以鐵爪爬其
背，以小刀割其面，寸磔凌遲，而耀山猶自怒罵不已，堅不跪拜，其浩然慘
烈，較之於古代的烈士豪傑也絕不遜色。耀山臨死前猶飲酒三杯，臉上了無
恐懼之色，其妻子在旁跪地拜別，絕非匹婦之柔弱嚎啕。陳耀山夫婦真乃亂
世中難得的鴛鴦雙傑呀！陳肇興言其：「身經俎醢心彌赤，死別妻孥淚不紅」
果然是慘烈悲壯啊！

　　凡此大罵不屈，秉持的正是內在對公理正義的自信，就算是一時勢弱見
黜，也堅信天理必然昭彰，黎明終將到來，人的生命有限，死不足惜，但志節
不容扭曲，理想不輕易放棄，古人所謂：「君子有所為，有所不為」也。陳肇
興所詠讚的五位義民英雄，不也就是最佳的寫照嗎？

　　綜合以上對陳肇興所取法之古今人物的分析，那麼，在面對戴潮春起事
所帶來的動盪亂局時，支持陳肇興內在的信念與理念，想亦豁然浮現，歸納
之有二大中心：

1. 持節守正，矢志忠義

　　士人首重在志節，故能不求名利，不計謗譽，砥志勵節，成就大業。而
陳肇興最大的理想，便在成就「忠」、「義」二字，於古效法伯夷、荊軻，於今
推崇鈕成標、陳耀山，這些古今人物成為亂世紛擾中最具體學習的形象，陳
肇興所著重者在精神，而非技巧而已。把握個人堅定的志節，不隨波逐流，
盡忠行義，報國衛民。

2. 盡己之力，不計成敗

　　謀事在人，成事在天。在形勢比人強的亂世中，為所可為，亦為所當為。

陳肇興初則欲善盡其身，後則力兼天下。其所取法詠讚的古今人物，雖許多未必能成就事功，如杜甫的悲歌當哭、荊軻的功敗垂成等，但其心志不改，臨死不懼，盡其在我，不計成敗。如斗六官軍的將士用命，如殉難三烈的義無反顧，這些楷模人士勇往直前，不怕危險的精神，才是取得最後勝利的重要動力。

三、吾土吾民，儒者之愛

　　陳肇興自幼有志從學赴試，尤其考上秀才之後，更是一心上進。「年年積卷埋頭老，銷盡雄心是六經」（〈春興〉之二）真是一語道盡舉子心情。待高登舉人之後，功名的取得使他自一個平凡的士子，一躍而成為仕紳的階層。擠身科舉社群使他的社會地位提升，在「萬般皆下品，唯有讀書高」的傳統社會中，開始逐漸取得了在社會上嶄露頭角的可能性，也愈加明顯地呈現出介於政府與平民之間的中間階級角色。

　　陳肇興的報國忠誠，是顯而易見的。他曾經說過：

> 人生浩氣秉乾坤，報國何須權與位！（〈北投埔計議防亂事宜〉）
>
> 艱難出簡書，慷慨論王命。（〈奉憲命往南北投聯莊遇亂〉之二）
>
> 破產購一錐，報國心空切。（〈自許厝寮避賊至集集內山〉）
>
> 報國唯憑膽，書空不問天。（〈臘日〉）
>
> 依人蹤跡難分白，報國心情只寸丹。（〈除夕〉之一）
>
> 報國有心欣得間，請纓無路且偷閒。（〈花朝喜聞官軍羅山大捷〉）
>
> 一身報國唯存膽，萬口由人任剝皮。（〈祭旗後一日〉之二）
>
> 報國心猶壯，依人氣不揚。（〈山中遣悶〉之三）
>
> 番黎知報國，我輩況同仇！（〈再克集集〉）
>
> 請纓思報主，悔不熟陰符。（〈雜感〉之一）
>
> 野番猶報國，我輩況登科！（〈代東沙連諸紳士〉）

一個舉子報國，捨我其誰的精神，昭昭可見。

　　戴潮春事件發生之後，陳肇興很快地在二月參與倚南軒之議，並隨即於三月受憲命委託，前往南、北投進行聯莊。甚至在七月望後深入敵方，冒險謀刺敵首。這一連串的行動都具體說明了他支持官方，捨命報國的立場。在淡水同知秋曰覲、南投縣丞鈕成標等人殉難時，都為詩表示哀悼。尤其是為

人、施政都頗受爭議的臺灣道孔昭慈之死，陳肇興也特別為詩二首紀念之。
學而優則仕的士人，寄望功名順遂的同時，常常也希望能蒙受官方關愛的眼
神，獲得權位，一展長才。陳肇興在接受前往南北投聯莊的任務時，雖然也
希冀從此「一舉翔千里」（〈奉憲命往南北投聯莊遇亂〉），然而一旦有機會為
朝廷、百姓效力，立刻義不容辭，快馬加鞭而行。雖然從某一個角度來看，這
也是讀書人附和官方求表現的一種悲哀，然而治亂濟民的熱誠，其實遠超過
對仕途的追求。陳肇興愛鄉愛國的情操，是更加值得肯定的。這也絕非清代
宦游詩人旁觀的角度可比，一種「吾土吾民」的本土之愛，已油然而出。

　　在忠愛支持的同時，他的批評，甚至反對也是激烈的，正所謂「愛之深，
責之切」也。咸豐九年（1859）考上舉人之後，陳肇興似乎曾經擔任過臺中地
區地方政府文書、裁判方面的工作，咸豐十一年（1861）所作〈揀中感事〉曾
自言道：

> 幾處兒童迎郭伋，一時賓從盡鄒枚。運籌敢道參帷幄，桑梓情深感
> 事哀。（之一）
>
> 話到桑麻情似水，判成虞芮筆如霜。……我有一言參末議，古來擒
> 賊必擒王。（之二）
>
> 雞蟲得失了何因，擾擾難逃局外身。縮手未能求省事，解懸無力誤
> 因人。（之三）
>
> 手捧文書暗自驚，非官非吏逐人行。宦場領略科名賤，世事消磨意
> 氣平。（之十一）

這是《陶村詩稿》中可以見到戴潮春事件之前，關於其職務的唯一一處紀錄。
初入宦場的陳肇興似乎並不十分如意，職位不高且局勢複雜，絕非為學時期
所想像。在〈揀中感事〉中也同樣可以聽到他的連聲嘆息：「功名路絕官奴侮，
仕宦交疏父老親」（之三）、「請纓無路扣重閽，報國心情托暮雲」（之八）、「算
來祇覺逃名好，日對青山愧有餘」（之十）、「呼牛呼馬總憑他，抱此冰心欲奈
何」（之十二）失望及無奈的情緒瀰漫在字裡行間，畢竟現實與理想之間，常
常存在著相當的距離。懷抱對於理想的堅持，痛心批判也伴隨而出。面對著
混亂的局勢，無能的官吏，在〈揀中感事〉中陳肇興不禁發出怒語：

> 書空咄咄只心知，大雅真難隻手持。……珍重宰官推轂意，諸君何
> 術起瘡痍！（之五）

祇聞攘臂爭金帛，可有驚心到斗刁。坐擁貔貅空束手，連營將帥已
無聊。（之六）

籌餉幾時勞大吏，徵兵此地拜將軍。貂蟬狗尾接承寵，封豕長蛇競
策勳。（之八）

憂慮憤怒的言詞，顯現出在地子民恨鐵不成鋼的痛心。而身為一個知識
份子應有的批評精神，也並沒有因為身為政府人員而改變，反而因瞭解而更
為銳利深刻。難怪他會自嘲：「當局何嘗輕豎子，此生原不合時宜中感事」之
五」！陳肇興在臺中地區任事的時間並不長，同年冬季已可見他悠閒地吟道：
「呼牛呼馬任毀譽，拋殘世事自閒居。……舊業重溫知學退，新交漸廣覺心
虛」（〈閒居〉之一）可見他基本上仍然是一位在野的士大夫，一個有志卻不
得伸的青年。雖然如此，卻仍然不能改變他內心繼續支持正義的使命感。

戴潮春事件期間，藉由親身參與的深入，他看得更多了。當聽聞彰化城
淪陷時，他不禁指責當局「優柔養寇機先失，倉卒陳兵計又非」（〈二十日，彰
化城陷〉）；而戰局日益惡化之時，他更以沈重的心情寫出〈感事漫興〉組詩，
批判對官軍苟安因循的不滿：

民為徵兵多聚鐵，官因省事諱修戎。為虺弗摧蛇又放，爭教海水不
流紅。（之二）

射虜有書空議撫，望洋無援浪驚猜。飽鷹饑虎皆難馭，辜負推恩起
將才。（之三）

城破猶聞官索米，兵來唯見吏徵糧。紛紛文武遭誅戮，敢信捐軀盡
國殤。（之四）

殺賊不聞諸將猛，梟渠誰錄義民忠。寄語東征諸將吏，漫將紙上競
奇功。（之六）

一句又一句毫無隱諱的直指官軍之弊，真是針針見血。官員的怠惰爭功、軍
士的橫徵暴斂，被毫不留情的大膽揭露出來。到了戴案末期，陳肇興依然不
客氣地道出：「紛紛肉食總無謀，議撫招降半不酬。」（〈孤憤〉之二）、「頻年
殺賊不逢官」（〈克復林圯埔，在軍中偶興〉）、「肉食無謀藿食愁」（〈哭房師潘
瑤圃夫子〉）他關懷民生，支持政府，卻不能苟同貪官敗吏的醜惡行徑。從陳
肇興的言行中，可以確定他絕對不是一個貪生怕死之徒，也絕對不是一個趨
炎附勢的諂媚小人。儒生應有的使命感，在他身上有了體現，而儒生敢言直

言的作風，也同時展露無遺。因此，與其說陳肇興是愛國的忠臣，或許不如
說他是一個愛鄉愛民的儒者。